Hans-Werner Zöllner

Infos von höchster Stelle

Eine geistliche Reise durch den Epheser-Brief

Bibelzitate, sofern nicht anders angegeben, wurden der Luther Bibelübersetzung 1984 entnommen.
Bibeltext der Luther-Übersetzung: © 2000 Deutsche Bibelgesellschaft.

Hervorhebungen einzelner Worte oder Passagen innerhalb von Bibelstellen wurden vom Autor vorgenommen.

Aus Gründen der Lesbarkeit wurde bei geschlechtsspezifischen Begriffen oder Satzzusammenstellungen grundsätzlich die männliche Form gewählt.

Bibliografische Information der Deutschen Nationalbibliothek
Die Deutsche Nationalbibliothek verzeichnet diese Publikation in der Deutschen Nationalbibliografie; detaillierte bibliografische Daten sind im Internet über http://dnb.dnb.de abrufbar

© 2021 Hans-Werner Zöllner

Herstellung und Verlag
BoD - Books on Demand, Norderstedt

ISBN: 978-3-7543-4660-0

Hans-Werner Zöllner

Infos von höchster Stelle

Eine geistliche Reise durch den Epheser-Brief

Mein Dank für dieses Buch gilt

Jesus Christus, der von sich gesagt hat:

„Ich will meine Gemeinde bauen, und die Pforten der Hölle sollen sie nicht überwältigen." (Matthäus 16,18)

„Ihr seid erbaut auf den Grund der Apostel und Propheten, da Jesus Christus der Eckstein ist." (Epheser 2,20)

Deshalb lohnt es sich, Reich Gottes zu bauen,

und für Jesus, mit der Gemeinde unterwegs zu sein!

Inhalt / Themen

Einleitung

„So ermahne ich euch nun, ich, der Gefangene in dem Herrn, dass ihr der Berufung würdig lebt, mit der ihr berufen seid, in aller Demut und Sanftmut, in Geduld."

(Epheser 4,1-2)

Informationen von höchster Stelle sind meistens sehr wichtig. Das gilt besonders für die Informationen, die uns im Brief des Paulus an die Gemeinde in Ephesus mitgegeben wurden. Sie stammen vermutlich aus den Offenbarungen, die Paulus in der Zeit vor seiner Berufung zum Apostel und Missionar erhalten hat, als er sich in Arabien aufhielt (vgl. Galater 1). Jesus hatte ihm manches von dem gezeigt, was für alle Nachfolger Jesu gilt, und Paulus leitete dies weiter.

Er tat dies mit einem Rundschreiben, das vermutlich in allen christlichen Gemeinden im damaligen Kleinasien vorgelesen wurde. Zuletzt wurde es vermutlich bei der Gemeinde in Ephesus deponiert, was dazu führte, dass es die Überschrift bekam: „An die Epheser".

Wie wichtig diese Informationen von höchster Stelle sind, wird nicht nur im obigen Satz aus Epheser 4,1-2 deutlich, sondern kommt für mich auch in den Worten aus Epheser 6,12 zum Ausdruck:

„Denn wir haben nicht mit Fleisch und Blut zu kämpfen, sondern mit Mächtigen und Gewaltigen, nämlich mit den Herren der Welt, die in dieser Finsternis herrschen, mit den bösen Geistern unter dem Himmel."

Dem sind wir nicht gewachsen, wenn wir uns nur auf unsere menschlichen Möglichkeiten verlassen. Der Feind Gottes versucht alles, um unsere Beziehung zu Jesus zu sabotieren und letzten Endes zu zerstören (vgl. Johannes 10,10). Das wird ihm nicht gelingen, wenn wir uns als Nachfolger Jesu klug verhalten und uns aus Gottes Wort, der Bibel, helfen lassen.

Dieses Buch ist als Werkzeug gedacht, um genau dies zu tun: Ihnen eine Hilfe zur Hand zu geben, mit der Sie die Worte Gottes aus der Bibel auf die geistliche Reise Ihres Alltags anwenden können.

Da die einzelnen Themen ursprünglich als Predigten verfasst wurden, habe ich den Stil einer Rede bewusst beibehalten. Dadurch haben Sie die Möglichkeit, tief in die Ausführungen einzutauchen, und werden dabei durch die persönliche Anrede in Ihrem Glauben herausgefordert. Das ist für Ihren Glauben viel wichtiger als Sie es vielleicht annehmen, denn auch in der Nachfolge Jesu gilt der Satz: „Wer rastet, der rostet!"

In diesem Sinne wünsche ich Ihnen eine spannende und hilfreiche Zeit, im Dialog mit dem Apostel, Missionar und Gemeindegründer Paulus, der Ihnen durch seine „Infos von höchster Stelle" eine ganze Menge Lebenshilfe weiterzugeben hat.

Gott segne Sie!

Ihr Hans-Werner Zöllner

Wichtige Hinweise:

(1) Falls Sie noch wenig Erfahrung mit dem Studium der Bibel bzw. der Meditation über Bibelstellen haben, legen wir Ihnen den Abschnitt „Biblische Meditation" aus diesem Buch ans Herz. Dort erfahren Sie, wie Sie die Bibel so lesen können, dass Sie einen persönlichen Gewinn davon haben werden.

(2) Wenn Sie daran interessiert sind, die Inhalte dieses Buches um weitere Themen geistlichen Lebens und der Theorie und Praxis christlicher Gemeinde-Arbeit zu erweitern, empfehlen wir Ihnen die Bücher im Abschnitt „Weitere Bücher von Hans-Werner Zöllner".

Womit Gott Menschen beschenkt
(Epheser 1,1-2)

Es gab eine Zeit in meinem Leben, in der ich als hauptamtlicher Pastor für verschiedene Gemeinden tätig war. Vor dieser Zeit absolvierte ich, gemeinsam mit meiner fünfköpfigen Familie, eine fünfjährige, theologische Ausbildung. Meistens hatten wir in diesen Jahren kein Einkommen.

Oberflächlich betrachtet, waren wir in dieser Zeit völlig auf uns gestellt. Doch wer etwas genauer hinschaute, konnte feststellen, dass es nicht ganz so war. Es gab nämlich eine ganze Reihe von Menschen, die während dieses Studiums hinter uns standen. Menschen, die Freud und Leid mit uns geteilt haben. Und das, obwohl sie gar nicht bei uns, vor Ort waren. Sie lebten nicht mit uns in einem Haus, und dennoch waren wir eng miteinander verbunden. Diese enge Verbundenheit wäre nicht möglich gewesen, wenn es keinen regelmäßigen Austausch von Informationen gegeben hätte.

Normalerweise sah der so aus, dass wir entweder Briefe bekamen, oder Telefonanrufe, oder wir bekamen über andere Menschen Grüße mitgeteilt. Auf ganz verschiedene Weise erhielten wir Nachricht von den Menschen, die uns im Gebet und finanziell begleiten wollten. Und nun lag es an uns, auf diese Anteilnahme zu reagieren. Doch wie schafft man das? Zeitlich wäre es gar nicht möglich gewesen, jedem einzelnen persönlich zu antworten. Die Lösung? Wir schrieben regelmäßig sogenannte Rundbriefe. Also Briefe, die zwar eher allgemeinen Charakter hatten, die aber trotzdem für jeden, der ihn erhielt, persönlich gelten sollten.

Dabei war es uns immer wieder ein Anliegen, unseren Rundbrief-Empfängern, neben den allgemeinen Informationen über Familie und Studium, auch eine kleine geistliche Motivation mitzugeben. Unser Leben als Familie, und unsere gemeinsamen Erlebnisse im theologischen Studium sollten auch als Beispiel für andere dienen. So waren diese Rundbriefe eine gute Möglichkeit, möglichst viele Menschen, zur gleichen Zeit, mit möglichst vielen Informationen zu erreichen.

Die Idee des Rundbriefs ist gar nicht so neu. Sie ist nicht erst in der Neuzeit entstanden. Wobei sich das grundsätzliche Anliegen dieser Briefe im Laufe der Zeit gar nicht verändert hat: Damals wie heute geht es in diesen Briefen darum, dass die Empfänger persönliche Dinge des Absenders erfahren, und dabei auch motiviert werden.

Auch der Apostel Paulus bediente sich dieser Methode. Wir wissen das deshalb, weil einige seiner Rundbriefe im Neuen Testament der Bibel überliefert sind. In diesen Briefen hat Paulus die christlichen Gemeinden nicht nur über seine eigene Situation informiert, sondern hat ihnen darin auch geistliche Motivation mitgegeben. Wobei diese Motivation bei Paulus durchaus auch aus ermahnenden oder Worten der Zurechtweisung bestehen konnte. Wir werden uns in diesem Buch mit solch einem Rundbrief des Paulus beschäftigen: Es ist der Rundbrief, der in vielen Bibeln die einfache Überschrift trägt: An die Epheser.

Es wird angenommen, das Tychikus, ein Mitarbeiter des Paulus, diesen Brief in den verschiedenen Gemeinden in Kleinasien[1] vorgelesen hat. Am Ende seiner Reise deponierte er ihn dann bei der Gemeinde in Ephesus. Aus diesem Grund bekam er vermutlich später diese uns bekannte Überschrift: An die Epheser.

Warum Paulus den Brief geschrieben hat, ist schnell beantwortet: Wie eben erwähnt, hat auch Paulus von allen Gemeinden, für die er verantwortlich war, Informationen erhalten. Er selbst befand sich zur Zeit der Abfassung des Briefes in Gefangenschaft in Cäsarea, wo ihn auch einige Nachrichten aus den Gemeinden in Kleinasien erreichten. Dass es sich dabei nicht nur um gute Nachrichten handelte, kann man sich gut vorstellen. Die schlechteste Nachricht für Paulus war die, dass sich in der ganzen Provinz eine Sekte auszubreiten drohte, die sich „Gnosis" nannte. Wörtlich übersetzt müsste man sie „Erkenntnis" nennen, oder „Wissen". Besondere Erkenntnisse waren ihr Markenzeichen.

Dieser Sekte war es wichtig, dass man jüdische Feste feiert und die Sabbate einhält, neben dem Glauben an Jesus. Es war ihnen wichtig, sich an die jüdischen Speisegebote zu halten, neben dem Glauben an Jesus. Und ihnen war wichtig, den Engeln ganz besonders respektvolle

---

[1]   Kleinasien befand sich ungefähr dort, wo die heutige Türkei angesiedelt ist.

Verehrung entgegenzubringen. Für die Christen in Kleinasien waren dies zum Teil sehr spannende Themen, kamen sie doch aus einer multi-religiösen Vergangenheit, in der religiös vieles nebeneinander Platz hatte. Aus göttlicher Sicht waren es allerdings Irrlehren, um Menschen zu verführen.

Um nun zu verhindern, dass diese Irrlehren der Gnosis ganze Gemeinden durcheinanderbringen, schrieb Paulus diesen vorbeugenden Rundbrief an alle Gemeinden in Kleinasien. Wobei es ihm dabei nicht in erster Linie darum ging, sich so intensiv mit diesen Irrlehren zu befassen, dass seine Leute jedes Detail dieser falschen Lehren erkennen konnten. Nein, es ging ihm eher darum, dass sich die Nachfolger Jesu wieder bewusst werden sollten, welche heilsgeschichtliche Stellung die Gemeinde Jesu hat, welche Beziehung sie selbst zu Jesus Christus haben können, als dem Haupt der Gemeinde, und wie sie solche falschen Mächte wie die Gnosis geistlich richtig einordnen können.

Das war gleichzeitig auch seine Methode, um Menschen zu helfen, gegen falsche Lehren bestehen zu können. Übrigens ist das bis heute eine gute Methode, um sich gegen religiöse Strömungen zu wappnen. Es gibt heutzutage so viele Sekten und Religionsgemeinschaften, dass man den Überblick gar nicht mehr behalten kann. Und den Inhalt und die Folgen einzelner Lehren dieser Strömungen schon gleich gar nicht. Wer das versucht, wird merken: Man kann eigentlich nur scheitern. Niemand kann sich so umfassend informieren, dass er den totalen Durchblick haben kann.

Und das war zu Zeiten des Paulus nicht anders. Darum können wir von ihm auch manches lernen. Seine Basis von allem war, dass sich Nachfolger Jesu auf das Fundament der Heiligen Schrift stellen sollen. Nur wer sich in der Bibel auskennt, wird auch sensibel werden für Strömungen, die oftmals mit frommen Floskeln und sehr christlichem Schein daherkommen, im Endeffekt aber den Glauben an Jesus nur lahmlegen möchten. Dies ist vergleichbar mit der Arbeit von Behörden, die sich mit der Fälschung von Geldscheinen befassen. Um eine Fälschung zu erkennen, lernen sie nicht nur die Merkmale von Fälschungen kennen, sondern sie befassen sich vor allem sehr intensiv mit den Originalen. Wer das Original sehr gut kennt, dem kann man keine Fälschung unterjubeln. Er wird sie sofort entlarven. Und deshalb ist es besser, sich in erster Linie mit der Bibel und dem zu befassen, was Nachfolge Jesu wirklich bedeutet, um, von diesem Original ausgehend, Irrlehren leichter erkennen zu können. Was natürlich nicht heißt, dass man sich nicht auch durch Bücher und Schriften informieren darf.

Aber nun zurück zu unserem Rundbrief. Wenn dem wirklich so ist - und davon gehe ich aus, dass dieses Schreiben nicht nur den Ephesern allein gegolten hat, sondern auch allen anderen Nachfolgern Jesu der damaligen Zeit. Dann sollte jeder von uns diesen Brief auch als ein persönliches Schreiben an sich selbst verstehen. Paulus schreibt hier an jeden einzelnen von uns persönlich. Und das, um uns zu festigen, zu gründen und in unserem Christsein anzuspornen. Und denkt bitte daran: Die Zielrichtung dabei ist, dass wir durch die Worte dieses Briefes motiviert werden sollen. Motiviert zu einem Leben in der konsequenten Nachfolge Jesu.

Wir befassen uns in diesem Kapitel mit dem Briefeingang. Und dies unter dem Thema: „Womit Gott Menschen beschenkt!" Gott beschenkt Menschen zunächst mit einer besonderen Berufung. Dann aber auch mit einer besonderen Stellung. Und schließlich auch mit einem besonderen Segen. Dazu lese ich jetzt Worte aus Epheser 1,1-2:

> „Paulus, ein Apostel Christi Jesu durch den Willen Gottes, an die Heiligen in Ephesus, die Gläubigen in Christus Jesus: Gnade sei mit euch und Friede von Gott, unserem Vater, und dem Herrn Jesus Christus!"

Wenn wir heute einen Brief beginnen, dann zum Beispiel so: „Liebe Gabi", „Lieber Karl", oder auch nur: „Hallo Du!", oder „Grüß Dich". Wenn es etwas amtlicher sein muss, dann mit „Sehr geehrte Damen und Herren". Ganz anders beginnt Paulus seinen Brief an uns Christen:

> „Paulus, ein Apostel Christi Jesu durch den Willen Gottes..." (Epheser 1,1a)

Man könnte jetzt sagen: „Mensch, der trägt aber ganz schön dick auf. Zählt gleich am Anfang seine ganzen Würdentitel und Ämter auf. So ein Angeber!" Aber, trägt der Apostel hier wirklich nur dick auf? Und wenn nicht: Warum sagt er es dann trotzdem? Schauen wir in seine Biographie. Vielleicht sind dort Gründe dafür zu finden.

Wie lebte Paulus denn vor seiner Bekehrung? Damals hieß er noch Saulus und war einer der großen Verfolger der Christen. In Apostelgeschichte 7,58 wird von ihm berichtet, dass er einer der Zuschauer bei einem Kommando war, dass es sich zur Aufgabe gemacht hatte den Diakon mit Namen Stephanus zu steinigen. Apostelgeschichte 8,3 wird Saulus als einer bezeichnet, der versuchte die Gemeinde Jesu vollständig zu zerstören. Und in Apostelgeschichte 9 ist davon die Rede, dass Saulus mit „Drohen und Morden" gegen Nachfolger Jesu schnaubte, und sogar zum Hohepriester ging, um sich eine Kollektiverlaubnis zu holen, damit er die sog. „Anhänger des neuen Weges" gefangen nach Jerusalem führen kann. Saulus war ein fanatischer Pharisäer, der es Gott unter allen Umständen recht machen wollte.

Allerdings wurde ihm in seinem Fanatismus zunächst gar nicht bewusst, dass er dabei war, das Werk seines geliebten Gottes zu zerstören. Deshalb kann man sagen, dass eher blinder Fanatismus die Antriebsfeder seines Handelns war. Aus solch einer Art Verhalten haben wir Menschen im Lauf der Menschheitsgeschichte hoffentlich gelernt. Wenn wir es zulassen, können wir feststellen, dass auch in der deutschen Geschichte Fanatismus noch nie etwas Gutes zuwege gebracht hat. Überall da, wo in der Geschichte blinder Fanatismus gewirkt hat, ist in der Regel ein Scherbenhaufen übriggeblieben. Siehe römisches Reich, Französische Revolution, Drittes Reich, etc.

Was lernen wir daraus? Sicher geht es in unserem persönlichen Leben nicht um Kriege, Mord und Totschlag - hoffe ich zumindest. Es geht aber auch bei uns darum, wie wir anderen Menschen begegnen. Egal aus welcher sozialen Schicht, oder aus welchem Land sie kommen, oder welcher Religion sie angehören. Wer hier schnell den Stab über Menschen bricht, braucht sich nicht zu wundern, wenn er, wie damals Saulus, von anderen Menschen zum Fanatiker oder gar zum frommen Spinner abgestempelt wird. Wenn wir als Nachfolger Jesu aber diesen „Stempel" bekommen, haben wir unser Vertrauen verspielt. Menschen haben Angst davor in Sekten zu geraten, oder mit dubiosen Machenschaften in Kontakt zu kommen.

Saulus nahm auf diese Ängste keine Rücksicht. Wir als Christen sollten es tun, weil es uns nicht darauf ankommt, Menschen in unsere christliche Gesetzesmühle zu bekommen und womöglich dadurch in ihrer Seele zu verletzen. Nein, wir wollen, dass Menschen heil werden, weil sie durch den Kontakt zu uns als Nachfolger Jesu, mit der heilenden Liebe Jesu in Berührung kommen können. Und weil sie bei uns erleben können, wie sich das Leben von Menschen durch die Liebe Jesu positiv verändern kann.

Von Paulus können wir hier noch viel lernen. Saulus war jedoch ein fanatischer Hüter des Gesetzes. Doch er ist das nicht geblieben, denn es kam sein sogenanntes „Damaskus-Erlebnis". Auf überdeutliche Weise zeigte ihm Jesus vor den Toren der Stadt Damaskus, dass er auf dem falschen Dampfer war. Dass er einem großen Irrtum erlegen war. Jesus fragte ihn deshalb: „Saul - Saul - was verfolgst du mich?"

Dort, vor den Toren von Damaskus, als Saulus von einem extrem hellen Licht umgeben war, hatte er die Welt nicht mehr verstanden: Er war doch auf dem richtigen Weg gewesen?! Und nun stellte sich ihm der Gott in den Weg, für den er sich doch so leidenschaftlich eingesetzt hatte? Das hat ihn buchstäblich umgehauen. Auf der Straße liegend, ohne Durchblick in Bezug auf sein Leben und ohne Augenlicht - das Licht hatte ihn blind werden lassen, blieb ihm nur noch eines übrig, zu fragen: „Herr, wer bist du?" Und Jesus antwortet ihm: „Ich bin Jesus, den du verfolgst."

„Äh, Moment... Wen hatte Saulus verfolgt? Waren das nicht diese Christen gewesen? Diese Fanatiker, die für einen scheinbar auferstandenen Sektenführer die ganze Welt verrückt machen?" Man liest so schnell über diesen Satz hinweg. Jesus sagte einmal dazu:

„Wer euch hört, der hört mich; und wer euch verachtet, der verachtet mich." (Lukas 10,16)

So tief ist die Verbindung zwischen Jesus und seinen Nachfolgern. Dass sie im Grunde gar nicht mehr zu unterscheiden sind. Genau wie Jesus es in Johannes 17 von seinem himmlischen Vater erbeten hatte: Dass durch sein Erlösungswerk eine untrennbare Einheit entsteht, zwischen Jesus und den Menschen, wie sie auch zwischen Jesus und dem Vater seit Ewigkeiten besteht.

Ich denke, dass Saulus es damals nicht gleich verstanden hat. Wenn wir aber den Brief an die Epheser aufmerksam lesen, merken wir, dass er irgendwann erkannt haben muss, dass ihn sein fanatisch, religiöses

Handeln nicht offen, sondern blind gemacht hatte für das, was Gott eigentlich in sein Leben bringen wollte. Doch diese Konfrontation vor Damaskus verwandelte den religiös, fanatischen Saulus in den leidenschaftlichen Nachfolger Paulus, den *„Apostel Christi Jesu, durch den Willen Gottes".* Der religiöse Pharisäer wurde ein Botschafter Jesu, weil Gott es so wollte. Hier an dieser Stelle kannst du deinen Beruf, deine Einstellung oder deine Lebensaufgabe eintragen:

Vom Arbeiter zum Botschafter Jesu! Von der Mutter zur Botschafterin Jesu! Vom Schüler zum Botschafter Jesu! Vom „normalen" Gemeindeglied zum Botschafter Jesu, *„durch den Willen Gottes"*! Denn das ist unsere Berufung als Menschen: Gemeinsam mit Jesus, aus dieser Welt einen schöneren Ort zu machen, weil Gott es genau so gewollt hat.

Gott beschenkt Menschen aber nicht nur mit einer besonderen Berufung, sondern auch mit einer besonderen Stellung. Paulus schreibt seinen Brief

> *„... an die Heiligen in Ephesus, die Gläubigen in Christus Jesus ..."* (Epheser 1,1b)

Paulus schreibt an Heilige. „Also an ganz außergewöhnliche Leute. Solche, denen man es schon von weitem ansieht, wie fromm sie sind. Womöglich noch mit Heiligenschein über dem Kopf." Aber stimmt das wirklich? Nein, es stimmt nicht. Heilige sind „Menschen wie du und ich". Und wir sind ja alle irgendwie miteinander verwandt. Wenn jeder in seinem Stammbaum weit genug zurückgeht, wird er irgendwann auf Adam und Eva treffen. Wir stammen alle von Adam und Eva ab. Und das heißt auch, dass Heilige an sich keine außergewöhnlichen Leute sind, auch wenn es unter ihnen tatsächlich solche geben soll. Also sind sie eigentlich nichts Besonderes.

Und doch sind sie außergewöhnlich, denn Heilige haben eine besondere Stellung bei Gott. *„Heilige sind diejenigen Menschen, die Gott für sich selbst abgesondert hat"*, schreibt Walvoord in seinem Bibel-Kommentar. Diese Menschen können also im Grunde gar nichts dafür, dass sie Heilige sind. Gott hat sie einfach abgesondert, indem er ihnen ermöglicht hat, das Heilsangebot in Jesus Christus anzunehmen. Durch das, was Jesu am Kreuz auf Golgatha errungen hat, sind sie, was sie sind. Genau wie Paulus es sagt: *„durch den Willen Gottes"*.

Alles was die Heiligen dazu beigetragen haben ist: Sie haben Jesus die Tür zu ihrem Herzen aufgemacht. Sie haben Jesus die Herrschaft über ihr Leben überlassen. Das ist dann aber auch schon alles, wenn auch das alles Entscheidende. Denn nur diese Hingabe an Jesus gibt ihnen diese besondere Stellung. Jedoch nicht vor den Menschen, sondern allein vor Gott.

Paulus schreibt seinen Rundbrief also an alle, von Gott abgesonderten Heiligen, und an *„die Gläubigen in Christus Jesus"*. Wieder so ein Titel: „Gläubige in Christus Jesus". Wenn wir in unsere Welt hineinschauen, können wir interessante Entdeckungen machen, was das Spektrum an verschiedenen Religionen betrifft, oder an Möglichkeiten sich religiös zu betätigen. Alle Menschen, die sich in irgendeiner Form religiös betätigen, sind gläubige Leute. Wir als Nachfolger Jesu haben diesen Begriff also nicht für uns gepachtet. Es ist deshalb auch nötig, dass wir Begriffe, die wir verwenden, immer wieder neu definieren. Damit wir auch vom gleichen sprechen.

Auch Paulus musste dies damals machen, denn es gab auch damals viele sogenannte „Gläubige" in Kleinasien. Es gab die Christen, die Juden, die Gnostiker, die Priester der Göttin Diana, usw. Ein ganz breites Spektrum von Gläubigen aller Art. Paulus wollte mit seinem Brief aber nur einen ganz bestimmten Personenkreis ansprechen. Deshalb sagte er *„Gläubige in Christus Jesus"*. Damit bringt er ganz klar zum Ausdruck, wen er meint. Er wendet sich nur an die Menschen, die Nachfolger Jesu sind. An die Menschen, die ihren Glaubensgrund nicht in irgendeiner religiösen Strömung haben, sondern in Jesus Christus. An die Menschen, die glauben können, dass Jesus für sie gestorben ist. Dass sie durch Jesu Werk die Vergebung ihrer Sünden erhalten haben. Und schließlich an die Menschen, die Jesus nachfolgen wollen, weil sie unter anderem erlebt haben, dass es bei Jesus Geborgenheit und Trost in allen Lebenslagen gibt.

Und ihr glaubt gar nicht, wie wichtig das für Menschen ist, gerade in unserer Zeit. Das zeigt sich z.B. an der schnell wachsenden Zahl verschiedener religiöser Strömungen. Eine alte Verkaufsstrategie besagt: *„Die Nachfrage bestimmt das Sortiment und den Preis"*. Wenn kein so hoher Bedarf an Geborgenheit, an Trost, und an Antworten über den Sinn des Lebens vorhanden wäre, hätten wir nicht die Hälfte an religiösen Angeboten. Aber die Menschen sind suchend und fragend, auch wenn es die wenigsten zugeben wollen. Tief im Innern suchen sie nach etwas, das sie ausfüllt und ihre Bedürfnisse stillt. Mit ein Grund, warum es dieses große Sortiment gibt: Damit für jeden spirituellen Geschmack auch etwas dabei sein kann.

Helfen wir den Menschen, *„Gläubige in Christus Jesus"* zu werden. Denn wir als Nachfolger Jesu wissen es: Nur der Glaube, der in Jesus Christus fest verwurzelt ist, hat letztlich Bestand. Wir können nicht aus uns selbst heraus den Glauben produzieren, der uns gibt, was wir zum Leben brauchen. Glaube ist nur alltagstauglich, in der Gemeinschaft mit Jesus. Und nur dieser Glaube gibt auch Sinn im Leben hier, und eine Perspektive über das irdische Leben hinaus.

Diese besondere Stellung *„Gläubige in Christus Jesus"* zu sein, das ist das Geschenk Gottes, das er jedem Menschen geben möchte. Und nun lasst mich noch den Reigen vollenden: Gott beschenkt Menschen mit einer besonderen Berufung - mit einer besonderen Stellung - und schließlich mit einem besonderen Segen.

„Gnade sei mit euch und Friede von Gott, unserem Vater,
und dem Herrn Jesus Christus!" (Epheser 1,2)

„Gnade sei mit euch...", das sagt sich so leicht dahin. Viel leichter als es zu begreifen ist. Wenn man es überhaupt jemals begreifen kann. In einem Lexikon heißt es zu Gnade: *„Gnade ist die mit Herablassung gewährte Gunst eines sozial oder gesellschaftlich Höhergestellten gegenüber einem sozial Tiefergestellten"*. Wenn wir also das nächste Mal in der Bibel von Gnade lesen, dann schwingt dabei immer auch die Herablassung Gottes zu uns Menschen mit. Er, der heilige Gott, lässt sich herab zu denen, die viel tiefer gestellt sind als er selbst. Und diesen gewährt er seine unverdiente Gunst.

Genau das wünscht sich Paulus für alle *„Gläubigen in Christus Jesus"*. Das soll ständig mit uns sein: Gnade Gottes im umfassenden Sinn. Der Heilige und lebendige Gott hat sich in Jesus Christus herab gelassen, um uns das unverdiente zu schenken. *„Gnade sei mit euch..."* ist also ein ganz besonderer Segen Gottes.

Aber damit noch nicht genug: Nicht nur Gnade soll mit uns sein, sondern auch *„Friede von Gott"*. Unter den Juden war es durchaus üblich, dass man sich auf der Straße mit „Shalom" gegrüßt hat. Manche tun das heute noch. „Shalom" bedeutet: „Der umfassende Friede Gottes sei mit dir!" Damit wünschen sie sich Geborgenheit und Umfriedet sein des Lebens, Bewahrung, Wohlstand, Erfolg, usw. Und das war auch der Wunsch des Paulus an seine Empfänger. Es sollte am Beginn dieses Rundbries nicht nur ein einfaches „Hallo" stehen, sondern Paulus wollte klarstellen, dass er seinen Empfängern den umfassenden Segen Gottes wünscht. Sicher auch mit allem, was in dem Brief noch angesprochen werden sollte.

Wir können dies auch an der Wortkombination erkennen, die Paulus hier gebraucht. Er sagt, und ich denke er macht dies ganz bewusst: *„Gnade sei mit euch und Friede von Gott!"* Damit wird eindeutig darauf hingewiesen, wo dieser Friede herkommt. Es ist kein Friede, der von menschlicher Seite ermöglicht werden könnte. Es ist kein Scheinfriede, der nur so lange gewahrt bleibt, wie es einer der beiden Parteien von Nutzen sein könnte. Es ist kein „Vorgartenfriede", der potentiell an den größeren Tomaten im Beet des anderen scheitern könnte. Es ist ein Friede, der im Himmlischen Bereich seinen Ursprung hat. Und der deshalb auch Bestand hat, in allen Wirren dieser Zeit. Wenn wir diese Gnade nicht wirklich erfahren haben - also dieses unverdiente beschenkt werden mit dem Heil Gottes, bleibt dieser Shalom-Friede Gottes eine Illusion. Oder er bleibt nur ein frommer Wunsch, der sehr schnell zum Scheitern verurteilt ist.

Vielleicht stellt sich Paulus am Ende seines Einstiegs in diesen Rundbrief auch deshalb noch einmal auf eine Ebene mit allen Gläubigen in Christus Jesus. Er tut dies, indem er den Vater im Himmel *„unseren Vater"* nennt. Mir scheint, als wollte er diese Tatsache noch einmal ganz besonders betonen, bevor er in seinen Brief einsteigt. Er sagt: Es ist unser Vater!

Damit stehen wir als Nachfolger Jesu alle auf einer Ebene. Keiner ist höher als der andere. Auch wenn wir in der Gemeinde verschiedene Aufgaben haben. Und keiner ist besser dran als der andere. Auch dann nicht, wenn der eine hier vorne am Pult steht, und der andere im Hintergrund die Tassen spült. Ich bin mir natürlich bewusst, dass das nicht so einfach in unsere Köpfe will. Die Meinung der Gesellschaft sagt uns dazu etwas ganz anderes: „Nur die Leistung zählt!" „Nur wer vorne dran steht, hat auch was auf dem Kasten. Alles andere sind doch bloß Schuhputzer, Hilfsarbeiter, usw." „Hast du was, und kannst du was, dann bist du wer!" Der deutlichste Beweis dafür ist für mich das Ansehen der Hausfrau in der deutschen Gesellschaft. Ich persönlich habe noch keine Frau sagen hören, wenn sie ihren Beruf angeben musste: „Ich bin Hausfrau!" Entweder es wird übertrieben: „Ich bin Managerin eines Familienunternehmens!" Oder eher kleinlaut: „Ich bin bloß Hausfrau!" Als müsse man sich dafür entschuldigen.

Und dabei ist gerade dieser Beruf doch wirklich wichtig! Wo wären wir denn mit unserer deutschen Gesellschaft, wenn es in den vergangenen Jahrzehnten nicht die Hausfrauen und Mütter gegeben hätte?! Wir können diese Aufgabe in unserer Gesellschaft ruhig abschaffen, indem wir uns alle emanzipieren und groß herauskommen wollen. Aber ich denke, damit werden wir dann auch ein Stück unserer Gesellschaft zerstören. Wobei ich kein Verfechter des „Heimchen am Herd" bin. Also bitte nicht missverstehen. Mir ist einfach wichtig zu sagen: Keiner ist mehr wert als der andere! Auch dann nicht, wenn wir verschiedene Aufgaben haben. Und jede Aufgabe hat doch auch ihre Licht- und Schatten-Seiten, oder etwa nicht?!

Gnade soll also mit uns sein, und „Friede von Gott", unserem gemeinsamen Vater und dem Herrn Jesus Christus. Hier wechselt die Betonung: Eben waren wir noch bei *„unserem"* Vater. Jetzt sind wir bei unserem Herrn und Meister. Jesus hat eine besondere Machtstellung, die im Verlauf dieses Rundbriefs noch wichtig werden wird.

Jesus hat von Gott einen Herrschaftsauftrag bekommen, den er bis zum Gericht und der Vollendung des Heilsplanes Gottes innehaben wird: Jesus ist „der Herr, der Schöpfer", „der Herr, der Erlöser", „der Herr, der Befreier", „der Herr, der Heiler", „der Herr, der gekreuzigte und auferstandene Retter", „der Herr und König, Jesus Christus".

Das alles, und noch viel mehr, steckt also in diesen beiden Versen, am Anfang dieses Rundbriefs des Apostels Paulus, an die weltweite Christenheit. Damit macht er gleich am Anfang des Briefes deutlich:

Als Nachfolger Jesu sind wir von Gott beschenkt, mit einer besonderen Berufung. Gott ruft Menschen. Er steht vor ihrer Tür und klopft an. Wohl jedem Menschen, der ihm die Türe auftut.

Als Nachfolger Jesu sind wir von Gott beschenkt, mit einer besonderen Stellung. Nein, wir sind nicht besser als andere Menschen, aber als Nachfolger Jesu sind wir besser dran. Durch unseren Herrn und Erlöser, Jesus Christus, haben wir eine besondere Stellung vor Gott - nicht vor Menschen.

Und schließlich sind wir als Nachfolger Jesu von Gott beschenkt, mit einem besonderen Segen. Gott ließ sich zu uns Menschen herab, und möchte uns damit eine unbegreifliche Geborgenheit und vollkommenen, himmlischen Shalom-Frieden schenken. Nehmt diesen Segen bitte für euch persönlich an, vielleicht auch dadurch, dass ihr diese Verse in den kommenden Tagen und Wochen jeden Tag ganz persönlich auf euch bezogen lest:

„Gnade sei mit mir, und Friede von Gott, meinem Vater, und meinem Herrn, Jesus Christus!"

Ich wünsche euch, dass ihr euch täglich so von Paulus grüßen lassen, und diese Geschenke dann auch voll und ganz für euch in Anspruch nehmen könnt. Amen.

Geistlicher Segen
(Epheser 1,3-6)

In unserer deutschen Kultur werden immer weniger Briefe geschrieben. Wir haben heute das Medium E-Mail, was sehr gut ist. Und daneben gibt es noch Twitter, WhatsApp, Telegram und andere Messenger-Dienste. Und schließlich gibt es auch noch die gute alte SMS.

Doch wenn wir einen Brief schreiben - analog - auf Papier, dann beginnt er meist mit einem Adressteil, damit der Brief beim richtigen Empfänger ankommen kann. Danach kommt der Betreff, zumindest bei amtlichen Schreiben. Darauf folgt die Anrede. Und erst danach der eigentliche Brief. In etwa so gestaltet sich der Brief der Neuzeit.

Zur Zeit des Neuen Testaments war dies etwas anders. Briefe in der „guten, alten Zeit" hatten zwar auch Adressteil und Anrede. Aber danach folgte nicht gleich der eigentliche Brief, sondern zunächst eine kurze Überleitung. Im gesellschaftlichen Umfeld bestand diese Überleitung meist aus einer Danksagung und persönlichen Wünschen, wie zum Beispiel: „Wir danken den Göttern, dass es dir gut geht, und wünschen, dass dies auch künftig so bleiben möge!"

Bei den Briefen des Paulus fiel dieser Teil der Überleitung selten so kurz aus. Vermutlich lag es daran, dass es ihm nicht nur um ein paar nette Formeln ging, sondern dass er seinen Empfängern, gleich zu Beginn seiner Briefe, mit dem Herzen begegnen wollte.

In seinem Rundbrief an die Gemeinden in Kleinasien, ist aus der Überleitung fast schon ein Lob-Psalm geworden. Im Urtext ist es ein einziger langer Satz, der in Epheser 1 von Vers 3 bis 14 reicht. Wir werden uns heute mit dem ersten Teil dieses langen Satzes befassen. Dabei ging es Paulus um geistlichen Segen: Das ist unser heutiges Thema! Dazu lese ich Worte von Paulus, aus Epheser 1,3-6:

> *„Gelobt sei Gott, der Vater unseres Herrn Jesus Christus, der uns gesegnet hat mit allem geistlichen Segen im Himmel durch Christus. Denn in ihm hat er uns erwählt, ehe der Welt Grund gelegt war, dass wir heilig und untadelig*

vor ihm sein sollten; in seiner Liebe hat er uns dazu vor-
herbestimmt, seine Kinder zu sein durch Jesus Christus
nach dem Wohlgefallen seines Willens, zum Lob seiner
herrlichen Gnade, mit der er uns begnadet hat in dem Ge-
liebten.“

Wir schauen uns diesen Text über geistlichen Segen unter drei Ge-
sichtspunkten an: 1. Was es heißt, Gott zu segnen. 2. Wie Gott sein
neutestamentliches Volk segnet. 3. Welchen Segen Gott schon vor
Grundlegung der Welt für uns geplant hatte.

1. Was es heißt, Gott zu segnen

„Gelobt (gesegnet) *sei Gott, der Vater unseres Herrn Jesus*
Christus...“ (Epheser 1,3a)

Paulus ist des Lobes voll. Wenn wir den gesamten Brief lesen, werden wir feststellen, dass er sich hier, zu Beginn, erst einmal Luft ver-
schaffen musste - positiv verstanden. Auf der anderen Seite war er Jude, mit Leib und Seele, auch wenn er römischer Staatsbürger war. Und
für einen Juden gab es nichts Schöneres und wichtigeres, als Gott anzubeten und ihn zu loben.

Und das macht er dann auch echt jüdisch: „Gelobt sei Gott...“. Wörtlich: „Gesegnet sei Gott...“. Ja, ihr habt richtig gehört: „Gesegnet sei
Gott...“, hat Paulus gesagt. Als ich diese Übersetzung bei einem Bibel-
Ausleger gelesen hatte, war ich etwas überrascht. Ich hatte diesen Ausleger gleich in Verdacht, dass er damit eine neue Irrlehre zum Besten
geben möchte. Also, ein paar andere Bibeln aufgeschlagen, die Texte
mit dem griechischen Urtext verglichen - und? Auch auf keine andere
Auslegung gekommen. Doch was mache ich jetzt damit? Wie können
wir Menschen denn unseren Gott segnen? Das geht doch nicht! Wir
sind doch nur Menschen, und er ist Gott! Der einzig wahre - echte Gott!

Ich denke, wir müssen uns bewusst machen, dass hier ein Jude betet und kein Heide. Was natürlich nicht bedeutet, dass wir nicht auch so
beten dürften. Aber bei den Juden war es völlig normal, dass man auf
diese Weise ein Gebet angefangen hat: „Gesegnet sei...Gott!“ Hunderte
jüdischer Gebete beginnen so. Doch die Frage für uns bleibt: Wie können wir Gott segnen?

Vielleicht haben sich deshalb manche Übersetzer gescheut, diesen Abschnitt wörtlich zu übersetzen. Es bringt einfach Probleme mit sich, wenn Menschen sich erheben wollen, um Gott zu segnen. Wobei ja noch gar nicht geklärt ist, ob wir uns dazu wirklich so hoch erheben müssen. Wir müssen es also klären.

Dieses Wort für Segen kommt in Vers drei noch zwei weitere Male vor: „Gesegnet sei Gott..., der uns gesegnet hat mit allem geistlichen Segen". Wenn wir von der Grundbedeutung des Wortes ausgehen, beinhaltet „segnen" im NT immer: „Gutes sagen". Wir segnen unseren Gott also nicht dadurch, dass wir uns über ihn erheben, oder ihm die Hände auflegen, und ihn segnen. Wem sollte das denn möglich sein? Wir segnen Gott, indem wir ihm all das Gute sagen, was ER an uns und für uns getan hat. Und jetzt frage ich euch: Wer kann dabei überheblich werden? Oder sich sogar über Gott stellen? Wird diese Art des Segnens nicht vielmehr dazu führen, dass wir unseren Gott loben und anbeten, über allem, was ER für uns getan hat?

Die Juden hatten es verstanden. Und ich wünsche auch uns, dass wir es verstehen, Gott Gutes zu sagen: Wir stehen jeden Morgen auf - einfach so - mehr oder weniger gesund - aber wir stehen auf. Danach waschen wir uns - der eine mehr, der andere weniger. Und dann frühstücken wir, was der Kühlschrank so zu bieten hat. Wir gehen zur Arbeit, machen zu Hause unsere Arbeit, gehen zur Schule, studieren, oder machen sonst etwas. Und dabei läuft keiner nackt rum, denn wir haben etwas zum Anziehen. Manchmal so viel, dass es schon wieder zu einer Tortur wird, bis man genau das gefunden hat, was nicht zwanzig andere auch schon anhaben! Wenn es dann soweit ist, setzen wir uns an den Mittagstisch - wir essen. Manchmal essen wir so gedankenlos hektisch, dass wir dabei unser Hemd oder unsere Bluse versabbeln. Und wieder stehen wir vor dem überfüllten Kleiderschrank. Danach leben und arbeiten wir weiter bis zur letzten Hauptmahlzeit des Tages. Schließlich legen wir uns auf eine Couchgarnitur, lesen etwas, oder schalten vielleicht den Fernseher an. Das Licht leuchtet, der Raum ist warm. Es ist also Strom da, die Heizung funktioniert und die Isolation hat wieder einmal nicht versagt. Und irgendwann gehen wir dann ins Schlafzimmer und legen uns ins Bett, einfach weil wir eines haben. Ich habe jetzt nur ein paar der zentralen Ereignisse eines Tages genannt.

Darüber hinaus gibt es noch hunderte anderer Dinge und Erlebnisse, die uns so durch unseren Tag begleiten: Die Sonne, die Natur, andere Menschen, nette und andere Erlebnisse, manche Freundlichkeiten, manche Bewahrung, usw. Die Juden hatten es verstanden, Gott alles Gute zu sagen, was sie erlebten. Haben wir es verstanden?

Junge Leute fragen ja manchmal: „Was bringt's denn? Was habe ich denn davon, wenn ich das praktiziere, was du mir da unter die Nase reibst?" Vielleicht fragen sich das die etwas Älteren auch manchmal. Deshalb meine Bitte: Lasst es doch mal auf einen Versuch ankommen. Und schreibt mal auf, was ihr an Gutem mit Gott erlebt und von Gott habt. Jede Mahlzeit, jede Annehmlichkeit, jede Blume, jeden Sonnenstrahl, usw. Einfach mal ein oder zwei Wochen lang. Und dann dankt eurem Gott von Herzen dafür. Natürlich muss man sich dafür etwas Zeit nehmen. Aber wer es versucht, der wird staunen, was es Ihm bringen wird.

Ich habe es ausprobiert. Ich habe mich über einen Zeitraum von ein paar Monaten jeden Morgen hingesetzt und eine sogenannte „Dankesliste" geschrieben. Dazu habe ich jeden Morgen die Dinge in meinen Computer getippt, die mich zum Danken veranlasst haben. Manchmal waren dies richtig lange Listen. Und wenn sich am nächsten Tag manches wiederholte, war das kein Problem. Es ging ja nicht um eine lupenreine Liste, sondern darum, Gott zu danken, was ich nach dem Schreiben auch getan habe. Das könnt ihr ja einmal ausprobieren. Eines kann ich jetzt schon versprechen: Dabei kommt Freude auf!

Und das ist auch ganz logisch: Wenn wir Gott nur dafür danken, dass die Welt heute mal wieder nicht untergegangen ist, und dann schon bei unseren Bitten sind, bei unseren Sorgen, Nöten, Problemen, oder bei den Dingen, die uns sowieso belasten bis zum geht nicht mehr. Wo soll denn da die Freude beim Beten aufkommen? Könnte das vielleicht ein Grund dafür sein, warum Beten oft gar keinen so richtigen Spaß macht? Warum wir uns manchmal fast zwingen müssen, um mit unserem Vater im Himmel ins Gespräch zu kommen? Lernen wir wieder, ihm viel Gutes zu sagen. Machen wir es doch auch um unseretwillen, damit auch bei uns Freude aufkommen kann! Und unserem Gott wird wieder die Ehre zuteil, die ihm auch zusteht. Ich kann es euch nur empfehlen. Versucht es einfach mal, und erlebt es: DAS bringt's!

Gott segnen. Gott Gutes sagen, und ihn so preisen und anbeten. Wenn Gott uns segnet, dann sagt er uns auch Gutes. Wir müssen nur die Bibel aufschlagen, dann lesen wir, was er zu uns sagt. Wenn Gott aber segnet, bleibt es nicht nur bei den Worten, sondern dann wird auch zur Tat, was er uns zusagt. Und dann trifft es auch ein, Wort für Wort. Also: Segnen und gesegnet werden!

2. Wie Gott sein neutestamentliches Volk segnet

„Gelobt (gesegnet) sei Gott, der Vater unseres Herrn Jesus Christus, der uns gesegnet hat mit allem geistlichen Segen, im Himmel, durch Christus." (Epheser 1,3)

In unserem Text wird nun, ganz im Sinne von Psalm 103,2, aufgezählt, was Gott uns Gutes zugesagt und zugeeignet hat: *„Lobe den Herrn meine Seele, und vergiss nicht, was er dir Gutes getan hat"*. Und dieses „Gute" wird nun in drei Aspekte aufgeteilt: Er hat uns gesegnet 1. mit allem geistlichem Segen - 2. im Himmel - 3. durch Christus.

Er hat uns gesegnet *„mit allem geistlichen Segen..."*. Ich finde es gut, hier keine Einschränkungen gemacht werden. Paulus hätte ja auch schreiben können: „mit geistlichem Segen". Dann wäre allerdings keine Aussage darüber gemacht worden, wieviel geistlichen Segen ein Nachfolger Jesu in seinem Leben so empfangen kann.

Doch hier werden absolut keine Einschränkungen zu Gottes Segen gemacht. Das kleine Wörtchen „allem" bringt dies zum Ausdruck. Alles, was Gott hat, will er in uns hineinlegen. Das heißt, er legt sich für uns mächtig ins Zeug. Er teilt seinen Segen nicht auf, wie wir einen Apfel aufteilen müssen, wenn ihn drei Leute gleichzeitig essen wollen.

Und warum das? Weil Gott die Fülle hat! Wir stellen uns einmal vor: Das Wasser aller Ozeane, Seen, Flüsse und Bäche wäre Trinkwasser und wir wären der Besitzer. Wenn es nicht um Geld ginge und niemand korrupt wäre, dann würde doch niemand im Traum auf die Idee kommen, diese riesige Menge an Trinkwasser zu rationieren. Warum auch? Es würde ja für alle vollkommen ausreichen. Für immer!

Gott hat unvorstellbar viele Ozeane voll mit geistlichem Segen, den er nicht für sich behalten will. Er will ihn an uns Menschen weitergeben. Doch nun liegt es an uns, wie wir damit umgehen. Ich hatte dazu einmal ein nettes Erlebnis mit einem lieben Glaubens-Bruder. Eines Tages habe ich ihn gebeten, mir die Hände aufzulegen. Es ging darum, mir einfach etwas von der Salbung weiterzugeben, die er von Gott erhalten hatte. Er sollte mich also segnen. Und welches war seine erste Reaktion? Er sagte zu mir: „Ich gebe nichts her!" Was war sein Denkmuster zum Thema „Segnen"? Wir müssen einteilen, was wir haben, damit nichts verloren geht, und es auch für alle ausreicht. Aber nichts ist weiter weg von der Wahrheit.

Lasst uns jede Türe, jedes Fenster, jede Pore, die wir an uns haben weit öffnen, damit der Segen Gottes in uns hineinfließen kann. Und segnen wir auch andere über die Maßen, denn Gottes Segen kennt keine Grenzen. Er ist nicht rationier, sondern wir haben ALLEN geistlichen Segen zur Verfügung! Und weil es im jüdischen Denken keinen Unterschied zwischen dem geistlichen und dem irdischen Segen und Leben gibt - wir sind nicht heute Christen und werden geistlich gesegnet, und wenn wir nachher nach Hause gehen, sind wir nur noch weltliche Menschen - deshalb sind wir umfassend gesegnet, mit dem Segen Gottes: spirituell, materiell, physisch und sozial.

Und von wo aus werden wir gesegnet? Aus dem „Himmel". Wörtlich steht da: „in den Himmlischen". „Himmel" steht hier im griechischen Urtext in der Mehrzahl. Das bedeutet, dass hier die Himmel alles umfassen, was zum Himmel gehört und was sich im Himmel befindet. Es geht nicht nur um die Wolken und die Sterne, sondern es geht um den göttlichen Bereich des Himmels. Der gleiche Begriff taucht in unserem Brief noch ein paar Mal auf. In Kapitel 1,20: Jesus Christus wurde „eingesetzt zu seiner Rechten im Himmel". Oder in Kapitel 2,6: Wir als Christen sind „mit eingesetzt im Himmel in Christus Jesus". Oder auch in Kapitel 3,10, wo es darum geht, dass die Mächte „und Gewalten im Himmel", von der Gemeinde Jesu auf Erden die Weisheit Gottes lernen sollen. Wir können ja bei Gelegenheit einmal darüber nachdenken, was die Engel im Himmel von uns so alles lernen können, wenn sie darauf schauen, wie wir leben und was wir so alles machen.

Und nun noch der dritte Aspekt: Er hat uns gesegnet „in Christus". Wie segnet uns Gott? Antwort: In und durch Jesus Christus. Nur auf diesem Weg können Menschen Erlösung, Befreiung und Heilung, und damit den reichen Segen Gottes empfangen. Jesus selbst macht dies im Johannes-Evangelium sehr deutlich:

„Ich bin der Weg und die Wahrheit und das Leben; niemand kommt zum Vater denn durch mich!" (Johannes 14,6)

Dieses „Ich bin" ist von der griechischen Grammatik her etwas Besonderes. Das Wort „Ich" heißt „ego", was wir aus dem deutschen Wort Ego her kennen. Und das Wort „bin" heißt „eimi", was mit „ich bin" übersetzt werden müsste. Es hieße demnach: „Ich, ich bin der Weg...". Diese Verdoppelung ist eine Verstärkung, die eine Absolutheit zum Ausdruck bringen möchte: „Ich, und nur ich allein bin ..." Es ist also eine eindeutige Aussagt. Und darum auch hier im Epheserbrief, dieser Rückschluss: Wenn Jesus der einzige Weg zum Vater ist, dann ist es auch nur auf diesem Weg möglich seinen Segen zu empfangen, und nicht auf irgendwelchen anderen religiösen Wegen.

Und wie sieht dieser Segen aus? In Kapitel 1 können wir es in den Versen 4-14 lesen: Der Segen der Erwählung (V. 4), der Begnadigung (V. 6), der Erlösung (V. 7), des Heilsratschlusses Gottes (V. 9), der Zusammenfassung von allem in Christus (V. 10), der Erbschaft (V. 11) und der Versiegelung mit dem Heiligen Geist (V. 13). Und das ist noch lange nicht alles! Ich lasse dies einfach mal so in der ganzen Fülle stehen, damit wir uns bewusst machen können, was geistlicher Segen Gottes für unser Leben alles bedeuten könnte. Wir werden natürlich in den folgenden Predigten zum Epheser-Brief auf die einzelnen Aspekte göttlichen Segens zurückkommen - klar.

Und wenn wir jetzt alles haben wollen, den ganzen geistlichen Segen, sprich: Alles, was Gott in seinem unendlich großen Reservoire für uns bereit hat, dann ist das nur über Jesus Christus zu haben und sonst über nichts und niemand. Und das ist und bleibt so, auch wenn wir als alte, verbohrte Fanatiker verschrien werden. Es bleibt so, auch wenn wir mit den islamistischen Fundamentalisten auf eine Ebene gestellt werden. Es bleibt so, auch wenn das Evangelium als alt und antiquiert hingestellt wird. Wer den Segen Gottes haben möchte, bekommt ihn nur über Jesus Christus.

Wir werden also von Gott über die Maßen gesegnet, mit dem uneingeschränkten und umfassenden Segen, der sich in den himmlischen Bereichen befindet. Und das alleine durch unseren Erlöser, Befreier,

Heiler und Herrn, Jesus Christus. Auf diese Art und Weise segnet Gott sein neutestamentliches Volk.

Das zur Theorie. Wir wissen jetzt: Wenn Gott segnet, dann macht er es vom Himmel aus durch Jesus Christus. Gut zu wissen! Doch jede Theorie muss sich auch im praktischen Leben beweisen, sonst bleibt sie nur Theorie. Ich für meinen Teil möchte nicht nur wissen „WIE?", sondern ich will auch wissen „WAS?". Und darum das Dritte:

3. Welchen Segen Gott schon vor Grundlegung der Welt für uns geplant hat

> *„Denn in ihm hat er uns erwählt, ehe der Welt Grund gelegt war, dass wir heilig und untadelig vor ihm sein sollten; in seiner Liebe hat er uns dazu vorherbestimmt, seine Kinder zu sein, durch Jesus Christus, nach dem Wohlgefallen seines Willens, zum Lob seiner herrlichen Gnade, mit der er uns begnadet hat in dem Geliebten."* (Epheser 1,4-6)

Seid ihr schon einmal richtig ins Schwärmen gekommen? Dabei findet man die schönsten Worte, z.B. für die Automarke, die einem gefällt. Man malt mit Worten die schönsten Bilder über das Lieblingsrestaurant, in das man immer geht. Man hört gar nicht auf, über den Sport- oder Motorclub, seine Hobbies, seine Neigungen, usw. zu reden, von dem man begeistert ist. Ihr könnt gerne eure Bilder, Vorstellungen und Schwärmereien von irdischen Dingen an dieser Stelle einsetzen.

Was ich damit sagen möchte: Paulus erlebt bei diesen Sätzen im Epheser-Brief etwas Ähnliches. Man wird den Eindruck nicht los, als dass ihn gerade eine tiefe, innere Freude durchziehen würde. In Vers 3 hatte er angefangen, Gott zu segnen. Und jetzt erlebt er das Resultat dieser Segnung: Jetzt kommt es zurück. Es durchströmt ihn. Und er fängt an in schöne Worte zu fassen, was Gott schon in der Vorzeit, bevor er diesen wunderbaren Planeten geschaffen hatte, an Segen für die Menschen geplant hatte.

Das muss man sich mal vorstellen: Bevor Gott die Erde geschaffen hatte, hat er Hans-Werner, Petra, Emil, Isolde, usw. dazu auserwählt, sein Kind zu sein, und sein Leben mit Gott teilen zu dürfen. Wow! Was dies für eine Art der Erwählung war, das erläutern die Verse 4-6. Damit ist Erwählung zugleich eine Art Basis-Aussage für alles, was noch folgt: Alles Heil, von dem in Kapitel 1 bis Vers 14 die Rede ist, hat in der göttlichen Erwählung seinen Grund.

Doch gerade diese Sache mit der Erwählung ist etwas, das manchem von uns schwer zu schaffen macht. Denn, eigentlich haben wir uns ja freiwillig für Jesus entschieden. Wenn wir allerdings von Gott schon vorher erwählt gewesen wären, dann hätten wir ja gar nichts dafürgekonnt, dass wir Nachfolger Jesu sind, oder? Richtig! Und doch falsch! Aber ich sage es euch gleich: Wir werden es letzten Endes nicht klären können. Ich glaube, dass dieses Thema zu den Dingen gehört, die Gott vor uns verborgen hat. Die Sache mit „Erwählung oder nicht" oder „vorherbestimmt oder nicht" wird ein Geheimnis bleiben. Auch dann, wenn wir tagelang darüber diskutieren. Es wird ein Geheimnis bleiben, weil ich glaube, dass Gott wollte, dass es so ist. Die Bibel sagt, dass wir uns für ein Leben mit Jesus entscheiden müssen, sonst werden wir nicht auf den Weg zum ewigen Leben kommen. Und doch ist es der Heilige Geist, der uns den Impuls gibt, weil wir von Gott erwählt sind. Ich denke, Paulus macht hier das einzig richtige. Und wir sollten uns dem anschließen:

Er macht erst gar nicht an der Frage herum, sondern diese Tatsache der Erwählung bringt ihn in die Anbetung Gottes hinein. Er lobt und preist seinen Gott dafür, dass er zu den Auserwählten Gottes gehören darf. Ich denke, das wäre auch eine gute Art, wie wir mit diesem Thema umgehen können. Und wie geht das ganz praktisch? Paulus betet für seine Leser (Kapitel 3,18), dass sie die „Länge, Breite, Tiefe und Höhe" von allem begreifen mögen, was Gott ihnen an geistlichem Segen zur Verfügung stellt. Und die Liebe Christi, die alle menschliche Erkenntnis übertrifft.

Um erkennen zu können, was Gott mit seinem Heilsplan eigentlich vorhat, reicht unsere menschliche Erkenntnis einfach nicht aus. Wir können uns stundenlang hinsetzen und unser Gehirn zermartern: Wir werden von uns aus nicht hinter die göttlichen Dinge kommen, oder geistliche Fragen beantworten können. Aber ich weiß nicht, vielleicht hat jemand von euch schon einmal einen sog. „AHA-Effekt" gehabt. Für alle, die das nicht kennen: Das ist ein Moment, wo einem sehr plötzlich etwas aufgeht. Manche greifen sich dabei an den Kopf und sagen:

„Aaach, darum ist das so und so! Jetzt begreife ich es!" Genau das wünscht uns Paulus. Aber er macht uns auch gleichzeitig deutlich, dass dies nicht geht, ohne dass wir Gott darum bitten. Dass wir bitten, dass Gott uns dieses Verstehen göttlicher Dinge und geistlichen Segens schenken möge. Bitten wir also Gott darum, damit er uns diese „AHA-Effekte" schenken kann. Und uns plötzlich klar wird, was göttliche Erwählung für uns ganz persönlich bedeutet. Das wird uns ganz sicher in die Anbetung führen. In die Anbetung eines gnädigen und souveränen Gottes.

Will man Erwählung definieren, dann bedeutet es, dass Gott in völlig souveräner Freiheit, aus einer größeren Menge von Menschen einen einzelnen oder eine Gruppe auswählt, zu einem Zweck, den er allein bestimmt. Wer dem etwas nachspürt wird feststellen, warum wir da mit unserer menschlichen Erkenntnis sehr schnell am Ende sind: Er erwählt zu einem Zweck, den er allein bestimmt, ohne uns zu fragen. Doch wie soll das gehen, wo wir doch, von Gott selbst, als freie, Gott ähnliche Wesen geschaffen wurden? Fragen, über Fragen, über Fragen...

Doch davon, dass nur Gott der Erwählende ist, zeugt die ganze biblische Heilsgeschichte: Gott erwählte sich Abram - kein Mensch weiß warum. Und bestimmt nicht aufgrund der guten Verdienste, die Abram geleistet hatte. Gott erwählte sich das Volk Israel aus allen Heidenvölkern, und kein Mensch weiß, warum gerade dieses Volk. So eine menschliche Ansammlung von halsstarrigen und mit nichts zufriedenzustellenden Menschen musste man zur damaligen Zeit lange suchen. Doch Gott hat es aus purer Liebe getan. Und, nicht ohne dabei auch ein Ziel mit der ganzen Menschheit zu verfolgen: Erlösung, Befreiung und Heilung durch Jesus Christus. Innerhalb dieses Volkes erwählte er sich bestimmte Leute für bestimmte Aufgaben: Mose, um das Volk zu führen. Aaron und die Priester, um die Sühnung der Sünden des Volkes zu gewährleisten. Die Könige, wie z.B. David, um das Königreich Israels nach innen und nach außen zu schützen. Usw.

Im NT ist es Jesus, als der auserwählte Sohn Gottes, der auch nicht ohne Ziel zu uns gekommen ist. Und schließlich noch die Gemeinde, als „das auserwählte Geschlecht" (1. Petrus 2,9). Und damit sind wir wieder bei uns. Er hat uns auserwählt. WIE? „in ihm" WANN? „ehe der Welt Grund gelegt war" WOZU? Dass wir „heilig und untadelig vor ihm sein

sollten". Damit geht Paulus in seiner Erwählungslehre über die Erkenntnisse des Frühjudentums und des Alten Testaments hinaus. Manchmal
auch über unsere.

Der Heilige Gott kann und will uns nicht „einfach so" erwählen, sondern nur in Jesus Christus. Es geht nur „in ihm", weil der lebendige Gott
die Erlösung, Befreiung und Heilung der Menschen an Jesus Christus
und sein Werk gebunden hat. Nur deshalb kann Gott sündige Menschen
erwählen. Dass Gott in Jesus an uns handelt wird uns übrigens im
Epheserbrief noch öfter begegnen: Als Grundprinzip göttlichen Handelns.

Er hat uns auserwählt: WANN? „ehe der Welt Grund gelegt war".
Damit wird deutlich, dass Gott nicht irgendwann mal die Welt an ge-
schubst hat, und seither immer nur auf das reagiert, was sich in der
Welt so tut. Gott hat schon vor der Schöpfung der Welt einen Heilsplan
ausgearbeitet, der für alle Menschen gelten sollte, die er danach er-
schaffen würde. Und der gilt auch für uns. Der allwissende und souve-
räne Gott plante damit schon vor aller Zeit das, was damals noch nicht
war, aber noch werden würde.

Und: Er hat uns auserwählt: WOZU? „dass wir heilig und untadelig
vor ihm sein sollten". Damit wird Absicht und Ziel der Erwählung deutlich. Aber bitte nicht verwechseln mit der Grundlage der Erwählung. Gott
erwählt sich nicht nur die Menschen, die besonders heilig und untadelig
sind. Sonst würde ja die Erwählung wieder von Menschen abhängen.

Unser Heilig- und Untadelig sein vor ihm ist nicht die Basis, sondern
das Ziel, das verfolgt wird. Ein Ziel, dass darin besteht, dass wir Jesus
unsere Sünden bekennen und in Anspruch nehmen, dass er sie auch
gesühnt hat:

> *„Wenn wir aber unsre Sünden bekennen, so ist er treu und*
> *gerecht, dass er uns die Sünden vergibt und reinigt uns*
> *von aller Ungerechtigkeit."* (1. Johannes 1,9)

Dadurch werden wir von der Sünde getrennt, auf Gottes Seite gestellt und leben in ihm und durch ihn. Und wir stehen ihm damit zur Verfügung, und können, vom Gesetz her, wegen unserer Verfehlungen
nicht mehr beschuldigt werden. Das bedeutet „dass wir heilig und untadelig vor ihm sein sollten". Nicht mehr, aber auch nicht weniger.

Und das hat er in Liebe getan, nach seinem Willen, *„zum Lob seiner herrlichen Gnade"*. Und damit schließt sich der Kreis des geistlichen Segens wieder:

Wir sagen Gott Gutes. Wir sagen ihm, was uns an ihm und seiner Welt gefällt, und was dabei für uns alles so abfällt.

Wir nehmen damit ganz bewusst den Segen in Anspruch, den er für sein Volk ausersehen hat - allen geistlichen Segen - geistlich und materiell - ohne Abstriche.

Wir folgen damit seinem Willen, den er in der Erwählung der Menschen umgesetzt hat, *„zum Lob seiner herrlichen Gnade"*.

Ich wünsche jedem von euch solch einen grandiosen „AHA-Effekt" über seine eigene Erwählung, dass er mit seiner Freude absolut nicht mehr weiß, wohin!

Das rettende Werk Gottes
(Epheser 1,7-10)

Es geht um einen Mann - er war Alkoholiker. Ein sog. „Problemfall". Und trotzdem hatte er sich vor kurzem für Jesus Christus entschieden. „Nun wird alles gut", denkt er. Und das denken auch seine Freunde und Eltern. Nach einiger Zeit muss er allerdings verzweifelt erkennen, dass er immer wieder versagt. Er selbst sieht keinen Ausweg mehr.

Da lädt ihn eine alte Frau aus seiner Gemeinde ein. Sie sagte ihm, dass sie jemand brauchen würde, der ihr hilft, ein neu gerahmtes Bild aufzuhängen. „Und eine Tasse Kaffee werde er doch wohl auch nicht verachten". Gesagt, getan! „Wie gemütlich es bei solch einer lieben alten Frau sein kann!" denkt er.

Und dann erzählt er von sich, von seiner Arbeit, und... Ja, am Ende spricht er auch über sein großes Problem. „Hast du es schon mal mit dem Namen probiert?", fragt ihn die Frau. „Mit welchem Namen?" „Na mit dem Namen Jesus! So, dass du in dem Moment an ihn denkst, wenn es wieder schwierig wird."

Er versucht es: Jedes Mal, wenn er an seiner alten Kneipe vorbeikommt, denkt er: „Jesus!" Und tatsächlich: ER hilft! Der Mann denkt dabei an die großen Taten von Jesus, und an sein Leiden. Und schon ist er an der Kneipe vorbei. Lange Zeit gelingt ihm das immer wieder. Und er wird immer sicherer darin.

Doch eines Tages. Die Tür zur Kneipe ist offen. Biergeruch dringt heraus. Und, bis er sich versieht, ist er auch schon drin. Dabei merkt er gar nicht, wie ihn seine alten „Freunde" hämisch angrinsen. An der Theke angekommen, fällt sein Blick, durch die halbgeöffnete Tür, in die Wohnung des Gastwirts, auf ein Kruzifix.

„Jesus!", sagt der Mann. So, dass es alle hören können. Er nimmt seine Bestellung zurück, dreht sich um und geht hinaus. Der Wirt und die Gäste schauen dem Mann wortlos hinterher. Dieser Mensch hat es erlebt: „Das rettende Werk Gottes"!

Und genau das werden wir uns heute etwas näher anschauen.

Dazu zerlegen wir es in die Bestandteile des rettenden Werkes Gottes, über das Paulus in seinem Brief an die weltweite Christenheit spricht. Dabei geht es um das rettende Werk Gottes: In der Erlösung - In der Vergebung - In Weisheit und Erkenntnis - und - Im Geheimnis seines Willens.

Bei unserer Betrachtung des rettenden Werkes Gottes werden uns einige Worte aus dem Brief des Paulus an die Epheser eine große Hilfe sein. Sie sind nachzulesen in Kapitel 1, die Verse 7-10:

> *„In ihm haben wir die Erlösung durch sein Blut, die Vergebung der Sünden, nach dem Reichtum seiner Gnade, die er uns reichlich hat widerfahren lassen in aller Weisheit und Klugheit. Denn Gott hat uns wissen lassen das Geheimnis seines Willens nach seinem Ratschluss, den er zuvor in Christus gefasst hatte, um ihn auszuführen, wenn die Zeit erfüllt wäre, dass alles zusammengefasst würde in Christus, was im Himmel und auf Erden ist."*

1. Bestandteil des rettenden Werkes Gottes: Die Erlösung durch Jesu Blut

Erlösung. In unserem Sprachgebrauch heute ist gar nicht mehr so klar, was dieses Wort einmal bedeutet hat. Heute sagt man zum Beispiel: „Endlich bin ich von diesem aufdringlichen Typ erlöst!" Oder eine Fußball-Mannschaft, die nur mit 1:0 in Führung ist, wartet sehnsüchtig auf den erlösenden Schlusspfiff.

Und manche warten schon zu Beginn einer Predigt auf das endlich erlösende „Amen!" Soll es tatsächlich schon mal gegeben haben. Und dabei ist die Verwendung von „Erlösung" in diesen Zusammenhängen ist gar nicht so falsch. Ein Quäntchen des ursprünglichen steckt in solchen Worten noch drin: Erlösung, als Befreiung von einer mindestens unangenehmen Sache.

Doch: „Erlösung", was hat es denn damals wirklich bedeutet? Vielleicht macht es ja etwas mit uns, wenn wir erfahren, was es ursprünglich für die Menschen bedeutet hat, erlöst zu werden. Erlösung: Dahinter steckt eine für die damalige Zeit völlig normale Handlung innerhalb der antiken Praxis der Sklaverei.

Das bedeutet nicht, dass Paulus die Sklaverei zu seiner Zeit als gut befunden hat. Ganz bestimmt nicht. Aber er versuchte, geistliche Wahrheiten durch Worte und Bilder zu verdeutlichen, die die Menschen aus ihrem Umfeld kannten. Und das Umfeld der damaligen Gemeinde war eine Gesellschaft, in der Sklaverei leider ganz normal war.

In die Hausgemeinden, die Paulus zu seiner Zeit betreute, kamen viele Menschen aus dem Kreis derer, die entweder noch Sklaven waren, oder die aus der Sklaverei freigelassen worden waren. Und dazu gesellte sich dann noch der Rest des Volkes, vom ganz normalen Bürger, über den Staatsbediensteten, bis hin zum Unternehmer.

Das sollte heute in der christlichen Gemeinde auch nicht anders sein. Wir brauchen keine Gemeinde Jesu, die sich selbst als Elite sieht, und deshalb nur solche Menschen in ihre Reihen aufnimmt, die sozial sehr gut gestellt sind. Ich denke, dass es uns Christen sehr hilft, wenn sich Gemeinde aus allen Gesellschaftsschichten zusammensetzt.

Das Wort „Erlösung" bedeutete im ursprünglichen Sinn, dass ein Sklave entweder aus der Sklaverei befreit wurde. Oder es bedeutete, dass er von einem reichen Mann losgekauft wurde, sodass er hinterher selbst als freier Mann leben konnte. Er bekam also seine Freiheit von einem anderen geschenkt, der die Mittel dazu hatte, dies zu tun.

Und das ging meist nach dem im Altertum weit verbreiteten Brauch der sakralen, heiligen Sklavenbefreiung vonstatten. Dabei ging der bisherige Herr mit seinem Sklaven in den Tempel und verkaufte ihn dort dem verantwortlichen Gott dieses Tempels. Der bisherige Herr erhielt dafür den Kaufpreis, aus der Tempelkasse.

Dieser Kaufpreis wurde vorher entweder durch den Sklaven selbst, oder aber durch einen anderen Menschen hinterlegt. Wenn diese Maßnahme abgeschlossen war, galt Folgendes: Der Sklave war zukünftig das Eigentum des verantwortlichen Gottes dieses Tempels. Aber gesellschaftlich gesehen war er ein freier Mensch.

Damit war er an keinen Menschen mehr gebunden, sondern nur noch an diesen Gott des Tempels. Damit fand natürlich auch ein Herrschaftswechsel statt: Bisher konnte ihm sein Herr etwas sagen, und der Sklave musste es tun. Doch dieser Rechtsanspruch des Herrn war nun erloschen. Der Sklave war ein freier Mensch.

Seine einzige Bindung galt nur noch der Gottheit des Tempels gegenüber. Dieser Gott war nun sein einziger Herr. Er hatte das Sagen über das Leben dieses freien Menschen, und konnte bestimmen, was mit dem Leben dieses Menschen geschehen sollte.

Wir fassen zusammen: Der Sklave war ein freier Mensch, an keinen anderen Menschen mehr gebunden. Er konnte sich im Rahmen der gesellschaftlichen Bedingungen und Gesetze frei bewegen: Einer Arbeit nachgehen, Familie gründen, einfach frei leben! Nur seinem Gott gegenüber war er gebunden, und dem, was dieser ihm zu sagen hatte.

Das bedeutete „Erlösung" in der Sklaverei der Antike. Der Apostel Paulus greift nun diese gesellschaftliche Gegebenheit auf, und wendet sie auf unser geistliches Leben an. Dabei geht er davon aus, dass alle Menschen als Sklaven der Sünde, und unter der Herrschaft Satans auf die Welt kommen. In Römer 3,10 und 3,22-23 schreibt er dazu:

> *„Da ist keiner, der gerecht ist, auch nicht einer [...] Denn es ist hier kein Unterschied; sie sind allesamt Sünder und ermangeln des Ruhmes, den sie bei Gott haben sollten."*

Demnach ist jeder Mensch ein Sklave der Sünde und des Teufels, zunächst einmal hoffnungslos verloren. Doch da hinein kam der Sohn Gottes persönlich auf die Welt. Jesus Christus ging in den Tempel Gottes und hat dort, durch sein rettendes Werk am Kreuz auf Golgatha, etwas hinterlegt. Petrus schreibt dazu in 1. Petrus 1,18-19:

> *„Ihr wisst, dass ihr nicht mit vergänglichem Silber oder Gold erlöst seid von eurem nichtigen Wandel nach der Väter Weise, sondern mit dem teuren Blut Christi als eines unschuldigen und unbefleckten Lammes."*

Das ist eine Währung, die mit allen Reichtümern dieser Welt nicht zu vergleichen ist. Und die wurde im Tempel hinterlegt. Jesus Christus hat ein für alle Mal bezahlt! Und jeder Mensch, der sich an Gott wendet, jeder, der ein Leben mit Jesus leben möchte, wird frei werden von dieser Herrschaft der Sünde und des Teufels.

Und zwar so frei, dass nichts mehr auf dieser Welt einen Herrschaftsanspruch an ihn hat. Sein Leben gehört jetzt voll und ganz dem lebendigen Gott, dem er sich ausgeliefert hat. Wenn dies geschehen ist, dann ist ein Mensch erlöst. Jesus Christus hat ihn erlöst - hat ihn erkauft. Von nun an kann er ein Leben in der Nachfolge Jesu führen.

Es ist wichtig, dass wir uns als Nachfolger Jesu dessen bewusst sind, was das für uns bedeutet. Was das für Konsequenzen für unser Leben hat: Geistlich gesehen sind wir freie Menschen! Sündhafte Gedanken oder Gewohnheiten haben keine Macht mehr über uns. Der Teufel darf uns nicht mehr vorschreiben, was wir zu tun haben.

Doch, wie sieht die Praxis aus? Viel zu viele Menschen machen so weiter wie bisher. Aber das ist völlig absurd! Ein Beispiel: Da ist ein Arbeiter in einem Betrieb, der unter der Fuchtel seines Abteilungsleiters ist. Er muss immer machen, was der will. Eines Tages kommt der Chef des Betriebs und macht ihm ein Angebot: „Von jetzt ab, bist du mir direkt unterstellt. Der Abteilungsleiter kann dir ab jetzt nichts mehr vorschreiben." Da möchte ich den sehen, der sich von diesem Moment an noch etwas von seinem Abteilungsleiter sagen lässt. Niemals! Er ist jetzt direkt dem Chef unterstellt. Ich vermute, dass die meisten ganz selbstbewusst sagen würden: „Der?! Der hat mir überhaupt nichts mehr zu sagen! Ich komme jetzt direkt nach meinem Chef!"

Daran sollten wir uns ein Beispiel nehmen. Wir sollten uns vom „Abteilungsleiter Erde" (vgl. 2. Korinther 4,4), dem Teufel, nichts mehr sagen lassen, denn er hat den Nachfolgern Jesu nichts mehr vorzuschreiben. Das muss in unseren Köpfen, und vor allem tief in unseren Herzen verankert sein. Und darum ist es so wichtig, dass wir uns bewusst machen, was Erlösung wirklich bedeutet:

Wir kommen direkt nach dem Chef! Wir sind nur Gott gegenüber verantwortlich. Natürlich im Rahmen gesellschaftlicher Vorgaben. Wir sind nicht weltfremd und abgehoben (vgl. Römer 13). Aber wir müssen nicht von dämonischen Vorgaben leiten lassen. Wer die Erlösung durch Jesus Christus in Anspruch genommen hat, der ist frei!

Darum auch das Thema: Das rettende Werk Gottes! Erlösung ist tatsächlich Freiheit, und nicht erneute Versklavung unter einen anderen Herrscher. Vorher der Teufel? Und nachher dann ein Gott, dem es scheinbar nur wichtig ist, dass ich religiöse Regeln befolge, mit denen ich ihn dazu überrede, mich eines Tages in den Himmel zu lassen?

Nein! Erlösung ist Befreiung von Sünde, Tod und Teufel. Und gleichzeitig die Beziehung zu einem Gott, der mir zusagt - Jeremia 29,11:

> *„Ich weiß wohl, was ich für Gedanken über euch habe, spricht der HERR: Gedanken des Friedens und nicht des Leides, dass ich euch gebe Zukunft und Hoffnung."*

DAS ist die neue Freiheit!

2. Bestandteil des rettenden Werkes Gottes: Die Vergebung der Sünden

Was ist das Hauptproblem des Menschen? Stellt man diese Frage einem Buddhisten, wird er vermutlich antworten, dass es das Leiden des Menschen ist, dem der buddhistische Glaube gerne begegnen und es beenden möchte. Fragt man einen Umweltaktivisten, dann ist das Hauptproblem des Menschen aktuell der Klimawandel. Vor Jahren war in der Zeitung „Die Welt" zu lesen, dass die Überbevölkerung das größte Problem der Menschheit wäre. Und auf der Online-Plattform der Züricher Zeitung war 2019 von dem Philosophen Volker Gerhardt zu lesen, dass der Mensch das einzige Tier sei, das sich selbst zum Problem wird und dauernd an sich selbst scheitert.

Der Mensch, der sich selbst also zum Problem geworden ist. Sind das wirklich Neuigkeiten? Im Großen und Ganzen nicht. Es gab zwei Menschen, mit denen dies angefangen hat: Adam und Eva. Es hat sich über ihren Sohn, Kain, fortgesetzt und hat seither nicht mehr aufgehört, dass der Mensch Probleme hat, weil er sich selbst zum Problem wird.

Und was ist die Ursache des Ganzen? Es steht etwas zwischen den Menschen und Gott. In Offenbarung 12,10 ist dazu zu lesen:

> *„Nun ist das Heil und die Kraft und das Reich unseres Gottes geworden und die Macht seines Christus; denn der Verkläger unserer Brüder ist verworfen, der sie verklagte Tag und Nacht vor unserm Gott."*

Am Ende der Zeiten. Wenn Gott seinen Heilsplan zur Vollendung bringen wird. Dann wird der Verkläger völlig aus dem Weg geräumt, der auch in unseren Zeiten jeden Menschen vor Gott anklagen kann, der etwas getan hat, das gegen Gottes Willen ist. Der die Wünsche und

Ziele Gottes für einen Menschen verfehlt hat. Und Sünde ist ja nichts anderes als eine Handlung, die die Ziele Gottes mit einem Menschen verfehlt. Das ist das Bild hinter dem griechischen Wort für Sünde.

Das, was im Buch Hiob angedeutet wird, als der Teufel Hiob bei Gott schlecht machen will, ist nicht nur ein nettes Geschichtchen, das längst der Vergangenheit angehört. Genau wie bei Hiob, so versucht es der Teufel bis heute mit jedem von uns. So steht es in Offenbarung 12,10: Der Verkläger klagt uns rund um die Uhr bei Gott an. Doch es gibt eine Lösung. Sie ist in 1. Timotheus 2,5 zu finden:

> *„Denn es ist ein Gott und ein Mittler zwischen Gott und den Menschen, nämlich der Mensch Christus Jesus."*

Das heißt, wir haben einen Verteidiger bekommen, von dem der Apostel Johannes in 1. Johannes 2,1-2 schreibt:

> *„Wenn jemand sündigt, so haben wir einen Fürsprecher bei dem Vater, Jesus Christus, der gerecht ist. Und er ist die Versöhnung für unsre Sünden, nicht allein aber für die unseren, sondern auch für die der ganzen Welt."*

Dort, wo der Ankläger versucht, uns vor Gott schlecht zu machen, einen Keil zwischen uns und Gott zu treiben, oder sich die Erlaubnis zu holen, uns schaden zu können, weil Sünde in unserem Leben ihr Unwesen treibt. Dort ist seit Golgatha auch der Verteidiger, der sich zwischen Gott und Menschen stellt, damit sie nicht gerichtet werden.

Doch das Ganze funktioniert nicht automatisch, sondern nur dann, wenn wir mit unseren Sünden auch der Bibel gemäß umgehen. Und dort ist darüber Folgendes zu lesen:

> *„Wenn wir aber unsere Sünden bekennen, so ist er treu und gerecht, dass er uns die Sünden vergibt und reinigt uns von aller Ungerechtigkeit."* (1. Johannes 1,9)

„Bekennen" ist hier das Stichwort. Früher habe ich immer wieder einmal zu meinen Kindern gesagt: *„Wenn du etwas falsch gemacht hast, dann rede mit mir darüber, und belüge mich nicht. Wenn du mit mir darüber redest, wirst du vielleicht die eine oder andere Konsequenz deines Fehlverhaltens tragen müssen, aber wir bringen alles wieder in Ordnung. Mit einer Lüge bestrafst du dich nur selbst."*

So ähnlich geht es auch mit unserer Sünde: Wenn wir unsere Sünden bekennen, dann geschieht Vergebung, die umfassend ist. Jesus bringt bei Gott alles wieder in seine Ordnung. Und was das wichtigste dabei ist: Dies nimmt dem Ankläger jegliche Chance, uns vor Gott anzuklagen und uns damit zu schaden. Denn wo Vergebung ist, gibt es keine Anklage mehr (vgl. Römer 8,1).

Wir bekennen also unsere Sünde nicht, um einen richtenden Gott zufrieden zu stellen. Nein! Gott liebt uns ohne Ende. Und Jesus hat das Gericht Gottes am Kreuz auf Golgatha auf sich genommen! Wir bekennen unsere Sünden um unsertwillen: Damit Jesus als Mittler tätig werden kann, und der Ankläger aus dem Raum gejagt wird, der uns nur schaden möchte. Und das bedeutet Freiheit für uns, ohne schlechtes Gewissen.

So gesehen bin ich Jesus wirklich dankbar, dass er sich selbst nicht verschont hat, sondern alle Sünden dieser Welt auf sich genommen hat, um den Ankläger aus dem Spiel zu nehmen. Das gibt mir die Chance, Gemeinschaft mit meinem Vater im Himmel zu haben und in der Freiheit der Kinder Gottes zu leben.

3. Bestandteil des rettenden Werkes Gottes: Weisheit und Erkenntnis

Eine Frage an alle Bibelleser: „Warum liest du eigentlich in der Bibel?" Eine Frage an alle Beter unter uns: „Warum betest du eigentlich immer wieder?" Eine Frage an alle Gottesdienst-Besucher: „Warum besuchst du eigentlich einen Gottesdienst? Eine Frage an alle Nachfolger Jesu: „Warum folgst du eigentlich Jesus nach?"

Was ist deine Motivation, um diese Dinge - und vielleicht noch ganz andere zu tun? Für alle, die sich diese Fragen vielleicht noch nicht gestellt, und deshalb auch keine Antwort haben. Für die habe ich einen kleinen Tipp, der mit dem rettenden Werk Gottes zu tun hat. Bzw. eigentlich ist er von Paulus, der in Epheser 1,17 für alle Christen betet:

> „...dass der Gott unseres Herrn Jesus Christus, der Vater
> der Herrlichkeit, euch gebe den Geist der Weisheit und der
> Offenbarung, ihn zu erkennen."

Das ist die Motivation: *„...ihn zu erkennen".* Im Urtext steht hier ein Wort, bei dem es um eine umfassende geistliche Erkenntnis geht, die den ganzen Menschen beeinflusst und einnimmt. Eine umfassende, geistliche Erkenntnis, die von Gott bestimmt ist, und die sich nur in Übereinstimmung mit Gott selbst entwickelt. Also nicht nur reines Wissen, sondern eine Erkenntnis Gottes, die meinen Charakter, meine Persönlichkeit und mein ganzes Leben beeinflussen wird.

Irgendwie bekomme ich es gar nicht richtig in Worte gefasst. Als würde sich mit dieser Weisheit und Erkenntnis mein ganzes Sein mit Gott verschmelzen, und sich danach nicht mehr davon unterscheiden. Etwas Grandioses und ebenso Geheimnisvolles. Wenn uns das nicht motiviert, Bibel zu lesen, mit Gott zu reden, und ihm gehorsam nachzufolgen, weiß ich auch nicht mehr.

Und wie kommen wir dazu? Der Apostel Jakobus gibt uns dazu in seinem Brief einen wichtigen Hinweis:

> *„Wenn es aber jemandem unter euch an Weisheit mangelt, so bitte er Gott, der jedermann gern gibt und niemanden schilt; so wird sie ihm gegeben werden."* (Jakobus 1,5).

Ganz in dem Sinne, wie Jesus es selbst gesagt hat:

> *„Bittet, so wird euch gegeben; suchet, so werdet ihr finden; klopfet an, so wird euch aufgetan. Denn wer da bittet, der empfängt; und wer da sucht, der findet; und wer da anklopft, dem wird aufgetan."* (Matthäus 7,7-8)

Eigentlich ganz einfach, nicht?! Wir kommen mit Gott in ein Gespräch, in dem wir ihn darum bitten, uns Weisheit und Erkenntnis zu geben, die wir dadurch bekommen, dass wir mit ihm sprechen. Wir lesen die Bibel, damit wir dort von der Weisheit und Erkenntnis lesen, die wir dadurch bekommen, dass wir die Bibel lesen.

Dabei beißt sich die Katze nicht in den Schwanz, sondern es ist ein herrlicher Kreislauf, in den uns Jesus Christus gebracht hat, durch sein rettendes Werk am Kreuz auf Golgatha. Der Apostel Johannes hat einmal Folgendes dazu geschrieben:

> *„Denn das ist die Liebe zu Gott, dass wir seine Gebote halten; und seine Gebote sind nicht schwer."* (1. Johannes 5,3)

Das ist das rettende Werk Gottes: Wir können tatsächlich nach Gottes Willen leben!

4. Bestandteil des rettenden Werkes Gottes: Das Geheimnis von Gottes Willen

Fast jedes Kind ist stolz darauf, wenn es ein Geheimnis ganz für sich allein hat. Warum? Weil das, was das Kind im Moment weiß, sonst niemand auf der ganzen Welt wissen kann. Es hat ein Geheimnis. Genau das ist das Wesen eines Geheimnisses. Außer dem, der es hat, kennt niemand den Inhalt dieses Geheimnisses.

So ist es auch bei Gottes Geheimnis: Allein sieben Mal finden wir diesen Begriff im Brief an die Christen in Ephesus. Lauter Geheimnisse: Dinge, die für den menschlichen Geist undurchdringlich und unerforschlich sind. Dinge, die nie und nimmer dem menschlichen Geist entstammen können, nicht einmal in Ansätzen.

Wie z.B. die Zusammenfassung des Alls in Jesus Christus. Oder die Erlösung der Heiden. Oder Christus und seine Gemeinde, usw. Alles Geheimnisse Gottes, die eines gemeinsam haben: Es handelt sich um Wahrheiten und Erkenntnisse von Tatsachen, die dem rein menschlichen Verstehen unzugänglich bleiben.

Paulus betont das in unserem Abschnitt sehr stark, indem er sagt: „Gott hat uns wissen lassen..." Kein Mensch hat sich das ausgedacht, was Gott einst beschlossen hat und zu seinem Ende bringen wird. Das ist natürlich auch ein Schlag gegen die Irrlehre der sogenannten „Gnosis", die damals mit ihren besonderen Erkenntnissen geprahlt hatte.

Alles, was sich rund um das rettende Werk Gottes dreht, kann sich dem Menschen nur Kraft göttlicher Mitteilung und Offenbarung erschließen. Und das allein durch den Heiligen Geist, und nur durch ihn. So kommt Paulus vom WIE der Vermittlung des rettenden Werkes Gottes, zum WAS des rettenden Werkes Gottes.

WIE haben wir es bekommen? In aller Weisheit und Erkenntnis. WAS haben wir bekommen? Das Geheimnis seines Willens „nach seinem Ratschluss, den er zuvor in Christus gefasst hatte". Für mich ist dies das höchste Ziel meines Lebens: Das mir genau das geschenkt wird, von dem hier die Rede ist.

Dass mir mein Vater im Himmel, mein König und mein Gott, in aller Weisheit und Klugheit, das Geheimnis seines Willens offenbart. Und das allein durch seinen Heiligen Geist, der in mir wohnt. Und, wie schon gesagt, geht es dabei nicht nur um reines Kopfwissen: Einmal gelernt und dann geht alles klar ...

Das wird deutlich, wenn Paulus gegen Ende unseres Abschnitts die Katze aus dem Sack lässt: Gott selbst wird an einem von ihm bestimmten Zeitpunkt alles unter die Füße Jesu bringen. Nichts und niemand wird sich mehr selbst bestimmen können. Jesus allein wird der Herr sein im Himmel und auf Erden.

Das ist nicht nur reines Kopfwissen. Im Grunde kann ich mir gar nicht richtig vorstellen, was hier gesagt wird. Und wenn wir einen Blick in Gesellschaft und Welt machen, dann ist von dieser Aussage noch nicht einmal im Ansatz etwas zu sehen.

Noch nicht einmal unter allen Nachfolgern Jesu. Noch macht die Mehrheit der Menschen einfach was sie will. Sie kümmert sich nicht um Gott, seine Gebote und seinen Heilsplan. Geschweige denn um Jesus und sein rettendes Werk der Erlösung, Befreiung und Heilung der Menschen. Aber das ändert nichts daran!

Es ändert nichts an dem, was Jesus getan hat. Paulus schreibt dazu an seinen Mitarbeiter Timotheus, in 2 Timotheus 1,9: *„Er hat uns selig gemacht...".* Hier steht im Urtext das griechische Wort „sozo", das übersetzt werden kann mit „retten", „befreien" oder „heilen". Man könnte also die Worte aus 2. Timotheus 1,9-10 auch so lesen:

> *„Er hat uns erlöst, befreit, geheilt und berufen mit einem heiligen Ruf, nicht nach unsern Werken, sondern nach seinem Ratschluss und nach der Gnade, die uns gegeben ist in Christus Jesus vor der Zeit der Welt, jetzt aber offenbart ist durch die Erscheinung unseres Heilands Christus Jesus, der dem Tode die Macht genommen und das Leben und ein unvergängliches Wesen ans Licht gebracht hat durch das Evangelium."*

Das ist das, was gilt, und nicht das, was wir in der Welt um uns herum, mit unseren menschlichen Augen wahrnehmen. Jesus selbst hat *„dem Tode die Macht genommen".* Ja, es ist so: Jeder Mensch muss einmal sterben. Das ist der Lauf der Welt (vgl. Psalm 90,10). Aber die Nachfolger Jesu sind danach nicht einfach tot, sondern leben nach dem Sterben weiter, bis in alle Ewigkeit.

Doch das ist nur die eine Seite. Jesus hat auch *„das Leben und ein unvergängliches Wesen ans Licht gebracht"*. Das bedeutet, dass die Nachfolger Jesu nicht auf die Ewigkeit vertröstet werden, sondern das rettende Werk Gottes schon hier auf dieser Erde in vollen Zügen genießen dürfen. Ganz so, wie Jesus es versprochen hat:

> *„Ein Dieb* (Teufel) *kommt nur, um zu stehlen, zu schlachten und umzubringen. Ich bin gekommen, damit sie das Leben und volle Genüge haben sollen."* (Johannes 10,10)

In diesem Sinne lasst uns das rettende Werk Gottes auch heute schon genießen: In der Erlösung, in der Vergebung, in Weisheit und Erkenntnis, und im Geheimnis seines Willens.

Ich wünsche jedem von uns, dass dieses rettende Werk Gottes nicht nur Kopfwissen ist, sondern dass es zu einer Erkenntnis deines Vaters im Himmel wird, die deinen Charakter, deine Persönlichkeit und dein ganzes Leben so beeinflusst, dass es im besten Sinne des Wortes total auf den Kopf gestellt wird.

Und du dann genau das erleben wirst, was dir persönlich in seinem Wort versprochen ist! In Jesu Namen, Amen.

Erbschaft mit Niveau
(Epheser 1,11-14)

Ja, Glasvitrinen können ganze Lebensgeschichten erzählen: Wenn das alte Kaffeeservice und kristallene Tortenplatten drinstehen. Vor allem aber Fotos, hübsch gerahmt. Ein Mädchen mit Schultüte. Eine Familie am Strand.

Vier Kinder hat Lisa Müller[2], aber die Glasvitrine kennt nur noch drei. Es war wie ein Reflex, sie musste es tun: die Bilder von Leni rausnehmen. Zu viel war vorgefallen. Zu groß die Verletzung. Sie nahm ein Paket, tat nicht nur die Bilder aus der Vitrine rein, sondern kramte auch in Alben: Leni als Baby - als Kleinkind. Sie schickte ihr alles, wollte den totalen Cut. Sie glaubte, es könne eine Chance sein: „Noch mal neu anfangen, ohne diese Frau". Sie sagt das ganz bewusst. Es sei ihr eine Hilfe, nicht von „Tochter" zu sprechen. Nicht so viel „im Gestern" unterwegs zu sein. Sie will leben. Jetzt!

Lisa Müller, 64, wirkt jung. Trägt Jeans, Polo-Shirt, die Haare modisch kurz. Im Flur, neben der Haustür stehen Laufstöcke und Sneakers bereit. Jeden Morgen dreht sie mit der Freundin eine Runde - sieben Kilometer. Gleich hinterm Haus beginnen die Wiesen und Felder des Allgäus. Sie weiß nicht, was sie getan hätte ohne dieses Ritual. Ohne das Reden dabei: „Niemand versteht, was Leni gemacht hat".

Ein unsagbarer Verlust im vorletzten Jahr, nach mehr als 40 Ehejahren: Der Tod von Egon, ihrem Mann. Am Grab wird sie gestützt, gehalten. Der Sohn und die beiden jüngeren Töchter weichen nicht von ihrer Seite. Leni hat ihr nur kurz den Arm gedrückt, zur Begrüßung. Nach der Trauerfeier kommt sie in der Gaststätte auf sie zu. Sie hat es eilig. Der Flieger zurück ins Rheinland geht gleich. Sie fragt: „Wie läuft das jetzt? Auch mit dem Haus?" Lisa muss nicht lange nachdenken: „Mir war klar, dass es um Geld ging". Irgendetwas tief drinnen hat fast damit gerechnet, obwohl Leni wusste, dass die Eltern sich gegenseitig als Erben eingesetzt hatten.

---

[2]   Die Namen wurden vom Autor bewusst geändert.

„Am besten setzen wir uns mal bei Gelegenheit alle zusammen und reden", versucht sich Lisa Müller sachlich zu geben. Keine vier Wochen später kommt Post von einer Kölner Anwaltskanzlei. Die Forderung einer Nachlassaufstellung: Der Tochter stünde aus dem Erbe ein Pflichtteil zu. So zu war es im Jahr 2019 auf der Plattform FOCUS Online zu lesen.

Ja, der Tod eines Menschen. So normal dieser aus menschlicher Sicht auch ist, was danach kommt ist oftmals nicht so schön. Denn nach der Beerdigung gehen sie meist los, diese unsäglichen Erbstreitigkeiten. Wer hat nicht schon mal, zumindest von ihnen gehört. Einem selbst kann das ja nicht passieren. Viel zu gut versteht man sich doch schon ein Leben lang. Doch ist das wirklich so?

Wenn sich Familie und Verwandtschaft richtig gut verstehen, fragt sich deshalb in manchen Regionen der Volksmund: „Und, habt ihr schon geteilt?" Was nicht mehr und nicht weniger ist, als die Frage danach, ob es schon eine Möglichkeit gegeben hat, diese allgegenwärtige Harmonie in einer Erbschaftsangelegenheit unter Beweis zu stellen.

Als ich mich mit dem Bibeltext für diese Predigt auseinandersetzte, dachte ich, dass sich die Worte von Paulus in Epheser 1,11-14 vor diesem eben geschilderten Szenario sicher gut entfalten lassen. Allerdings mit einem völlig anderen Ergebnis, denn bei Paulus geht es um „Erbschaft mit Niveau!" Und das ist auch unser heutiges Thema. Dazu lesen wir aus dem Brief des Paulus an die weltweite Christenheit, die Verse 11-14 aus Epheser 1:

> *„In ihm sind wir auch zu Erben eingesetzt worden, die wir dazu vorherbestimmt sind nach dem Vorsatz dessen, der alles wirkt nach dem Ratschluss seines Willens; damit wir etwas seien zum Lob seiner Herrlichkeit, die wir zuvor auf Christus gehofft haben. In ihm seid auch ihr, die ihr das Wort der Wahrheit gehört habt, nämlich das Evangelium von eurer Seligkeit - in ihm seid auch ihr, als ihr gläubig wurdet, versiegelt worden mit dem Heiligen Geist, der verheißen ist, welcher ist das Unterpfand unsres Erbes, zu unsrer Erlösung, dass wir sein Eigentum würden zum Lob seiner Herrlichkeit."*

Erben ist etwas Schönes, wenn man sich nicht gerade darum streitet. Jeder, der etwas erbt, bekommt etwas, dass er sich nicht selbst erarbeitet, bzw. verdient hat. Dennoch gibt es dabei immer wieder Menschen die denken, dass sie etwas verdient hätten. Und die es deshalb auch unbedingt bekommen wollen. Und deshalb gibt es Erbstreitigkeiten. Übrigens gibt es die auch unter Christen. Und das nicht nur in Bezug auf Geld und Besitz.

Wer die Kirchenlandschaft etwas näher betrachtet, wird mit unzähligen religiösen Gemeinschaften, Kirchen und Gemeinden konfrontiert. Und fast jede von ihnen glaubt, im Himmel die einzig Erbberechtigte zu sein. Lohnt es sich, darüber zu streiten? Oder müssen wir es vielleicht sogar? Lasst uns diesen Fragen ein wenig nachgehen, indem wir zuerst klären, wer denn ein Erbe ist und wer nicht. Vielleicht könnten ja auf diesem Wege die Erbstreitigkeiten minimiert oder vielleicht sogar völlig beendet werden. Ich werde dazu ein wenig ausholen.

Von Adam und Eva angefangen, sind alle Menschen Geschöpfe Gottes. So lesen wir z.B. in 1. Mose 1,1: *„Am Anfang schuf Gott Himmel und Erde"*. Damit ist klar, dass wir Menschen nichts dafürkönnen, dass wir geschaffen wurden und hier auf dieser Erde sind. Und in Psalm 24,1 lesen wir: *„Die Erde ist des HERRN und was darinnen ist, der Erdkreis und die darauf wohnen"*.

Das wäre also geklärt: Wir Menschen sind Geschöpfe Gottes. Und die ganze Erde ist im Besitz Gottes, auch wenn der Teufel darin noch sein Unwesen treibt. Aber das ist ja nicht die Schuld Gottes, sondern die der ersten Menschen, die das Herrschaftsrecht im Paradies an den Teufel abgegeben haben. Das können wir in der Bibel so nachlesen.

Und jetzt lasst uns einmal über die Familienverhältnisse in der Familie Gottes reden. Dazu lesen wir in Johannes 3,16 Folgendes: *„Also hat Gott die Welt geliebt, dass er seinen eingeborenen Sohn gab, damit alle, die an ihn glauben, nicht verloren werden, sondern das ewige Leben haben"*.

Das Wörtchen „eingeborenen" heißt im griechischen Urtext: „monogenäs". Da hören wir das Wort „Mono". Und wir können auch „Genetik" hören: „monogenäs". Wörtlich müsste man demnach übersetzen mit: einziger, einzig geborener, einzigartiger Sohn.

Das bedeutet: In Gottes Familie gibt es nur ein einziges leibliches Kind: Jesus! Alle anderen gehören zunächst einmal nicht zur Familie Gottes dazu. Und das ist unabhängig davon, ob uns das gefällt oder nicht. Es ist wie in einer irdischen Familie: Diejenigen, die in die Familie leiblich hineingeboren wurden, gehören zur Familie. Alle anderen Menschen sind nicht Teil dieser Familie - gehören nicht dazu! Das ist auch die Aussage von Römer 5,8-10:

> *„Gott aber erweist seine Liebe zu uns darin, dass Christus für uns gestorben ist, als wir noch Sünder waren. Um wie viel mehr werden wir nun durch ihn bewahrt werden vor dem Zorn, nachdem wir jetzt durch sein Blut gerecht geworden sind! Denn wenn wir mit Gott versöhnt worden sind durch den Tod seines Sohnes, als wir noch Feinde waren, um wie viel mehr werden wir selig werden durch sein Leben, nachdem wir nun versöhnt sind."*

Vom geistlichen her gesehen, sind alle Menschen zunächst einmal *„Feinde Gottes"*. Wir gehören als Menschen nicht automatisch zur Familie. Doch das wollte Gott auf keinen Fall so lassen. Deshalb gibt es das vollkommene Werk von Erlösung, Befreiung und Heilung, in Jesus Christus:

> *„Gott war in Christus und versöhnte die Welt mit sich selber und rechnete ihnen ihre Sünden nicht zu und hat unter uns aufgerichtet das Wort von der Versöhnung. So sind wir nun Botschafter an Christi statt, denn Gott ermahnt durch uns; so bitten wir nun an Christi statt: Lasst euch versöhnen mit Gott!"* (2. Korinther 5,19-20)

Wir stellen also fest: Durch das, was Jesus Christus am Kreuz auf Golgatha vollbracht hat, steht nun nichts mehr zwischen den Menschen und Gott. Die die ganze Welt, sprich: jeder einzelne Mensch, auch jeder, der noch geboren wird, ist mit Gott versöhnt. Was allerdings nicht heißt, dass damit auch jeder Mensch schon erlöst wäre. Doch, um in dem Bild zu bleiben bedeutet es, dass damit eine geistliche Rechtsgrundlage geschaffen wurde, damit Menschen in die Familie Gottes kommen können. In unserer deutschen Rechtsprechung gibt es dafür den Begriff der „Adoption". Auf der Plattform Wikipedia wird dieser Begriff folgendermaßen definiert:

„Adoption bezeichnet die rechtliche Begründung eines Eltern-Kind-Verhältnisses zwischen dem Annehmenden und dem Kind, ohne Rücksicht auf die biologische Abstammung. [...] (Kinder) nehmen rechtlich den Platz einer verwandten Person in einer Adoptiv-Familie ein. Die familienrechtlichen Beziehungen zwischen dem adoptierten Kind und seinen Herkunftseltern erlöschen."

Ich finde, das ist ein wunderbares Beispiel aus unserem gesellschaftlichen Umfeld für das, was bezüglich unseres Themas im geistlichen Bereich geschieht: Da ist z.B. ein Mensch, der nicht zur Familie Gottes gehört. Damit befindet er sich rein rechtlich im Herrschaftsbereich des Teufels, der nach 2. Korinther 4,4 der *„Gott dieser Welt"* ist. Dieser Mensch ist demnach offiziell ein Feind Gottes.

Doch Gott hat in Jesus Christus einen rechtsverbindlichen Vermittler eingesetzt, damit dieser Mensch die Möglichkeit bekommt, in die Familie Gottes hineinzukommen. Das wird z.B. von Paulus in 1. Timotheus 2,5 so beschrieben: *„Denn es ist ein Gott und ein Mittler zwischen Gott und den Menschen, nämlich der Mensch Christus Jesus".*

Alles Weitere liegt nun an dem Menschen, dem dieses Angebot unterbreitet wird: Er kann es ignorieren, ablehnen oder annehmen. Wenn er es allerdings annimmt, kann diese Annahme nur auf eine Weise geschehen. Und diese wird z.B. in Römer 10,9+10+13 von Paulus so beschrieben:

> *„Denn wenn du mit deinem Munde bekennst, dass Jesus der Herr ist, und in deinem Herzen glaubst, dass ihn Gott von den Toten auferweckt hat, so wirst du gerettet. Denn wenn man von Herzen glaubt, so wird man gerecht; und wenn man mit dem Munde bekennt, so wird man gerettet [...] Denn »wer den Namen des Herrn anrufen wird, soll gerettet werden« (Joel 3,5)."*

Ergänzend dazu beschreibt der Apostel Petrus den Eintritt in die Familie Gottes z.B. in seiner Predigt an Pfingsten. Er schiebt damit jeglichem, reinen Lippenbekenntnis einen Riegel vor. Manche Nachfolger Jesu behaupten ja, dass ein Mensch nur ein paar Worte für ein sogenanntes „Übergabegebet" sprechen muss - wie z.B. in Römer 10 angedeutet, und schon würde er zur Familie Gottes gehören.

Doch hören wir, was Petrus in Apostelgeschichte 2,38 dazu zu sagen hat: *„Tut Buße und jeder von euch lasse sich taufen auf den Namen Jesu Christi zur Vergebung eurer Sünden, so werdet ihr empfangen die Gabe des Heiligen Geistes".* Also nicht nur ein Gebet sprechen und alles ist gut. Das wäre absolut zu wenig. Zum Eintritt in die Familie Gottes gehören neben einem „Übergabegebet" auch die Umkehr vom bisherigen Lebensstil dazu, und von bisherigen Denkweisen (vgl. Römer 12,2; 1. Johannes 2,15-17). Das nennt man auch „Buße tun". Des Weiteren gehören auch dazu, sich in Wasser taufen zu lassen, damit der alte Mensch der alten Herrschaft sterben und als neuer Mensch auferstehen kann, und nicht zuletzt die Bitte an Gott um die Taufe im Heiligen Geist.

Wer das Angebot des Vermittlers - Jesus Christus - auf diese Weise annimmt, der gehört ab diesem Moment zur Familie Gottes. Und er ist ab diesem Moment auch absolut erbberechtigt, völlig unabhängig davon, zu welcher religiösen Gemeinschaft er gehört, oder in welcher Kirche, Freikirche oder sonstigen Gemeinde er Mitglied ist. Wenn du das schon hinter dir hast, weißt du jetzt, wo du stehst. Du gehörst zur göttlichen Familie. Erbstreitigkeiten? Fehlanzeige! Du bist ein rechtmäßiger Erbe.

Damit sind wir bei unserem Bibeltext angekommen, der sich im Kern mit der Erbschaft beschäftigt, die Gott uns zum Teil schon hier auf der Erde ausbezahlen möchte. Zwei Aussagen ragen für mich besonders aus diesem Text in Epheser 1 heraus, die ich in diesem zweiten Teil meiner Predigt noch etwas näher betrachten werde. Die eine Aussage ist: *„...versiegelt worden mit dem Heiligen Geist..."* Und die andere ist: *„...zum Lob seiner Herrlichkeit".* Ich glaube, dass das eine ohne das andere nicht geht.

Paulus drückt das hier so aus: Der Heilige Geist *„ist das Unterpfand unseres Erbes".* Was bedeutet: Wer den Heiligen Geist nicht hat, der gehört nicht dazu. Oder anders gesagt, mit Worten von Paulus aus Römer 8,14+16: *„Denn welche der Geist Gottes treibt, die sind Gottes Kinder [...] Der Geist selbst gibt Zeugnis unserm Geist, dass wir Gottes Kinder sind".*

Wenn du also tief in deinem Herzen weißt: „Ich bin ein Kind Gottes!" Also nicht nur als etwas, was dein Verstand nur zur Kenntnis genommen hat, weil du z.B. Mitglied in einer Gemeinde geworden bist. Nein, sondern eine feste Gewissheit im Herzen: „Ich gehöre dazu!", dann hast du den Heiligen Geist in dir. Das ist die Aussage, die Paulus hier macht: Er spricht von *„versiegelt worden mit dem Heiligen Geist"*. Damit ist allerdings nicht die „Taufe im Heiligen Geist" gemeint. Das ist ein weiterer Schritt, den Gott mit seinen Nachfolgern im Glauben geht.

Wenn mich jemand fragt: „Was ist eigentlich der Unterschied zwischen dem »versiegelt sein« mit dem Heiligen Geist, und der »Taufe im Heiligen Geist«?", dann antworte ich gerne: „Wenn dir der Heilige Geist Zeugnis gibt, das du Gottes Kind bist, dann hast DU den Heiligen Geist. Wenn du im Heiligen Geist getauft bist, dann hat der Heilige Geist DICH!"

Also, jeder Nachfolger Jesu, ganz egal zu welcher religiösen Gemeinschaft, Kirche oder Gemeinde er gehört, hat den Heiligen Geist. Aber nicht jeder hat sich so weit für das Wirken des Heiligen Geistes geöffnet, dass man sagen könnte: „Er hat sein Leben ganz in die Hände Jesu gelegt. Der Heilige Geist hat ihn oder sie völlig erfasst!"

Dabei geht es nicht um Stufen des Glaubens. Oder dass jemand etwas Besseres wäre. Wie an allen Stellen in der Nachfolge Jesu geht es auch hier, um die Qualität deiner Beziehung zu Jesus. Es ist also eine Sache zwischen dir und Jesus. Es geht nicht um einen Vergleich des Glaubensniveaus zwischen dir und anderen Menschen, die auch an Jesus Christus glauben. Das würde zu nichts führen. Es ist eine Sache zwischen dir und Jesus.

Und dann geht es noch um die andere Aussage, die sogar zwei Mal in unserem Text vorkommt: *„...zum Lob seiner Herrlichkeit...".* Ihr werdet gleich merken, warum ich gesagt habe, dass das eine ohne das andere nicht geht: Denn diese Aussage *„...zum Lob seiner Herrlichkeit..."* ist eine Antwort auf die Frage „WOZU?": „Ich bin versiegelt worden mit dem Heiligen Geist! Wozu soll das gut sein?"

Habt ihr schon einmal erlebt, dass man an ein normales Auto einen Pflug anhängen kann, um über den Acker zu pflügen? Wird das Auto dabei nicht elendiglich im Acker stecken bleiben? Wenn es überhaupt mit dem Pflug bis zum Acker kommt? Wie es aber auf der anderen Seite über die Straßen fegen, und uns von einem Ort zum anderen bringen kann?! Warum? Das ist seine Bestimmung! Die Fahrzeugbauer haben das Auto für die Straße gebaut, und den Traktor für den Acker.

Und so ist der Mensch nicht in erster Linie zum Arbeiten geschaffen, zum Geld verdienen oder zum „Kinder großziehen", sondern *„zum Lob seiner Herrlichkeit"*! Damit sage ich nicht, dass man nicht arbeiten müsste, Geld verdienen falsch wäre, oder es sich nicht lohnen würde, Kinder groß zu ziehen - ganz im Gegenteil!

Ich sage damit nur, dass unsere Leben in dem Sinne geschehen soll, wie es Paulus z.B. beschrieben hat: *„Alles, was ihr tut mit Worten oder mit Werken, das tut alles im Namen des Herrn Jesus und dankt Gott, dem Vater, durch ihn"* (Kolosser 3,17). Es geht also darum, das eine zu tun und das andere nicht lassen. Zu arbeiten, Geld zu verdienen, Ziele zu haben, Kinder groß zu ziehen, usw. und *„etwas sein zum Lob seiner Herrlichkeit"*.

Ein Schlüsselwort dabei ist: *„...damit wir etwas SEIEN zum Lob seiner Herrlichkeit"*. Also in erster Linie nicht nur Gott loben und anbeten, z.B. in unseren Gottesdiensten, in unseren Kleingruppen, in der Familie oder in unseren persönlichen Zeiten mit Gott. Das sicher auch, weil es wichtig ist. Aber hast du Gott schon einmal so gelobt und angebetet, während du dabei etwas zum *„Lob seiner Herrlichkeit"* warst?

Nein, damit meine ich nicht, ob du richtig oder falsch gesungen hast. Das ist gar nicht so wichtig. Ich meine auch nicht, ob du ältere oder aktuelle Lieder gesungen hast, oder ob dein Lobpreis fetzig war oder nicht. Denn ich denke nicht, dass dies für Gott im Vordergrund steht, dem doch unser Lob und unsere Anbetung gelten soll, oder?! Ich meine damit, ob du bei deinem Loben und Anbeten etwas zum *„Lob seiner Herrlichkeit"* warst, weil du mit dem Herzen auf Gott ausgerichtet warst. Weil du damit ganz bewusst ihm allein eine Freude machen wolltest. Weil es dir ein Anliegen war, IHN zu loben, und es dir nicht darauf ankam, wie gut die Musik war, wie alt oder jung die Lieder und wie die Atmosphäre um dich herum.

Neben meiner Arbeit als Gemeinde-Coach und Coach für christliche Führungskräfte, bin ich aus finanziellen Gründen auch noch in einem 450-Euro Job tätig, in einer Textil-Stickerei. Dort stehe ich jeden Monat ca. 45 Stunden an einer Druck-Presse, mit der Bilder, Symbole und

Texte auf Textilien gedruckt werden. Das ist nicht unbedingt der spannendste Job, den man sich so vorstellen kann. Auf jeden Fall gibt es für mich interessantere Jobs als diesen, bei dem man Textilien in eine Maschine legt, eine Druckvorlage obendrauf, und dann auf zwei Knöpfe gleichzeitig drückt, damit hinterher ein schönes Motiv auf einem T-Shirt, Pulli oder der Jacke ist.

Doch jetzt kommt die Preisfrage, die mit der Bestimmung eines jeden Nachfolgers Jesu zusammenhängt, der mit dem Heiligen Geist versiegelt ist: Wie kannst du in solch einem Job *etwas SEIEN, zum Lob seiner Herrlichkeit"*? Vielleicht, indem ich während der Arbeit Loblieder singe? Oder indem ich Gott während der Arbeit anbete? Dies ganz sicher auch. Ich habe schon manchen fruchtbaren, inneren Dialog mit Gott gehabt, während ich einen Druckauftrag erledigte. Aber ich denke, dass es bei dem, was Paulus z.B. in Kolosser 3,17 sagt, noch um mehr geht, als nur um Loblieder singen oder Gott mit Worten anzubeten, während ich arbeite. Ich zitiere es noch einmal:

„Alles, was ihr tut mit Worten oder mit Werken, das tut alles im Namen des Herrn Jesus und dankt Gott, dem Vater, durch ihn". Für mich sieht das in der Praxis meines Mini-Jobs so aus, dass ich mir vorgenommen habe, meine Arbeit so gut wie irgend möglich zu machen. Ganz egal, ob der Job langweilig ist, oder nicht. Ich möchte eine Arbeit abliefern, die möglichst hohe Qualität hat. Das gilt übrigens auch für meine ehrenamtliche Arbeit in der Gemeinde. Denn auch hier möchte ich ein Nachfolger Jesu sein, der etwas ist, *„zum Lob seiner Herrlichkeit"*.

Ich habe mir deshalb für meinen Job vorgenommen: Ich will der beste Drucker des Textilbetriebs sein. Aber nicht, um vor den anderen angeben zu können. Das würde vermutlich gehörig schief gehen. Sondern ganz in der Absicht, die uns Jesus vorgeschlagen hat, als er sagte: *„So lasst euer Licht leuchten vor den Leuten, damit sie eure guten Werke sehen und euren Vater im Himmel preisen"* (Matthäus 5,16).

Nichts anderes ist zu tun, wenn Paulus sagt, *„damit wir etwas seien zum Lob seiner Herrlichkeit".* Nachfolger Jesu möchten anderen Menschen zeigen, „wo der Hammer hängt", damit diese auf den *„Vater im Himmel"* aufmerksam werden. Das ist Evangelisation pur, meine Lieben!

Wir fragen uns ja in der Gemeinde Jesu immer wieder, wie wir das Evangelium unter die Menschen bringen können. Und dann denken wir uns Methoden aus, grübeln über Strategien, entwerfen Flyer und laden zu evangelistischen Veranstaltungen ein. Dagegen ist absolut nichts einzuwenden. Auch als Gemeinde vor Ort müssen wir uns Gedanken darüber machen, wie wir z.B. eine Stadt wie Günzburg mit der Liebe Jesu überziehen können. Es ist wichtig, dass uns diese Menschen nicht egal sind, Hauptsache wir haben es hier gemütlich und warm. Aber meine persönliche Erfahrung, und auch die in über 30 Jahren Gemeindearbeit ist die, dass sich viele Menschen mit dem evangelistischen Gedanken etwas schwertun. Was machen denn all die schüchternen Menschen, wenn sie von den extrovertierten Evangelisten auf die Straße geschickt werden, um Jesus zu verkündigen?

In meiner Jugend hieß es immer wieder: „Jeder Christ, ein Gitarrist!" Später kam dann dazu: „Jeder Christ, ein Evangelist!" Und mancher hat sich dabei gedacht: „So ein Mist!" Ich kann mich noch daran erinnern, als ich noch in der Jugendarbeit mitgemacht habe. Da gab es diese sog. „Traktat-Einsätze" in den Fußgängerzonen. Diese liefen so ab, dass jeder Jugendliche einen Stapel Flyer in die Hand gedrückt bekam, auf die eine evangelistische Botschaft gedruckt war. Diese Flyer sollte man dann auf irgendeine Weise in die Jackentaschen von Menschen bringen. Noch heute sehe ich die leuchtenden Augen unserer extrovertierten Jugendleiter vor mir, wenn sie auch nur daran dachten.

Aber ich war ein schüchterner junger Mensch, für den diese Jackentaschen immer so hoch hingen, wie der Schrank hoch war, auf dem Mama in meiner Kindheit die Süßigkeiten versteckt hatte. Irgendwie unerreichbar. In dieser Zeit habe ich auch in einem Jugendchor mitgesungen. Nach jedem Konzert mussten wir uns unter die Jugendlichen mischen. Wenn du nach solch einem Abend nicht mindestens von einer Bekehrung berichten konntest, war die Welt irgendwie nicht so wirklich in Ordnung. Ich liebte es, zu singen, aber ich hasste es, „Bekehren" zu müssen. Und niemand hat mir gesagt, wie ich mein *„Licht leuchten"* lassen könnte, damit andere *„meinen Vater im Himmel preisen"*.

Das soll jetzt bitte nicht als bittere Schelte an meine Jugendleiter verstanden werden. Die hatten ein brennendes Herz für Jesus. Ganz bestimmt! Und dieses Feuer wollten sie einfach auch in anderen Herzen entfachen. Sie wussten es einfach nicht besser. Doch mir ist eines Tages Folgendes klar geworden:

„Denn du hast meine Nieren bereitet und hast mich gebildet im Mutterleibe. Ich danke dir dafür, dass ich wunderbar gemacht bin; wunderbar sind deine Werke; das erkennt meine Seele. Es war dir mein Gebein nicht verborgen, als ich im Verborgenen gemacht wurde, als ich gebildet wurde unten in der Erde. Deine Augen sahen mich, als ich noch nicht bereitet war, und alle Tage waren in dein Buch geschrieben, die noch werden sollten und von denen keiner da war."

Das sind Worte aus Psalm 139,13-16, die auch für mich gelten. Ich gehöre zwar zu den hochsensiblen, eher schüchternen Menschen, aber das ist kein Fehler! Gott hat mir genau das Temperament gegeben, das ich habe. Und das ist gut und richtig so. Aber wenn er mir mein Wesen so mitgegeben hat, wozu sollte das denn dann gut sein? Ich bringe ja nicht einmal fertig, einem Menschen ein Traktat in die Jackentasche zu schmuggeln.

Wozu soll es gut sein? Damit du etwas bist, *„zum Lob seiner Herrlichkeit"*. Und das bedeutet für mich, dass ich z.B. in meinem Mini-Job versuche, der beste Drucker des Betriebs zu sein. Damit wird mein Vater verherrlicht! Und es bedeutet, dass ich mich - mit der Hilfe des Heiligen Geistes - auf die Suche nach meiner Bestimmung gemacht habe. Ich habe mir Fragen gestellt, nach meiner Persönlichkeit, nach meinen Neigungen, nach den irdischen Fähigkeiten, die Gott mir mitgegeben hat. Und auch nach den geistlichen Gaben, die Gott mir schenken möchte. Das war und ist ein langer Weg, der noch lange nicht abgeschlossen ist. Natürlich hat Gott mir eines Tages gezeigt, was meine Bestimmung ist. Er ist ja auch daran interessiert, dass wir nicht sinnlos leben. Aber der Weg da hinein ist immer noch im Gange - und Jesus ist mit mir, der mich mit dem Heiligen Geist versiegelt hat.

Warum habe ich dir das jetzt alles erzählt? Weil ich dir Mut machen möchte, dich auch auf diesen Weg zu machen, etwas zu sein, *„zum Lob seiner Herrlichkeit"*. Dazu musst du dich nicht verbiegen. Du musst nicht jemand anders sein, als du bist. Sei einfach du selbst, und frage Gott, was er sich um alles in der Welt dabei gedacht hat.

Und dann lass DEIN *„Licht leuchten vor den Leuten, damit sie DEINE guten Werke sehen und DEINEN Vater im Himmel preisen"*. Und dies einfach mit den Möglichkeiten, die Gott DIR ganz allein gegeben hat.

Denn er hat dich *„versiegelt mit dem Heiligen Geist"*, und dich mit der Weisheit und Kraft Jesu ausgerüstet, damit du etwas sein kannst, *„zum Lob seiner Herrlichkeit"*.

Sei einfach, wer du bist, in Jesu Namen - Amen!

Du kannst es an zehn Fingern abzählen!
(Epheser 1,15-23)

Ein Mann sitzt in einem niedrigen, düsteren Raum, aus rohem Steinen gemauert. Der Raum hat ein kleines Fenster. Wenn die Sonne scheint, fällt nachmittags zwischen vier und fünf Uhr etwas Licht herein. Auf dem harten, kalten Boden liegt etwas Stroh. Ein Bett gibt es nicht. Wird er dieses Gefängnis noch einmal verlassen? Er weiß es nicht.

Gerade kommt ein mürrischer, römischer Soldat und bringt eine Schüssel mit einem komischen Brei. Es ist die Hauptmahlzeit. Zur gleichen Zeit kommt noch jemand zu ihm. Es ist ein Freund aus der Stadt, der ihn besuchen möchte. Er hat etwas zum Schreiben mitgebracht: Pergament, Tinte und Feder. Und er hat noch etwas mitgebracht: Zeit. Den ganzen Nachmittag. Ein schönes Geschenk. Nachdem der Mann zu Ende gegessen hat, diktiert er seinem Gast einen Brief. Dabei diktiert er ihm unter anderem folgende Worte:

> „Darum auch ich, nachdem ich gehört habe von dem Glauben bei euch an den Herrn Jesus und von eurer Liebe zu allen Heiligen, höre ich nicht auf, zu danken für euch, und gedenke euer in meinem Gebet, dass der Gott unseres Herrn Jesus Christus, der Vater der Herrlichkeit, euch gebe den Geist der Weisheit und der Offenbarung, ihn zu erkennen. Und er gebe euch erleuchtete Augen des Herzens, damit ihr erkennt, zu welcher Hoffnung ihr von ihm berufen seid, wie reich die Herrlichkeit seines Erbes für die Heiligen ist und wie überschwänglich groß seine Kraft an uns, die wir glauben, weil die Macht seiner Stärke bei uns wirksam wurde, mit der er in Christus gewirkt hat. Durch sie hat er ihn von den Toten auferweckt und eingesetzt zu seiner Rechten im Himmel über alle Reiche, Gewalt, Macht, Herrschaft und alles, was sonst einen Namen hat, nicht allein in dieser Welt, sondern auch in der zukünftigen. Und alles hat er unter seine Füße getan und hat ihn gesetzt der Gemeinde zum Haupt über alles, welche sein Leib ist, nämlich die Fülle dessen, der alles in allem erfüllt." *(Epheser 1,15-23)*

Der Apostel Paulus schrieb diese Worte aus dem Gefängnis. Ich denke, keiner von uns verbindet mit einem Gefängnis irgendetwas Gutes. Man sollte also meinen, dass von einem negativen Ort auch eher negativ angehauchte Worte kommen sollten. Doch weit gefehlt! Diese Worte klingen alles andere als negativ:

Zunächst einmal freut sich Paulus über das, was er von seinen Mitstreitern im Glauben gehört hat. Er ist begeistert von dem leuchtenden Vorbild, mit dem die Nachfolger Jesu in Ephesus ihren Glauben leben. Vielleicht erinnerte er sich dabei auch an Worte von Jesus, die ihm zugetragen wurden, wie z.B. die aus Johannes 13,34-35:

„Ein neues Gebot gebe ich euch, dass ihr euch untereinander liebt, wie ich euch geliebt habe, damit auch ihr einander liebhabt. Daran wird jedermann erkennen, dass ihr meine Jünger seid, wenn ihr Liebe untereinander habt."

Das war so, bei den Christen in Ephesus: Sie waren dafür bekannt, dass sie in Liebe zueinander und zu anderen gelebt haben. Vielleicht war Paulus in gutem Sinne auch ein wenig stolz darauf, denn schließlich waren es ja seine geistlichen Kinder. Und deshalb ist er auch von Herzen dankbar für all das, was er von ihnen gehört hatte. Doch das reichte ihm nicht aus, wie wir unschwer aus den Worten erkennen können, die er an die Gemeinde richtet. Wobei er das, was er sagt, gar nicht als Forderung in den Raum stellt, sondern viel eher als Wunsch für alle Nachfolger Jesu:

Sie sollen nicht auf dem gleichen, geistlichen Stand stehen bleiben, auf dem sie schon immer waren. Sie sollen weiterkommen, das ist sein Wunsch. Und wenn wir als Christen einen Wunsch haben, dann ist es wirklich schön, dass wir damit nicht allein bleiben müssen, sondern dafür eine Adresse haben. Wenn Kinder an Weihnachten einen Wunsch haben, schreiben sie einen Brief an das Christkind. Manche auch an den Nikolaus. Aber das ist ihre Adresse. Von dort erwarten sie sich die Erfüllung ihrer Wünsche.

Im Gegensatz zu diesem Kinderwunsch ist unsere Adresse real. Gott ist keine Briefkastenfirma, die zwar einen Namen hat, die man aber nicht finden kann, wenn man sich direkt an sie wenden möchte. Paulus wendet sich in seinem Gebet an Gott höchstpersönlich. Und er tut dies in einer ganz interessanten Weise: Zunächst spricht er seine Wünsche um Erkenntnis für die Nachfolger Jesu aus. Gleichzeitig beschreibt er dabei aber auch die Herzensanliegen seines Gottes, an den er glaubt. Und diese Anliegen kann man an zehn Fingern abzählen.

Das heißt, er beschreibt mindestens zehn Anliegen seines Gottes. Und er wünscht sich, dass seine geistlichen Kinder diese Anliegen, durch den Heiligen Geist Gottes erkennen, und auch zu ihren Anliegen machen. Dadurch sollen sie die Fülle des geistlichen Segens erfahren, der zu Beginn des Briefes schon angeklungen ist.

Wir können also schon mal die zehn Finger unserer Hände locker machen, damit wir den Ausführungen zu Gottes Wünschen und Zielen auch richtig folgen können. Ihr könnt euch auf jeden Finger das jeweilige Anliegen schreiben, damit ihr sie immer vor Augen habt. Vielleicht haben sie auf diese Weise eine größere Chance, in euer Herz zu sickern. Das erste Anliegen Gottes, das Paulus hier beschreibt:

(1) Gott möchte der Gott unseres Herrn Jesus Christus sein

„Darum auch ich, nachdem ich gehört habe von dem Glauben bei euch an den Herrn Jesus und von eurer Liebe zu allen Heiligen, höre ich nicht auf, zu danken für euch, und gedenke euer in meinem Gebet, dass der Gott unseres Herrn Jesus Christus [...] euch gebe..." (Epheser 1,15-17)

Eine extrem starke Aussage. Jesus hat einmal gesagt: *„Wahrlich, wahrlich, ich sage euch: Wer an mich glaubt, der wird die Werke auch tun, die ich tue, und er wird noch größere als diese tun; denn ich gehe zum Vater"* (Johannes 14,12). Wieso können wir als seine Nachfolger noch viel größere Werke tun, als er selbst getan hat? Weil wir es mit dem gleichen Gott zu tun haben, mit dem es auch Jesus zu tun hatte, als er auf dieser Erde gelebt und gewirkt hat.

Viele Christen glauben bis heute nicht wirklich, dass Jesus Mensch war, als er seine Wunder, durch die Kraft Gottes gewirkt hat. In Wirklichkeit glauben sie, dass er die Wunder nur tun konnte, weil er Gott ist. Ja, es stimmt: Jesus ist Gott. Daran gibt es nichts zu rütteln. Aber als er hier auf dieser Erde gelebt und gewirkt hat, war er Mensch wie wir.

In Hebräer 4,15 heißt es von Jesus: *„Denn wir haben nicht einen*

Hohenpriester, der nicht könnte mit leiden mit unserer Schwachheit, sondern der versucht worden ist in allem wie wir, doch ohne Sünde". Gott kann nicht versucht werden. Für Gott gibt es keine Anfechtungen, wie es sie für uns Menschen immer wieder gibt. Gott ist Gott! Und ein Mensch ist ein Mensch! Und weil Jesus hier auf dieser Erde ein Mensch war, „wie du und ich", deshalb ist es so phänomenal, dass Jesus gesagt hat, wir können größeres vollbringen als er.

Nicht weil wir so tolle Fähigkeiten haben. Oder weil wir mit Super-kräften ausgestattet wären. Sondern weil wir den gleichen Gott haben, den unser Herr, Jesus Christus, auch hatte. Und an diesen Gott dürfen wir uns im Gebet wenden. An diesen *„Gott unseres Herrn Jesus Christus",* dem absolut nichts unmöglich ist.

(2) Gott möchte unser herrlicher Vater sein

Gott möchte aber nicht nur *„der Gott unseres Herrn Jesus Christus"* sein, sondern auch *„der Vater der Herrlichkeit".* Habt ihr euch schon einmal gefragt, warum die seltsamen Wesen aus Offenbarung 4 Tag und Nacht keine Ruhe haben, sondern immer wieder *„heilig, heilig, heilig"* sagen? Und warum jedes Mal, wenn sie das sagen, 24 Älteste vor dem Thron Gottes niederfallen und den allmächtigen Gott anbeten? Das muss doch einen Grund haben.

Ich denke, der liegt verborgen, in der Herrlichkeit Gottes. Vielleicht würden wir uns mit der Anbetung Gottes auch etwas leichter tun, wenn wir diese Herrlichkeit sehen könnten. Möglich ist es auf jeden Fall! Und deshalb bete ich fast jeden Morgen die Verse 17-23, und aus Kapitel 3, die Verse 14-21, zu dem *„Gott meines Herrn Jesus Christus"* und meinem *„Vater der Herrlichkeit".* Damit ich in meinem Leben genau das auch erleben kann, was mit den Ältesten vor dem Thron Gottes regelmäßig passiert: Dass ich aus der Anbetung dieses herrlichen und wunderbaren Gottes gar nicht mehr herauskomme.

Und dabei geht es mir nicht nur um die musikalische Anbetung. Sondern vor allem um die Anbetung Gottes mit meinem Leben. Frei nach Kolosser 3,17, das mir zum Motto für mein Leben geworden ist: *„Alles, was ihr tut mit Worten oder mit Werken, das tut alles im Namen des Herrn Jesus und dankt Gott, dem Vater, durch ihn."*

Können wir dies irgendwie selbst bewerkstelligen? Auf diese Frage gibt es von Jesus ein eindeutiges: „NEIN!" Denn ohne ihn können wir nichts tun (vgl. Johannes 15,5). Es braucht also etwas, das viel größer und einflussreicher ist, als wir Menschen. Und dies ist kein ES, sondern ER ist eine Person, die in und durch Jesus gewirkt hat:

> *„Auf ihm wird ruhen der Geist des HERRN, der Geist der Weisheit und der Offenbarung, der Geist des Rates und der Kraft, der Geist der Erkenntnis und der Furcht des HERRN."* (Jesaja 11,2)

(3) Gott möchte uns Weisheit und Offenbarung geben

Eine alte Volksweisheit besagt, dass wir Menschen im Normalfall „die Weisheit nicht mit Löffeln gefressen" haben. Doch, warum ist das so? Weil dem Menschen ohne Gott der *„Geist der Weisheit und der Offenbarung"* fehlt.

Das soll allerdings bei allen Nachfolgern von Jesus Christus anders sein. Doch dazu brauchen sie nicht „die Weisheit mit Löffeln zu fressen", sondern müssen sie sich für den *„Geist der Weisheit und der Offenbarung"* öffnen. Wie das geht? Indem sie darum bitten, wie Paulus es für die Christen in Ephesus getan hat. Und *„wer bittet, dem wird gegeben"*, so hat es uns Jesus zugesagt (vgl. Matthäus 7,7-8).

(4) Gott möchte, dass wir ihn erkennen

Allerdings geschieht dies nicht zum Selbstzweck. Wir bekommen den *„Geist der Weisheit und der Offenbarung"*, um *„ihn (Gott) zu erkennen"*. Für dieses *„erkennen"* steht im Urtext das Wörtchen „ginosko". Ein Wort, bei dessen Übersetzung es nicht nur um eine Erkenntnis vom Verstand her geht, sondern um erkennen mit Emotionen und Gefühlen. Es geht um Beziehung! Gott möchte also nicht nur, dass wir Dinge über ihn als Person auswendig wissen. Oder über theologische Themen kompetent diskutieren können. Das sicher auch. Wir erhalten den *„Geist der Weisheit und der Offenbarung"* aber vor allem, um mit Gott in Beziehung treten zu können.

Als ich mich in der Vorbereitung mit diesem Teil befasst habe, da hat in mir alles gerufen: „Das will ich!" Ähnlich dessen, was jedes Elternteil erlebt, wenn es im Discounter oder im Supermarkt mit seinem Kind an die Kasse kommt. Für manche ist das der pure Horror. Da sind all die Süßigkeiten aufgebaut. Und was machen die Kinder, wenn sie all die süßen Sachen sehen? Sie rufen: „Das will ich haben!" So ähnlich geht es mir mit der Beziehung zu Gott!

(5) Gott möchte, dass wir wissen und verstehen

Und auch dabei werde ich nicht alleine gelassen: Gott möchte uns *„er- leuchtete Augen des Herzens"* geben, wie es in Vers 18 heißt, damit wir *„erkennen"* können. Bei diesem griechischen Wörtchen für *„erkennen"* geht es allerdings nicht mehr um Beziehung, sondern tatsächlich darum, dass Gott möchte, dass wir wissen und verstehen!

Manche Menschen behaupten ja, dass diese Sache mit Jesus nur etwas ist für emotionale Menschen, für Kinder und alte Leute. Paulus widerspricht dieser Ansicht vehement. Denn bei der Sache mit der Nachfolge Jesu sind auch Verstand und Denken gefragt. Nachfolge Jesu ist nicht nur etwas für die Emotionen und Gefühle, sondern auch etwas für den Verstand, und für die, die gerne in der Bibel forschen. Und weil für den Juden das Herz auch der Sitz des Verstandes ist, bittet Paulus für die Christen, dass ihnen in ihrem Verstand die Augen aufge- hen, und sie verstehen können, worum es geht. Und das ist das nächste Anliegen in diesem Textabschnitt.

(6) Gott möchte, dass Hoffnung unser Leben prägt

In Epheser 1,18 heißt es dazu: *„Und er gebe euch erleuchtete Augen des Herzens, damit ihr erkennt, zu welcher Hoffnung ihr von ihm beru- fen seid"*. Was ist das Gegenteil von Hoffnung? Es sind Verzweiflung und Resignation.

Menschliche Möglichkeiten, die Hoffnung an Verzweiflung zu verlie- ren, gibt es auf dieser Welt genug. Aber genau dem möchte Gott etwas entgegensetzen. Für mich sind in diesem Zusammenhang deshalb auch die Worte aus Jeremia 29,11 so wichtig. Dort spricht Gott selbst seinen Kindern zu: *„Denn ich weiß wohl, was ich für Gedanken über euch ha- be, spricht der HERR: Gedanken des Friedens und nicht des Leides, dass ich euch gebe Zukunft und Hoffnung"*.

In all das Chaos, das der Feind Gottes in dieser Welt anrichten möchte. In all das Durcheinander, das sich in unserem Leben breit machen möchte. Da hinein spricht Gott zu dir: „Ich habe gute Gedanken für dein Leben. Nimm sie für dich an, damit du Zukunft und Hoffnung haben kannst!"

Es ist tatsächlich auch eine Frage unseres Denkens: Bist du davon überzeugt, dass Gott gut ist, und er es absolut gut mit dir meint? Oder lässt du dich durch deine Lebenssituation eines scheinbar Besseren belehren? Es liegt an dir. An dem, wie du denkst. Paulus schreibt deshalb nicht umsonst:

> *„Und stellt euch nicht dieser Welt gleich, sondern ändert euch durch Erneuerung eures Sinnes (Denkens), damit ihr prüfen könnt, was Gottes Wille ist, nämlich das Gute und Wohlgefällige und Vollkommene."* (Römer 12,2)

Oder er weist uns in 2. Korinther 10,4-5 auf Folgendes hin:

> *„Denn die Waffen unsres Kampfes sind nicht fleischlich, sondern mächtig im Dienste Gottes, Festungen zu zerstören. Wir zerstören damit Gedanken und alles Hohe, das sich erhebt gegen die Erkenntnis Gottes, und nehmen gefangen alles Denken in den Gehorsam gegen Christus."*

Unser Verstand und unser Denken sind umkämpft, weil sie uns beeinflussen. Es ist also überhaupt nichts außergewöhnliches, dass uns der Feind mit Lebenslügen und falschem Denken über unser Leben, unsere Mitmenschen und unsere Zukunft angreifen und verwirren möchte. Das ist normal. Aber es ist nicht normal, wenn wir diese Gedanken voller Lügen einfach übernehmen und unser Leben davon bestimmen lassen. Wenn dir z.B. der Gedanke in den Kopf schießt: „Ich bin nichts wert! Ich kann nichts! Ich werde es niemals zu etwas bringen!" Dann stimmt das nicht. Gott sieht es völlig anders, weil er Gedanken mit Zukunft für dich hat.

(7) Gott möchte, dass wir bewusst in unserem Erbe leben

Und das liegt auch an dem, was uns als Erbe von Gott rechtlich zugesichert ist. Ich sage das bewusst so. Gott selbst hat uns durch den Propheten Jesaja aufgefordert:

„Ich, ich tilge deine Übertretungen um meinetwillen und gedenke deiner Sünden nicht. Erinnere mich, lass uns miteinander rechten! Zähle alles auf, damit du Recht bekommst!" (Jesaja 43,25-26)

In einer anderen Übersetzung heißt es: *„Bringe deine Gründe vor, damit du Recht bekommst!"*. Wenn Gott uns etwas zusagt, dann ist es nicht die Frage OB wir es bekommen, sondern die Frage ist nur, WANN wir es bekommen. Nein Gott ist kein Wunscherfüllungsautomat, der uns geben muss, was wir wollen! Aber:

„Gott ist nicht ein Mensch, dass er lüge, noch ein Menschenkind, dass ihn etwas gereue. Sollte er etwas sagen und nicht tun? Sollte er etwas reden und nicht halten?"

So steht es in 4. Mose 23,19 geschrieben. Und als wollte er noch eines oben draufsetzen, sagt er uns in Jeremia 1,12 zu: *„Ich will wachen über meinem Wort, dass ich's tue"*. Es ist keine Frage, OB du dein Erbe erhältst, sondern nur, WANN es dir zugeteilt wird.

Und wenn du jetzt fragst: „Was ist eigentlich mein Erbe?" Dann mache bitte genau das zu deinem Gebet, was in diesen Bibelversen in Epheser 1 ausgesagt wird. Allerdings wird dir diese Erkenntnis nach meiner Erfahrung dennoch nicht in den Schoß fliegen. Etwas Bibelstudium zu dem, was du erben kannst, wäre also durchaus empfehlenswert.

(8) Gott möchte, dass wir die Kraftquelle anzapfen

Wie ist denn das, wenn man z.B. ein Loch in eine Wand bohren möchte? Dann legt man sich doch einen Bohrer bereit, steckt diesen in eine Bohrmaschine, die ein Kabel hat, mit dem es elektrischen Strom von der Steckdose bekommen kann. Danach zeichnet man die Stelle an der Wand an, wo das Bohrloch entstehen soll. Und dann, geht nichts.

Oder wie ist das, wenn man einen Kuchenteig rühren will? Dann stellt man doch eine Küchenmaschine bereit, die ein Kabel hat, mit dem es elektrischen Strom aus der Steckdose bekommen kann. Danach füllt man die Zutaten in die Rührschüssel und schaltet das Gerät ein. Aber es geht nichts. Was ist das Problem?

Wer den Stecker der Bohrmaschine nicht in die Steckdose einsteckt, wird niemals ein Loch in eine Wand bekommen. Und wer den Stecker einer Küchenmaschine nicht in die Steckdose steckt, kann so viel Rührschüsseln befüllen, wie er möchte, es wird niemals ein Kuchenteig daraus entstehen. Ohne Strom geht nichts!

Darum heißt es hier in unserem Text: *„Und er gebe euch erleuchtete Augen des Herzens, damit ihr erkennt [...] wie überschwänglich groß seine Kraft an uns (ist), die wir glauben"* (Epheser 1,18-19). Ohne die Kraft Gottes geht nichts. Wenn wir nicht an die Kraftquelle des Heiligen Geistes angeschlossen sind, bleibt unser Lebens-Akku leer.

Und deshalb ist es der Wunsch des Paulus, dass wir uns der Kraftquelle nicht nur bewusstwerden, die wir zur Verfügung haben. Normalerweise liegt an jeder Steckdose Strom an. Die Kraft ist also da. Sondern dass wir die Kraft Gottes auch nutzen. Unter anderem die, die in seinem Wort ist. Wir müssen uns also einstecken.

Das tun wir, indem wir z.B. die Bibel studieren, indem wir mit Gott reden, indem wir auf unser Denken achten, indem wir glauben, dass Gott gut ist, indem wir davon ausgehen, dass Erfolg in unserem Leben nicht unser Verdienst ist, usw. Ohne Gottes Kraft werden wir in Leben und Glauben nicht weiterkommen. Wer sich nicht einsteckt, bekommt keinen Strom.

(9) Gott möchte, dass wir seine Macht anerkennen

Und es ist ja nicht so, als würde Gott uns nicht dazu ermutigen und motivieren wollen. Ganz im Gegenteil. In unserem Bibeltext heißt es:

„Erkennt [...] wie überschwänglich groß seine Kraft an uns, die wir glauben, weil die Macht seiner Stärke bei uns wirksam wurde, mit der er in Christus gewirkt hat. Durch sie hat er ihn von den Toten auferweckt und eingesetzt zu seiner Rechten im Himmel über alle Reiche, Gewalt, Macht, Herrschaft und alles, was sonst einen Namen hat, nicht allein in dieser Welt, sondern auch in der zukünftigen." (Epheser 1,19-21)

Wie ist deine Reaktion auf diese Worte? „Ja, hört sich super an. Und irgendwie glaube ich es auch, aber..." Oder: „Ja genau, das nehme ich für mich in Anspruch. Für mein Leben und für meine Ewigkeit!" Je nachdem, wie du dich zu solchen Worten der Schrift stellst, erkennst du damit Gottes Macht an, oder eben auch nicht. Gott möchte gerne, dass wir seinen Worten Glauben schenken. Weil sie dann die Chance haben, im Leben Realität zu werden. Jesus selbst hat viele Male gesagt: *„Dein Glaube hat dir geholfen!"* Das heißt nichts anderes als: „Weil du an meine Macht geglaubt hast, hast du ihr die Chance gegeben, in deinem Leben Realität zu werden!"

Ich denke, wir sollten uns als Nachfolger die Chance nicht entgehen lassen, dass die Worte Gottes in unserem Leben Realität werden können. Ich sage das bewusst so, denn aus eigener Kraft können wir es nicht herbeiführen. Aber wir können es durchaus verhindern, indem wir der Macht Gottes den Raum in unserem Herzen verweigern.

(10) Gott möchte, dass wir der Leib Christi sind

Und nun, „last but not least", können wir in unserem Bibeltext, in den Versen 22-23 noch Folgendes lesen:

> *„Und alles hat er unter seine Füße getan und hat ihn gesetzt der Gemeinde zum Haupt über alles, welche sein Leib ist, nämlich die Fülle dessen, der alles in allem erfüllt."*

Gott möchte, dass wir der Leib Christi sind. Oder wie Paulus schreibt: *„...die Fülle dessen, der alles in allem erfüllt".* Wie das in der Praxis aussehen kann, was hier über Jesus geschrieben steht, das beschreibt der Apostel Paulus in einem anderen Brief, der an die Christen der Gemeinde in Kolosäa gerichtet war:

> *„Denn in ihm (Jesus) ist alles geschaffen, was im Himmel und auf Erden ist, das Sichtbare und das Unsichtbare, es seien Throne oder Herrschaften oder Mächte oder Gewalten; es ist alles durch ihn und zu ihm geschaffen. Und er ist vor allem, und es besteht alles in ihm. Und er ist das Haupt des Leibes, nämlich der Gemeinde."* (Kolosser 1 15-18)

Wenn wir diese Worte auf uns wirken lassen, wird deutlich, warum Jesus einmal gesagt hat: *„...denn ohne mich könnt ihr nichts tun!"* Nicht einmal alleine atmen könnte ich, wenn Jesus sich zurückziehen würde. Und dieser wunderbare Jesus ist das Haupt des Leibes. Oder anders gesagt: Er ist der leitende Pastor in der Gemeinde. Er ist der Leiter der christlichen Gemeinde. Er ist die erste und die letzte Instanz, wenn es um den Bau der Gemeinde geht. Und was sind wir? Wir sind *„die Fülle dessen, der alles in allem erfüllt"*. Um das auch nur annähernd nachvollziehen zu können, habe ich viele Jahre gebraucht. Und es ist bis heute noch nicht ganz durchgesickert, was Paulus mir damit sagen möchte.

Die Gemeinde Jesu ist „die Fülle" von Jesus. Das erinnert mich an das, was Paulus an anderer Stelle über uns gesagt hat:

> *„So sind wir nun Botschafter an Christi statt, denn Gott ermahnt durch uns; so bitten wir nun an Christi statt: Lasst euch versöhnen mit Gott!"* (2. Korinther 5,20)

Das Wort *„Botschafter"* müsste man wörtlich übersetzen mit „Gesandter". Hier aber eine ganz bestimmte Art von Gesandtem. Jesus selbst sagte über uns:

> *„Wer euch hört, der hört mich; und wer euch verachtet, der verachtet mich; wer aber mich verachtet, der verachtet den, der mich gesandt hat."* (Lukas 10,16)

Wenn es hier also heißt: Wir sind *„die Fülle dessen, der alles in allem erfüllt"*, dann sind wir als Gemeinde nicht nur eine Gemeinschaft von Nachfolgern Jesu, sondern eine reale Botschaft des Himmels, auf der Erde platziert, damit Menschen die Person antreffen können, die *„alles in allem erfüllt"*. Und das ist Jesus Christus. Was dies für dich persönlich bedeutet, darüber darfst du gerne mit Jesus ins Gespräch kommen.

Ich fasse zusammen: Paulus wünscht sich nichts sehnlicher für alle Nachfolger Jesu, als dass sie mit Gott in eine intensive Beziehung kommen, weil sie in ihrem Herzen und in ihrem Verstand erkennen, was dies für sie bedeutet. Dazu spricht er ein Gebet, bei dem er seine Herzensanliegen so in Worte formuliert, dass er mit seinen Bitten zugleich zehn Anliegen Gottes zu Gott bringt. Das ist ein Gebet, das seinesgleichen sucht. Und darum möchte ich es euch auch ans Herz legen: Betet es jeden Tag zu Gott, bis es sich erfüllt hat. Lasst darin nicht nach, denn damit bringt ihr auch zum Ausdruck, dass euch die Anliegen Gottes für euer geistliches Leben sehr wichtig sind. Und diese Ausdauer wird euch gewiss nicht unverändert lassen!

Ein Leben mit Happy End!
(Epheser 2,1-10)

Ich weiß nicht, wie es euch geht, aber ich liebe es, wenn Dinge gut ausgehen. Man spricht dann gerne von einem „Happy End". Alles findet ein glückliches Ende. Wie sehr ich das liebe, habe ich festgestellt, als ich mir einmal einen Videofilm anschaute. In der Hauptrolle spielt Kevin Costner einen Mann, der Witwer geworden ist.

Daraufhin schreibt er seiner verstorbenen Frau eine Flaschenpost und wirft sie ins Meer. Sie wird jedoch von einer Redakteurin auf Urlaub gefunden, die sich auf die Suche macht, um schließlich den Verfasser dieser Liebesbotschaft zu finden. Eine nicht ganz einfache, aber doch romantische Geschichte beginnt.

Auf dem Höhepunkt dieser Romanze schreibt der Anfangs unnahbare Witwer einen weiteren Brief. Diesen möchte er wieder in einer Flaschenpost versenden und fährt dazu mit seinem Segelboot aufs Meer. Dort gerät er in einen Sturm und entdeckt ein weiteres Boot, das sich in Seenot befindet. Er versucht die Familie zu retten - Eltern und Kind, was ihm auch gelingt. Doch er selbst ertrinkt dabei.

Das Ende des Films handelt davon, wie die Redakteurin erfährt, dass der Mann auf See ertrunken ist, mit dem sie von nun an ihr Leben teilen wollte. Die beiden wollten tatsächlich ein gemeinsames Leben beginnen. Doch das war nun für immer vorbei. Der Film heißt „Message in a Bottle". Ich habe ihn nie wieder angeschaut. Ich habe ihn sogar aus meiner DVD-Sammlung verbannt. Er hatte kein Happy End. Das hat mir fast das Herz gebrochen. Und weil ich das nicht ändern konnte, habe ich ihn aus meinem Leben verbannt. Für alle Zeiten. Das ist eine Warnung an alle Filmemacher! Filme ohne Happy End, stehen bei mir absolut auf dem Index!

Natürlich habe ich mich gefragt, warum das bei mir so ist. Warum kann ich Dinge oder Situationen nicht ausstehen, die kein glückliches Ende nehmen? Ich denke, ich habe für mich eine Antwort gefunden: Am Anfang hat mein Schöpfer eine wunderschöne Erde geschaffen, auf der glückliche und zufriedene Menschen leben sollten (vgl. 1. Mose 1-2).

Und auch wenn dieser Plan bereits im Paradies, bei Adam und Eva schief gegangen ist, so ist doch etwas im Menschen geblieben, das sich nach einem „Happy End" sehnt. Einem glücklichen Verlauf des Lebens und einem ebenso glücklichen Ende. Wer die Menschen in dieser Welt aufmerksam beobachtet, wird feststellen, dass dies so ist: Menschen suchen nach Glück!

„Und keiner findet es!", denken manche, wenn es um das Glück dieser Welt geht. Wer allerdings so denkt, unterschätzt nach meinem Dafürhalten den Schöpfer dieser Welt und der Menschen hoffnungslos. Was mich da so sicher macht, können wir bei Paulus, in seinem Brief an die weltweite Christenheit nachlesen. Ich lese Epheser 2,1-10:

„Auch ihr wart tot durch eure Übertretungen und Sünden, in denen ihr früher gelebt habt nach der Art dieser Welt, unter dem Mächtigen, der in der Luft herrscht, nämlich dem Geist, der zu dieser Zeit am Werk ist in den Kindern des Ungehorsams. Unter ihnen haben auch wir alle einst unser Leben geführt in den Begierden unsres Fleisches und taten den Willen des Fleisches und der Sinne und waren Kinder des Zorns von Natur wie auch die andern. Aber Gott, der reich ist an Barmherzigkeit, hat in seiner großen Liebe, mit der er uns geliebt hat, auch uns, die wir tot waren in den Sünden, mit Christus lebendig gemacht - aus Gnade seid ihr selig geworden -; und er hat uns mit auferweckt und mit eingesetzt im Himmel in Christus Jesus, damit er in den kommenden Zeiten erzeige den überschwänglichen Reichtum seiner Gnade durch seine Güte gegen uns in Christus Jesus. Denn aus Gnade seid ihr selig geworden durch Glauben, und das nicht aus euch: Gottes Gabe ist es, nicht aus Werken, damit sich nicht jemand rühme. Denn wir sind sein Werk, geschaffen in Christus Jesus zu guten Werken, die Gott zuvor bereitet hat, dass wir darin wandeln sollen."

Es war an einem Tag, im November des Jahres 1987. Damals war ich noch bei der Bundeswehr. Um uns als Soldaten fit zu halten, trieben wir viel Sport. Und natürlich gehörte auch Fußball spielen dazu.

An diesem Tag knickte ich in der Sporthalle um, was mir aber zunächst wenig Mühe machte. Ich stieg wieder in meine Kampfstiefel, schnürte sie eng zu, und alles war wieder in Butter - zumindest scheinbar. Am Abend ging ich dann doch ins Krankenhaus, weil ich schließlich nicht mehr auf mein rechtes Bein stehen konnte. Kaum dort angekommen, durfte ich mich einer Röntgenuntersuchung unterziehen. Danach schaute sich die Ärztin das Röntgenbild an und sagte: „Herr Zöllner - Sie haben eine Weber-C-Fraktur am rechten Außenknöchel".

„Na, wenn's weiter nichts ist!", dachte ich, obwohl ich damals gar nicht wusste, was eine Fraktur ist - und eine Weber-C-Fraktur schon gar nicht. Nach einer Weile ließ es mir dann doch keine Ruhe und ich fragte bei der Ärztin nach: „Äääh, was ist eigentlich eine Weber-C-Fraktur?". Und siehe da, hinter diesem kryptischen Begriff verbirgt sich ein ganz normaler Bruch des rechten Außenknöchels, der in meinem Fall allerdings auch das Sprunggelenk extrem in Mitleidenschaft gezogen hatte. Das war damals eine langwierige Geschichte, deren Genesung sich über einige Monate hingezogen hat. Es ist aber alles gut verheilt!

Was will ich damit sagen? Damals im Paradies war alles noch gut. Adam und Eva freuten sich des Lebens, und gingen regelmäßig mit Gott im Paradies-Garten spazieren, in der Kühle des Tages (vgl. 1. Mose 3,8). Doch eines Tages war etwas anders als sonst: Gott spazierte in der Kühle des Tages durch den Garten, doch Adam und Eva waren nicht zu finden. Im Verlauf dieses Tages hielten sie sich in der Nähe des Baumes der Erkenntnis von Gut und Böse auf, und hatten eine Unterhaltung mit einer Schlange. Während dieser Unterhaltung waren sie gegenüber der Schlange eingeknickt, obwohl sie es hätten besser wissen müssen. Danach machten sie sich Feigenblätter, bedeckten damit ihre intimen Stellen, und wollten einfach weiterleben. So wie ich damals: Den gebrochenen Fuß in den Stiefel, und schon würde es irgendwie weitergehen. Doch am Ende des Tages sollte sich herausstellen, dass dies ein Trugschluss war.

Als Gott durch den Garten spazierte, suchte er nach Adam und Eva, und fand sie schließlich auch. Es bedurfte damals keiner Röntgenuntersuchung, um festzustellen, dass hier etwas mächtig aus den Fugen geraten war. Die Menschen wollten sein wie Gott und wissen, was gut und böse ist. Deshalb hatten sie mehr auf die Schlange gehört, als auf die Worte Gottes. Und so kam es, dass sie zur Behandlung des Schadens nicht - wie in meinem Fall - in ein Krankenhaus eingeliefert wurden, sondern dass sie aus dem Garten Eden ausgewiesen wurden (vgl. 1. Mose 3,23-24). Die Diagnose, die Gott den Menschen damals ausstellte, war: Diagnose: GEISTLICH TOT. Oder wie Paulus es ausgedrückt hat:

> *„Auch ihr wart tot durch eure Übertretungen und Sünden, in denen ihr früher gelebt habt nach der Art dieser Welt, unter dem Mächtigen, der in der Luft herrscht, nämlich dem Geist, der zu dieser Zeit am Werk ist in den Kindern des Ungehorsams. Unter ihnen haben auch wir alle einst unser Leben geführt in den Begierden unsres Fleisches und taten den Willen des Fleisches und der Sinne und waren Kinder des Zorns von Natur wie auch die andern."* (Epheser 2,1-3)

Seit Adam und Eva gelten diese Worte für jeden einzelnen Menschen auf dieser Welt, solange sich noch nichts Entscheidendes bei ihm verändert hat. Und deshalb dürfen wir uns auch heute diese Worte anhören. Wenn Paulus zu unseren Zeiten leben würde, hätte er uns diese Worte auch ins Lebensbuch geschrieben. Doch zu welchem Zweck?

In meiner Kinderzeit bin ich in eher ärmlichen Verhältnissen aufgewachsen. Meine Mutter und mein Vater mussten beide arbeiten gehen, damit sie für uns vier Kinder aufkommen konnten. Das hieß auf der anderen Seite aber auch, dass wir sogenannte „Schlüsselkinder" waren. Das heißt, wir mussten tagsüber quasi auf uns selbst aufpassen, was wir oftmals auch auf sehr abenteuerliche Weise erledigt haben. Es gab ja auf dem Land genügend Scheunen und Wälder, in denen man sich auf verbotene Weise austoben konnte. Um unsere Situation etwas aufleuchten zu lassen, folgende Episode:

Wir wurden auf dem Land regelmäßig von einem Händler aufgesucht, der in einem kleinen Laster Mineralwasser und andere Getränke zu uns brachte. Immer wieder kam es vor, dass wir uns hinter dem Wohnzimmerfenster versteckten, damit er uns nicht hören konnte, wenn er kam. Das waren diese Momente, in denen wir die Getränke nicht bezahlen konnten, er dann aber trotzdem ein paar Kisten in den Keller stellte, der immer offen war. Aber wir sind dennoch groß geworden, und dieses Erleben hat uns nicht geschadet. Doch ein Satz hat sich aus dieser Zeit bei mir eingeprägt, den ich nie wieder vergessen habe:

„Wenn es dir einmal besser geht, dann vergiss niemals, wo du hergekommen bist!"

Ich glaube, das ist der Sinn, der auch hinter den Worten des Paulus stecken könnte: „Vergiss niemals, wo du hergekommen bist! Du warst geistlich tot, und warst unter der Fuchtel des Feindes Gottes. Wenn das mit dir so weiter gegangen wäre, wärst du auf ewig verloren gegangen!"

Doch warum macht er das? Sollen wir doch immer wieder wehmütig zurückblicken? Womöglich auf die guten alten Zeiten, in denen wir noch ohne Gott gelebt haben, und uns ohne schlechtes Gewissen über die irdischen Genüsse aller Art freuen konnten? Nein, das wäre völliger Unsinn! Vielleicht könnte es zwei Gründe haben:

Zunächst einmal könnte sein, dass Paulus dies gar nicht nur für die Nachfolger Jesu geschrieben hat, sondern in dem Sinn: „Vergiss nicht, wo du hergekommen bist, damit in deinem Herzen immer ein Platz ist, für das Verständnis für die Menschen, die noch nicht an Jesus glauben!" Diese Menschen brauchen nämlich die Überheblichkeit und Arroganz der Christen nicht. Und die können auch auf die schlauen Moralapostel verzichten, die vergessen haben, wo sie herkamen. Menschen ohne Jesus brauchen unsere Liebe, unser Verständnis und unser Erbarmen für ihre Situation, weil wir wissen, wo wir herkommen! Dann aber könnte es Paulus auch deshalb geschrieben haben, um den Kontrast zu dem deutlicher zu machen, was er in den Versen 4 bis 10 in unserem Text schreibt:

„Aber Gott, der reich ist an Barmherzigkeit, hat in seiner großen Liebe, mit der er uns geliebt hat, auch uns, die wir tot waren in den Sünden, mit Christus lebendig gemacht - aus Gnade seid ihr selig geworden -; und er hat uns mit auferweckt und mit eingesetzt im Himmel in Christus Jesus, damit er in den kommenden Zeiten erzeige den überschwänglichen Reichtum seiner Gnade durch seine Güte gegen uns in Christus Jesus. Denn aus Gnade seid ihr selig geworden durch Glauben, und das nicht aus euch: Gottes Gabe ist es, nicht aus Werken, damit sich nicht jemand rühme. Denn wir sind sein Werk, geschaffen in Christus Jesus zu guten Werken, die Gott zuvor bereitet hat, dass wir darin wandeln sollen." (Epheser 2,4-10)

Wow! Wow! Wow! Also wenn ich diese Worte lese, bleibt mir regelmäßig die Spucke weg! Da stehen Dinge drin, die sind gar nicht so leicht nachzuvollziehen. Ich versuchen es dennoch. Dazu möchte ich die Aussagen des Textes ein wenig nachzeichnen. Es erwarten uns wirklich grandiose Dinge.

Zunächst einmal wiederholt Paulus unseren geistlichen Zustand, bevor diese wunderbaren geistlichen Gegebenheiten über unser Leben hereingebrochen sind:

> *„Aber Gott, der reich ist an Barmherzigkeit, hat in seiner großen Liebe, mit der er uns geliebt hat, auch uns, die wir tot waren in den Sünden...“*

Er wiederholt also die Diagnose unseres geistlichen Arztes, Jesus Christus: „geistlich tot“! Also meine Fantasie reicht an dieser Stelle nicht aus, um mir auszumalen, was dies nicht nur für den Verlauf meines Lebens hier auf dieser Erde bedeutet hätte, sondern vor allem in Bezug auf das Leben nach dem Tod. Manche Menschen behaupten ja auch deshalb, dass das Leben mit dem Tod einfach zu Ende ist. Weil sie sich einfach nicht vorstellen können, dass es nach dem Tod weitergehen könnte. Oder weil sie sich nicht mit der Möglichkeit auseinandersetzen möchten, dass das Ergebnis ihres irdischen Lebenswandels der ewige Aufenthalt in einer furchtbaren Hölle sein könnte.

Doch das ist eben gerade nicht das Ende, wenn man auf der Erde die richtigen Entscheidungen getroffen hat. Es heißt hier: *„... die wir tot WAREN...“*. Und dann schreibt Paulus weiter, dass wir *„mit Christus lebendig gemacht“* wurden. Wobei er dabei auch kurz aufleuchten lässt, dass wir absolut nichts dafürkönnen, dass wir gerettet wurden: *„aus Gnade seid ihr selig geworden“*. Darauf kommen wir gleich noch zu sprechen.

Zunächst einmal geht es um das *„mit Christus lebendig gemacht“*. Ich denke, die wenigsten von uns werden schon einmal live miterlebt haben, wie ein bereits toter Mensch wieder zum Leben zurückgekommen ist. Doch genau darum geht es hier: Zunächst die Feststellung: „geistlich tot“. Und jetzt das Neue: *„mit Christus lebendig gemacht“*. In diesem Fall allerdings eine besondere Art von neuem Leben. Denn hier geht es nicht darum, dass ein menschliches Herz wieder zu schlagen beginnt, und durch die Lungen wieder Atemluft strömt, sondern, dass ein geistliches Herz für seinen Schöpfer zu schlagen beginnt, und der Hauch des Heiligen Geistes das neue Leben bestimmt.

Vorher sind wir Menschen wie lebendig Tote. Man nennt sie auch Untote oder Zombies. Die sind eiskalt, haben keine Gefühle, kein Herz, und sind nur darauf aus, andere in ihren unsäglichen Zustand hinein zu ziehen. Eine grausige und Ekel erregende Szenerie!

Paulus macht hier deutlich: Das alles hat für immer ein Ende, denn *„er hat uns mit auferweckt"*. Mit wem? Gott der Schöpfer, hat jeden Nachfolger Jesu mit Jesus Christus von den Toten auferweckt. Jesus wurde damals von seinem irdischen Tod auferweckt. Seine Nachfolger werden von Ihrem geistlichen Tod auferweckt. Aber das Ergebnis ist das gleiche: Vom Tod zum Leben gekommen. Vom geistlichen Tod zum geistlichen Leben.

Und dann wird es wirklich spannend, denn Paulus schreibt, dass Gott uns

> *„mit eingesetzt (hat) im Himmel in Christus Jesus, damit er in den kommenden Zeiten erzeige den überschwänglichen Reichtum seiner Gnade durch seine Güte gegen uns in Christus Jesus."* (Epheser 2,6)

Der Reihe nach: Wir waren geistlich tot! Nun sind wir geistlich wieder lebendig. Das bedeutet, dass der Heilige Geist wieder vollen Zugriff auf unseren Geist haben kann. Und es bedeutet, dass unser Geist, durch diesen Zugriff des Heiligen Geistes wieder in die Lage versetzt ist, über die Seele und den Leib zu regieren; den Ton anzugeben.

Und von wo aus geschieht das? Es geschieht von dem Platz aus, der sich direkt rechts neben Gott befindet. Woher ich das weiß? In Hebräer 10,12 ist über Jesus zu lesen:

> *„Dieser aber hat ein Opfer für die Sünden dargebracht und sitzt nun für immer zur Rechten Gottes."*

Jesus sitzt also direkt an der rechten Seite Gottes. Und Paulus schreibt, dass wir im Himmel, mit Jesus eingesetzt wurden. Das gilt für jeden einzelnen Nachfolger Jesu: hier und heute - real - nicht fiktiv! Für manche ist das ein wenig schwer nachzuvollziehen, wenn sie an die vielen Millionen Christen denken, die sich in diesem Fall, mit Jesus Christus, direkt neben dem Thron Gottes befinden. Aber nehmen wir doch einmal für einen Augenblick an, dass Gott allmächtig ist. Also nicht nur als eine Information, sondern als Tatsache, die sich jeden Tag praktisch auf unser Leben auswirkt. Dann bedeutet dies, dass du und ich in Jesus Christus sind, und jetzt gerade, während wir der Predigt zuhören, neben Gott auf dem Thron sitzen.

Wie hört sich das an? Futuristisch? Unrealistisch? Völlig daneben? Wisst ihr: Mir ist in diesem Zusammenhang total egal, wie es sich anhören mag. Für mich ist es eine Realität, die ich mir zwar gerade nicht vorstellen kann, die ich aber gerne für mich in Anspruch nehme, weil sie mir im Wort Gottes, von Gott selbst zugesagt wird. Diese Realität hat nämlich atemberaubende Konsequenzen für mein alltägliches Leben, denn sie ist nicht nur eine geistliche Realität, allein für mein Vorstellungsvermögen.

Sondern es bedeutet für mich, dass ich in jeder Situation meines Alltags direkt neben Gott sitze, eingehüllt von Jesus Christus. Deshalb kann Jesus z.B. in Lukas 10,16 sagen:

„Wer euch hört, der hört mich; und wer euch verachtet, der verachtet mich; wer aber mich verachtet, der verachtet den, der mich gesandt hat."

Weil wir unzertrennlich sind! Und das gilt für jeden Nachfolger Jesu. In der Praxis meines Alltags bedeutet dies, dass dort, wo ich bin, auch Jesus ist. Und das ist nicht als Warnung gedacht, sondern als Trost und Segen. Denn es bedeutet, dass Jesus von jeder Kritik getroffen wird, die mich trifft. Jesus macht jeden Misserfolg durch, den ich durchmachen muss. Natürlich trifft ihn auch jedes Lob, das ich bekomme. Aber das ist leider eher selten der Fall. Die Deutschen loben einfach nicht so gerne, nach dem Motto: „Nichts gesagt ist genug gelobt!"

Jesus geht mit mir durch jede existentielle Bedrohung, jede Krankheit, jede Sorge und jede Not. Und er ist sogar mittendrin, wenn ich dabei bin, ihm Ungehorsam zu sein. Er geht mit mir durch jede Sünde. Was nicht bedeutet, dass Jesus Sünde gut findet, und sie einfach tolerieren wird. Dennoch ist er dabei, weil wir gemeinsam an der rechten Seite des Thrones Gottes sitzen, in irdischem Freud und Leid.

Ich empfehle euch sehr, dass ihr euch noch einmal die Zeit nehmt, um gerade über diesen sechsten Vers aus Epheser 2 noch einmal nachzudenken. Am besten mit Papier und Stift, damit ihr hinterher schwarz auf weiß habt, was es für euer Leben bedeutet. Was es für Konsequenzen für euch hat, dass ihr so mit Jesus verbunden seid.

Nehmt euch wirklich diese Zeit. Versucht einmal, es euch bildlich vorzustellen, was es bedeutet, in diesem Augenblick rechts neben dem Thron Gottes zu sitzen, eingehüllt von Jesus Christus, unserem Erlöser, Befreier und Heiler! Und lasst euch bitte dabei nicht von dem ablenken, was dabei an Fragen aufkommen wird. Ja, diese geistliche Tatsache wirft eine Menge Fragen auf, die ich gar nicht klein reden möchte. Gerade in Bezug auf das, was einem als Nachfolger Jesu im eigenen Leben so widerfahren kann, obwohl man von Jesus eingehüllt ist.

Meine Erfahrung ist jedoch, dass die Antworten auf die Fragen zu Misserfolg, Leid und Elend in meinem Leben für mich unerreichbar sind. Doch ich weiß eines, nämlich dass Gott mir zusagt:

> *„Denn ich weiß wohl, was ich für Gedanken über euch habe, spricht der HERR: Gedanken des Friedens und nicht des Leides, dass ich euch gebe Zukunft und Hoffnung."*
>
> *(Jeremia 29,11).*

Und dass er tief in meinem Herzen dieses Versprechen verankert hat, dass alle Dinge, die mir in meinem Leben begegnen werden, zu meinem Besten dienen werden (vgl. Römer 8,28). Daran werde ich mich festhalten. Und das ist kein billiger Trost für mich, sondern ein, in den Tiefen meines Lebens gewachsener Halt im Leben.

Dabei will ich nicht vergessen, wo ich hergekommen bin, *„Denn..."*, so sagt Paulus hier, *„aus Gnade seid ihr selig geworden durch Glauben, und das nicht aus euch: Gottes Gabe ist es, nicht aus Werken, damit sich nicht jemand rühme"*. Vergiss nicht, wo du hergekommen bist, denn alles, was du hast, das hast du *„aus Gnade"* bekommen.

Oder müsste man besser sagen: „in der Gnade"? Das Wort „Gnade" wird oft gedeutet „als etwas, das man unverdienter Maßen erhält". Als ich jedoch einmal über Jesus gehört habe, dass er zunahm *„an Weisheit, Alter und Gnade bei Gott und den Menschen"* (Lukas 2,52), fragte ich mich: „Kann das sein?"

Kann es sein, dass Jesus die Gnade Gottes unverdienter Maßen bekam, obwohl er doch ohne Sünde war? Nein! Es muss also noch eine weitere Bedeutung in dem Wort „Gnade" verborgen sein. Und die gibt es tatsächlich, wenn man z.B. die Worte von Paulus an seinen Mitarbeiter Timotheus liest: *„So sei nun stark, mein Sohn, durch die Gnade in Christus Jesus"* (2. Timotheus 2,1).

Hierbei geht es um geistlichen Kampf, den Timotheus durch *„die Gnade in Jesus Christus"* kämpfen soll. Man könnte es deshalb auch so übersetzen: „So sei nun stark, mein Sohn, durch die dazu notwendige Kraft, in Christus Jesus".

Wenn man sich das Wort „Gnade" im NT anschaut, ist es natürlich auch das, was man unverdienter Maßen zugeeignet bekommt; so wie es auch im deutschen Wort „begnadigen" drinsteckt. Aber „Gnade" ist auch die Kraft des Heiligen Geistes, die einem Menschen geschenkt wird, um tun zu können, was Gott von ihm möchte.

Wenn man sich vor diesem Hintergrund den Satz des Paulus aus unserem Text noch einmal genauer anschaut, dann wird es richtig schön: *„Denn aus Gnade - aus der Kraft des Heiligen Geistes - seid ihr gerettet worden..."* Hier steht das griechische Wort „sozo" im Urtext, was auch mit „erlöst - befreit - geheilt" übersetzt werden kann.

„Denn aus der Kraft des Heiligen Geistes seid ihr gerettet, befreit und geheilt worden, durch Glauben, und das nicht aus euch: Gottes Gabe ist es, nicht aus Werken, damit sich nicht jemand rühme." (Epheser 2,8-9)

Vergiss nicht, wo du herkommst! Es ist die Gnade Gottes, die Kraft des Heiligen Geistes, die dich gerettet, befreit und geheilt hat, oder es auch noch vollständig tun wird, wenn es noch nicht geschehen ist. In jedem Fall ist es nicht dein Werk, sondern die Gabe Gottes, die jeder Mensch haben kann, der sie möchte.

Und das mit einem ganz bestimmten Ziel, auf das Paulus in diesem Abschnitt gegen Ende eingeht. Dies ist für mich einer der Gründe gewesen, warum ich dieser Predigt das Thema gegeben habe: „Leben mit Happy End!" Wenn wir uns anschauen, wie alles begonnen hat => Diagnose: „geistlich tot!"

Und wenn wir jetzt sehen, wo es alles hingekommen ist. Wobei es an dieser Stelle ja nur um das Leben hier auf dieser Erde geht. Dann ist das schon atemberaubend, was wir hier geboten bekommen:

> *„Denn wir sind sein Werk, geschaffen in Christus Jesus zu guten Werken, die Gott zuvor bereitet hat, dass wir darin wandeln sollen."* (Epheser 2,10)

Martin Luther übersetzte hier *„Denn wir sind sein Werk..."* Originalge-treu müsste man aber übersetzen: *„Denn wir sind sein Meisterstück, geschaffen in Christus Jesus..."* Also nicht irgendein Kram, den man halt versucht, noch irgendwie zu gebrauchen. Nein! Du bist Gottes Meister-stück, mit dem er in dieser Welt unterwegs sein möchte! Und dazu hat er keine Kosten und Mühen gescheut. Er hat alles vorbereitet, damit wir gut durch den Tag, die Woche, den Monat, das Jahr und unser Leben kommen.

Der rote Teppich ist sozusagen ausgelegt. Und jeder, der möchte, kann sich darauf bewegen, um die *„guten Werke"* zu tun, die Gott vorbe-reitet hat. Was ist unsere Aufgabe dabei? Mit Gott darüber im Gespräch zu bleiben, wo er diesen Teppich ausgelegt hat. Das ist nicht immer ganz einfach. Also das Gespräch mit Gott schon, aber im Trubel des Alltags immer auf dem Teppich zu bleiben, damit das Leben nicht aus dem Ruder gerät.

Da braucht es viel Weisheit, zu der Jakobus schreibt: *„Wenn es aber jemandem unter euch an Weisheit mangelt, so bitte er Gott, der jeder-mann gern gibt und niemanden schilt; so wird sie ihm gegeben werden"* (Jakobus 1,5). Wer also darum bittet, der wird Weisheit bekommen, und hat damit das beste Handwerkszeug für gelingendes Leben!

Also wenn ich sehe, wie es mit mir angefangen hat, und wo es hätte enden können, dann mag ich den Film meines Lebens immer mehr. Ich glaube, ich werde es weiterempfehlen. Denn wer möchte es denn nicht haben: Ein Leben mit Happy End?! Amen.

Die größte Fusion aller Zeiten!
(Epheser 2,11-22)

„Die größte Fusion aller Zeiten!" Kann man so etwas überhaupt sagen? „...größte aller Zeiten!" In einer Zeit, in der eine Superlative der anderen die Klinke in die Hand gibt? Man munkelt, dass „die größte Fusion aller Zeiten" so um die Jahrtausendwende zustande kam.

Um das Jahr 2000 herum gab es eine lange Fusionsschlacht. Der Internetriese Vodafone wollte unbedingt den deutschen Mannesmann-Konzern übernehmen. Und dieser war durch seine Stahlrohproduktion, aber vor allem durch seine Telefon-Sparte überaus interessant. Nach langem hin und her musste Vodafone damals ca. 190 Milliarden Euro hinlegen, um den Konzern übernehmen zu können. Es war eine sogenannte „feindliche Übernahme". Nach der Fusion wurde der Mannesmann-Konzern allerdings zerschlagen und teilweise zu Spottpreisen an andere Unternehmen verkauft. Vodafone interessierte sich ausschließlich für die Mobilfunksparte ARCOR. Die Fusion hat in Deutschland, tausende Arbeitsplätze vernichtet.

Laut dem Internet-Wörterbuch Wikipedia kommt das Wort „Fusion" vom lateinischen „fusio", was so viel bedeutet wie „Schmelze, Guss oder Verschmelzung". „Unter Fusion wird die Unternehmensverbindung von mindestens zwei bisher rechtlich selbständigen Unternehmen zu einer wirtschaftlichen und rechtlichen Einheit verstanden, wobei mindestens eines der Unternehmen auf das andere übergeht und dabei seine rechtliche Eigenständigkeit verliert."

Das ist die Steilvorlage für das, worum es heute in dem Text aus dem Brief an die weltweite Christenheit geht: Es geht um eine nie dagewesene Fusion, für die viel mehr geflossen ist als nur 190 Milliarden Euro. Für diese Fusion hätte kein Geld oder Gold dieser Welt ausgereicht. Sie ist im Grunde unbezahlbar. Es geht um die Fusion zwischen dem Volk Israel und den Menschen außerhalb des Volkes Israel. Man nannte sie damals „die Heiden". Eine Fusion zwischen dem Volk, dass Gott sich selbst erwählt hatte, und dem Rest der Welt, der in Bezug auf seine Zukunft keine wirklich glorreichen Aussichten hatte. Tod, Gericht und Hölle sind keine wirklich glorreichen Aussichten. Zu dieser Fusion lesen wir jetzt die Verse 11-22 aus dem Epheser-Brief, Kapitel 2:

„Darum denkt daran, dass ihr, die ihr von Geburt einst Heiden wart und Unbeschnittene genannt wurdet von denen, die äußerlich beschnitten sind, dass ihr zu jener Zeit ohne Christus wart, ausgeschlossen vom Bürgerrecht Israels und Fremde außerhalb des Bundes der Verheißung; daher hattet ihr keine Hoffnung und wart ohne Gott in der Welt. Jetzt aber in Christus Jesus seid ihr, die ihr einst Ferne wart, Nahe geworden durch das Blut Christi. Denn er ist unser Friede, der aus beiden eines gemacht hat und den Zaun abgebrochen hat, der dazwischen war, nämlich die Feindschaft. Durch das Opfer seines Leibes hat er abgetan das Gesetz mit seinen Geboten und Satzungen, damit er in sich selber aus den zweien einen neuen Menschen schaffe und Frieden mache und die beiden versöhne mit Gott in einem Leib durch das Kreuz, indem er die Feindschaft tötete durch sich selbst. Und er ist gekommen und hat im Evangelium Frieden verkündigt euch, die ihr fern wart, und Frieden denen, die nahe waren. Denn durch ihn haben wir alle beide in einem Geist den Zugang zum Vater. So seid ihr nun nicht mehr Gäste und Fremdlinge, sondern Mitbürger der Heiligen und Gottes Hausgenossen, erbaut auf den Grund der Apostel und Propheten, da Jesus Christus der Eckstein ist, auf welchem der ganze Bau ineinander gefügt wächst zu einem heiligen Tempel in dem Herrn. Durch ihn werdet auch ihr mit erbaut zu einer Wohnung Gottes im Geist."

Ich möchte diesen Bibeltext gerne vor dem Hintergrund einer Fusion betrachten, und mich dabei auf drei mögliche Phasen einer Fusion konzentrieren. Wobei die Reihenfolge dieser Phasen bei diesem geistlichen Thema etwas durcheinandergekommen ist:

(1) Die feindliche Übernahme!

(2) Der Neubeginn!

(3) Die Fusion!

Erster Teil der größten Fusion aller Zeiten: Die feindliche Übernahme!

Als feindliche Übernahme, oder man nennt sie auch „unkoordinierte Übernahme", bezeichnet man normalerweise die Übernahme eines Unternehmens, ohne Zustimmung des Managements des gekauften Unternehmens. Der Investor, der das Unternehmen kaufen möchte, wird deshalb auch als „der schwarze Ritter" bezeichnet.

Eine häufig angewendete Strategie des potenziellen Käufers ist dabei folgende: Er bietet den Aktionären an, die Wertpapiere des zu übernehmenden Unternehmens zu einem Festpreis zu kaufen. Wenn auf diese Weise die absolute Mehrheit der Aktien erworben wird, reicht dies aus, die Kontrolle über das Unternehmen zu erlangen. Vereinfacht dargestellt könnte man sagen: Man kauft die Aktien eines Unternehmens, bis man mindestens 51% der Aktien im Besitz hat. Und schon kann man über das neue Unternehmen bestimmen. In ähnlicher Weise geschehen, bei der vorhin erwähnten Fusion von Vodafone mit dem Mannesmann-Konzern, um das Jahr 2000.

Auf unseren Text bezogen beginnt alles damit, dass Gott die Erde erschuf, und darin einen Garten platzierte, in dem er mit dem Menschen zusammenleben wollte. Es war der Garten EDEN. Wenn ich es richtig sehe, war es ursprünglich so geplant, dass der Schöpfer und seine Geschöpfe in völliger Harmonie leben sollten:

> *„Und Gott schuf den Menschen zu seinem Bilde, zum Bilde Gottes schuf er ihn; und schuf sie als Mann und Frau. Und Gott segnete sie und sprach zu ihnen: Seid fruchtbar und mehret euch und füllet die Erde und machet sie euch untertan und herrschet über die Fische im Meer und über die Vögel unter dem Himmel und über das Vieh und über alles Getier, das auf Erden kriecht."* (1. Mose 1,27-28)

Wenn man den Schöpfungsbericht in 1. Mose 1 und 2 liest, kann man auf gar keine andere Idee kommen als dass die Gemeinschaft zwischen Gott und Mensch sehr gut war. Das zeigt sich auch darin, dass es nach 1. Mose 3 vermutlich ein guter Brauch war, dass Gott in der Kühle des Abends in den Garten kam, um mit den Menschen ein wenig spazieren zu gehen.

Doch da gab es noch jemanden, der auch an der Gemeinschaft mit den Menschen interessiert war. Doch, wie wir heute wissen, ging es ihm nicht um einen netten Spaziergang und harmonische Gemeinschaft mit den Menschen, sondern um das Herrschaftsrecht, das den Menschen von Gott anvertraut war. Satan wusste: „Wenn ich die Menschen von Gott trennen und auf meine Seite bringen kann, dann habe ich auch die Möglichkeit, über die Menschen und die Erde zu herrschen!"

Und so unternahm er diesen unsäglichen Versuch, als Schlange verkleidet, mit den Menschen Kontakt aufzunehmen. Übrigens scheint es normal gewesen zu sein, dass Tiere sprechen können. Oder zumindest, dass es eine Möglichkeit der Kommunikation zwischen Mensch und Tier gab. Sonst wäre Eva bestimmt sofort stutzig geworden, wenn da eine Schlange angezischt kommt, um ihr eine Frucht anzubieten, die sie eigentlich gar nicht essen sollte.

Der Dialog in 1. Mose 3, zwischen der Schlange und Eva, scheint also gar keine Seltenheit gewesen zu sein. So kam es zu diesem ganz normalen Dialog, der jedoch einen fatalen Inhalt hatte: Ohne dass es Eva bewusst wurde, stellte die satanische Schlange ihre Beziehung zu Gott mehr und mehr in Frage. Und sie stellte dabei auch in Frage, ob Gott es wirklich gut mit ihr meint.

Was dazu führte, dass es zu einem inneren Dialog im Kopf von Eva kam. Der eine oder andere von euch kennt solche Dialoge sicher auch: „Wenn ich diese schöne Sache nicht bekomme.... Wenn ich von dieser Krankheit nicht geheilt werde... Wenn dieses Geschäft in einem Fiasko endet... Dann kann Gott es nicht gut mit mir meinen!"

Und bis man sich versieht, steht es schlecht um die Liebe, die Gott zu uns Menschen hat, weil er uns so viele Dinge nicht schenken möchte, und uns so viele Lasten auferlegt, die wir gar nicht tragen können: „Nein, Gott kann es nicht gut mit mir meinen. Es kann nicht sein, dass alle anderen solch ein schönes Leben haben, und mir geht es so schlecht. Gott liebt mich nicht!" (vgl. Psalm 73).

Und von dir fast unbemerkt streckt sich dein Arm langsam aber sicher den Dingen entgegen, die zwar momentan sehr befriedigend und schön aussehen können, die dich aber in der Konsequenz in eine Abhängigkeit bringen werden, die dir nur schaden wird: Der häufige Griff zum Glas, zur Zigarette, zum Kühlschrank, zu sexueller Sünde, zu Lüge, zu Geschwätzigkeit, zu Neid, zu Eifersucht, zu Bitterkeit, zu Groll, zu Verleumdung, zu ...

Und Eva griff zu, biss in die Frucht, und die Katastrophe war perfekt. War Gott, der Schöpfer, damit einverstanden, dass seine Geschöpfe einen anderen Weg gehen, als ursprünglich geplant? Absolut nicht! Im NT wird das jedenfalls sehr deutlich hervorgehoben: Gott will, *„dass alle Menschen gerettet werden und sie zur Erkenntnis der Wahrheit kommen"* (1. Timotheus 2,4). So etwas sagt niemand, dem es egal ist, was mit seinen Geschöpfen geschieht. Doch er konnte nichts dagegen unternehmen, weil Menschen in ihren Entscheidungen frei sind. Und weil unser guter Vater im Himmel, trotz seiner Allmacht, keinem Menschen seine eigenen Pläne aufzwingen wird.

> *„Darum denkt daran, dass ihr, die ihr von Geburt einst Heiden wart und Unbeschnittene genannt wurdet von denen, die äußerlich beschnitten sind, dass ihr zu jener Zeit ohne Christus wart, ausgeschlossen vom Bürgerrecht Israels und Fremde außerhalb des Bundes der Verheißung; daher hattet ihr keine Hoffnung und wart ohne Gott in der Welt."*

(Epheser 2,11-12)

In unserem Text wird dies durch folgende Worte auf den Punkt gebracht: *„...hattet ihr keine Hoffnung und wart ohne Gott in der Welt"*. Und dass der Plan des Teufels aufgegangen ist, die Herrschaft über die Welt zu übernehmen, wird sowohl in der Versuchungsgeschichte Jesu deutlich als Satan ihm die Weltherrschaft anbietet, und Jesus ihm nicht widerspricht. Nach dem Motto: „Nein, Satan, das kannst du mir nicht anbieten, weil du diese Herrschaft nicht hast!"

Und es wir auch in einer Formulierung des Apostels Paulus in 2. Korinther 4,3-4 deutlich, wo er schreibt:

> *„Ist nun aber unser Evangelium verdeckt, so ist's denen verdeckt, die verloren werden, den Ungläubigen, denen der Gott dieser Welt den Sinn verblendet hat, dass sie nicht sehen das helle Licht des Evangeliums von der Herrlichkeit Christi, welcher ist das Ebenbild Gottes."*

Wir sagen als Christen gerne: „Gott hat alles unter Kontrolle!" Es tut mir leid, wenn ich euch das so sagen muss, aber das halte ich für eine glatte Lüge. Denn wenn Gott wirklich alles unter seiner Kontrolle hätte, dann wäre er auch verantwortlich für Erdbeben, Hungerkatastrophen, Überschwemmungen, Tsunami, Steuerhinterziehung, Anschläge, Mord- und Totschlag, Betrug, Verleumdung, usw.

Doch dafür ist Gott nicht verantwortlich, denn das sind genau die Werke, die der „Gott dieser Welt" tut, um die Menschen zu bestehlen, zu betrügen, zu schädigen und zu töten. So sagt es zumindest Jesus in Johannes 10,10. Dennoch ist Gott nicht machtlos in dieser Welt, ganz im Gegenteil: Gott ist und bleibt allmächtig. Sein Verhalten hat mit seiner Gerechtigkeit zu tun, was ich in diesem Zusammenhang nicht näher ausführen möchte.

Deshalb drücke ich es lieber so aus, dass Gott alles unter seiner Obhut hat! Dafür spricht, dass Gott seinen Nachfolgern zusagt, dass er letzten Endes alle Dinge zu ihrem Besten wenden wird, die der „Gott dieser Welt" in ihrem Leben anrichten wird (vgl. Römer 8,28). Warum auch immer der Feind Gottes die Möglichkeit dazu hat, in einem Leben manches anzurichten. Da gibt es sicher Gründe dafür. Die muss allerdings jeder für sich selbst herausfinden. Hiob, dieser von so unsagbarem Leid geplagte Mann im AT der Bibel musste es ja auch für sich selbst herausfinden, warum so viel Leid über ihn kam.

Und dafür, dass Gott alles unter seiner Obhut hat spricht auch, dass er seinen Heilsplan mit den Menschen vollständig umsetzen wird, wie z.B. im Buch der Offenbarung zu lesen ist. Und das hat auch mit dem nächsten Abschnitt der Predigt zu tun:

Zweiter Teil der größten Fusion aller Zeiten: Der Neubeginn!

Die feindliche Übernahme der Weltherrschaft, durch den „schwarzen Ritter", den Teufel, war also gelungen. Doch so sollte es nicht bleiben, auch wenn es lange Zeit danach aussah, dass der Feind Gottes die Oberhand behalten würde: Mord- und Totschlag begannen damit, dass Kain seinen Bruder Abel ermordete (vgl. 1. Mose 4). Irgendwann begannen die Sexaffären zwischen Gottessöhnen und Menschentöchtern (vgl. 1. Mose 6). Manche Theologen gehen davon aus, dass die Sintflut eine Maßnahme Gottes gewesen sein könnte, um die DNA des Menschen wieder von den bösartigen Einflüssen der DNA der Gottessöhne zu reinigen. Dazu ließ er nur Noah und seine Familie übrig. Eine Familie, die im Sinne Gottes nicht nur gottesfürchtig war, sondern auch reine, menschliche DNA in sich trug (vgl. 1. Mose 6-9). Ob das so gewesen sein könnte, ist zumindest Nachdenkens wert.

Viele Jahre nach der Sintflut folgte der Turmbau zu Babel, wo noch einmal deutlich wurde, dass die Menschen danach streben, sich selbst göttlichen Status zu erarbeiten (vgl. 1. Mose 11). Um diesem Projekt ein Ende zu setzen, verwirrte Gott schließlich, vom Himmel her die Sprachen der Menschen. Wir haben es also diesen ehrgeizigen Menschen zu verdanken, dass wir in der Schule nicht nur Deutsch, sondern auch Englisch, Französisch, Latein und was weiß ich nicht noch alles lernen müssen. Was wäre uns erspart geblieben, wenn unsere Vorfahren nur ein wenig klüger und nicht ganz so ehrgeizig gewesen wären?! Doch was wohl zukünftige Generationen über uns sagen werden? Schauen wir mal...

Auf jeden Fall kam der Punkt in der Weltgeschichte, wo Gott einen Neubeginn einleiten wollte. Bzw. er hat diesen Neubeginn eingeleitet, indem er ein Ehepaar aus allem herausgerufen hat, um in einem neuen Land etwas Neues zu beginnen:

„Und der HERR sprach zu Abram: Geh aus deinem Vaterland und von deiner Verwandtschaft und aus deines Vaters Hause in ein Land, das ich dir zeigen will." (1. Mose 12,1)

Das war eine extrem krasse Forderung von Gott. Überlege einmal nur, dass solch eine Forderung an dich gerichtet würde. Nur diese Forderung: „Wandere aus deinem Vaterland aus und trenne dich von deiner Verwandtschaft!" Wow, das ist überwältigend! Aber das war ja noch gar nicht alles. Gott sagte dazu noch: „Geh in ein Land, das ich dir zeigen werde!" Also es ist ja schon eine überwältigende Aufforderung, zu sagen: „Wandere aus!" Zum Beispiel nach Australien, oder: „Wandere aus, nach Kanada!", oder wo auch immer hin. Aber so sagt es Gott gar nicht. Er sagt: Wandere aus! Und unterwegs zeige ich dir dann, wo es hingehen soll!"

So fing es also an, mit dem neuen Volk Gottes: Losziehen, ohne zu wissen, wohin. Warum machte Gott das wohl? Ich denke, es ging schon damals um das, um was es in unserer Beziehung zu Jesus auch heute geht: Es geht um Glauben und Vertrauen. Abraham, wie man ihn später nannte, wurde in der Bibel nicht umsonst als „Vater des Glaubens" bezeichnet. Denn dies kennzeichnete von Anfang an sein Leben: Losziehen, ohne zu wissen, wohin. Und dann über 25 Jahre auf den Sohn warten, der ihm verheißen wurde.

Und dass es im Leben Abrahams nicht um Perfektion ging, das wird an verschiedenen Stellen deutlich: Schon ganz zu Beginn seiner Reise war Abram ungehorsam. Gott sagte, dass er sich vom Haus seines Vaters und seiner Verwandtschaft trennen soll. Dennoch nahm Abram den Sohn seines Bruders mit, seinen Neffen Lot. Das hat ihm in der Folgezeit allerding nur Probleme gebracht, wie in 1. Mose 12-25 zu lesen ist.

Aber auch sonst war das Leben Abrahams, nicht frei von Unglauben. Mindestens zwei Mal hat er seine Frau als seine Schwester ausgegeben, weil er Gott nicht vertraute, sondern Angst hatte, dass ein Pharao und ein König ihn wegen der Schönheit seiner Frau umbringen würden (vgl. 1. Mose 12+20). Doch jedes Mal hatte Gott eingegriffen und ihn bewahrt, weil auf Abraham die Verheißung lag, dass durch ihn alle Völker auf der Erde gesegnet werden sollten (vgl. 1. Mose 12,3).

Auf Abraham folgten Isaak und Jakob, womit die Geschichte des Volkes Israel begann, das durch Josef nach Ägypten kam, von dort durch Mose befreit wurde, und durch Josua in ein Land geführt, das sie bis heute rechtmäßig beanspruchen. Warum? Weil Gott ihnen dieses Land nicht nur zugesagt, sondern auch zugeeignet hatte.

Auf jeden Fall eine extrem spannende Geschichte, die sich durch das ganze AT der Bibel hindurchzieht. Spannender Lesestoff auf ca. 900 bis 1.000 Seiten - je nach Übersetzung. Kann ich nur empfehlen, es nicht nur einmal zu lesen.

Im Gegensatz dazu stehen die sogenannten „Heiden". Also alle Menschen, die noch nicht zum Volk Gottes gehören, das Gott selbst in Abraham begründet hatte.

In unserem Text aus dem Epheser-Brief ist dazu unter anderem Folgendes zu lesen:

„Darum denkt daran, dass ihr, die ihr von Geburt einst Heiden wart und Unbeschnittene genannt wurdet von denen, die äußerlich beschnitten sind." (Epheser 2,11)

Nun haben wir es also mit zwei verschiedenen Volksgruppen zu tun: Dem Volk Gottes, und dem Rest der Welt. Was uns in Bezug auf unseren Bibeltext aus dem Epheser-Brief zum dritten und letzten Abschnitt der Predigt führt:

Dritter Teil der größten Fusion aller Zeiten: Die Fusion!

Ich erinnere kurz noch einmal daran, was ich zu Beginn über die Bedeutung von „Fusion" gesagt habe: Es bedeutet so viel wie „Schmelze, Guss oder Verschmelzung". Die Folge? Zwei selbständige Einheiten verschmelzen zu einer rechtlichen Einheit, wobei eine der beiden in die andere übergeht und dabei seine rechtliche Eigenständigkeit verliert.

„So seid ihr nun nicht mehr Gäste und Fremdlinge, sondern Mitbürger der Heiligen und Gottes Hausgenossen, erbaut auf den Grund der Apostel und Propheten, da Jesus Christus der Eckstein ist, auf welchem der ganze Bau ineinander gefügt wächst zu einem heiligen Tempel in dem Herrn. Durch ihn werdet auch ihr mit erbaut zu einer Wohnung Gottes im Geist." (Epheser 2,19-22)

Die Formulierung *„Gäste und Fremdlinge"* deutet an, dass Paulus hier von Menschen spricht, die bisher nicht zum inneren Kreis gehört haben. Wenn wir noch einmal an die feindliche Übernahme vom Anfang zurückdenken, dann ist klar, warum hier von „Fremdlingen" die Rede ist:

Die Schlange hatte die Menschen auf ihre Seite gebracht. Der Mensch hatte sich damit von der göttlichen Seite des Lebens getrennt und auf die dämonische Seite des Lebens geschlagen. Damit wurden alle Menschen aus der Familie Gottes ausgeschlossen und zu „Fremdlingen". Das ist wie in unseren Familien auch: Wer nicht zur Familie gehört, ist zunächst einmal fremd für uns.

Und das Wort „Gäste" deutet für mich an, wer der Besitzer dieser Erde ist, auch wenn die Herrschaft darüber von den Menschen an den Feind Gottes übergeben wurde. In Psalm 24,1 sagt König David: *„Die Erde ist des HERRN und was darinnen ist, der Erdkreis und die darauf* *wohnen"*. Der König von Israel wusste es also, wem alles gehört! Und dieser König David schreibt dann in seinen Psalmen auch: *„Ich bin ein Gast auf Erden; verbirg deine Gebote nicht vor mir"* (Psalm 119,19). Und in einem anderen Psalm: *„Höre mein Gebet, HERR, und vernimm mein Schreien, schweige nicht zu meinen Tränen; denn ich bin ein Gast bei dir, ein Fremdling wie alle meine Väter"* (Psalm 39,13).

Für mich zielt der Apostel Paulus damit eindeutig darauf ab, dass wir Menschen als Gäste auf diesem Planeten unterwegs sind. Der Besitzer des Planeten, Gott, der Schöpfer, erlaubt es den Menschen, sich auf seinem Planeten zu bewegen und zu leben. Auch wenn dies zunächst mal unter der Herrschaft des Gottes dieser Welt, des Teufels geschieht.

Doch dies ist nicht das Ende der Geschichte. Ich erinnere noch einmal an den ursprünglichen Plan Gottes, den er auch durch den Apostel Paulus zum Ausdruck brachte:

Gott will, *„dass alle Menschen gerettet werden und sie zur Erkenntnis der Wahrheit kommen."* (1. Timotheus 2,4)

Was dies bedeutet wird klar, wenn Jesus selbst von sich sagt:

„Ich bin der Weg und die Wahrheit und das Leben; niemand kommt zum Vater denn durch mich." (Johannes 14,6)

Das Wort *„zur...Erkenntnis...kommen"* hat seine Wurzel in dem griechischen Wort „ginosko", was eine sehr enges und intimes Erkennen, Wissen und Erfahren andeutet.

Zur *„Erkenntnis der Wahrheit"* zu kommen bedeutet demnach, das Gott möchte, dass jeder Mensch eine ganz intime, enge und erfahrbare Beziehung zu Jesus eingehen kann. Und genau dies wurde dadurch möglich, dass Jesus hier auf die Erde kam, und seinen Weg konsequent bis zu Kreuz, Tod, Auferstehung und Himmelfahrt ging.

Wir halten fest: Alle Menschen sind von ihrer Geburt an, und wenn sich nichts ändert bis zu ihrem Tod *„Gäste und Fremdlinge"* auf der Erde. Nun wird aber hier den Empfängern des Epheser-Briefes gesagt, dass sie das nicht mehr sind. Sondern sie sind *„Mitbürger der Heiligen und Gottes Hausgenossen"*.

Was ist hier geschehen?

Ich glaube, dass die Menschen, die hier angesprochen sind, genau das getan haben, zu dem der Apostel Petrus die Menschen an Pfingsten aufrief. Sie fragten ihn damals, was sie tun sollen, als *„Gäste und Fremdlinge"* auf dieser Erde. Petrus sagte daraufhin:

> *„Tut Buße und jeder von euch lasse sich taufen auf den Namen Jesu Christi zur Vergebung eurer Sünden, so werdet ihr empfangen die Gabe des Heiligen Geistes."*
>
> (Apostelgeschichte 2,38).

Ich persönlich glaube, dass mit dieser *„Gabe des Heiligen Geistes"* nicht nur die Taufe im Heiligen Geist gemeint ist. Sondern auch diese wundervolle Gabe des Heiligen Geistes, von der Paulus hier spricht. Alle Menschen, die sich dafür entscheiden, ihr Leben zukünftig von Jesus Christus bestimmen zu lassen. Die also nicht nur *„Herr"* zu Jesus sagen, sondern ihn auch Herr über ihr Leben sein lassen. Die haben den Heiligen Geist in sich, diese Gabe Gottes!

Und ich glaube, dass diese Menschen im Normalfall bis in alle Ewigkeit zu den *„Mitbürgern der Heiligen"* gehören. Sie sind nicht mehr nur *„Gäste und Fremdlinge"*, sondern sie gehören zu *„Gottes Hausgenossen"*. Und das ist grandios! Vielleicht geben diese Worte beim ersten Lesen gar nicht das her, was sie in ihrer Tiefe eigentlich bedeuten.

Darum lasst uns etwas genauer hinschauen. Dazu ein Beispiel aus meinem Leben: Ich bin Vater einer fünfköpfigen Familie. Und auch wenn ich nicht alles beeinflussen kann, was meine Familienmitglieder tun, werde ich doch immer tun, was ich kann, damit es ihnen gut geht, und die Dinge so laufen, dass es zu ihrem Besten dient.

Nun bin ich ein unvollkommener Mensch, mit sehr limitierten Möglichkeiten. Doch hier geht es um *„Gott, den Vater, den Allmächtigen, den Schöpfer des Himmels und der Erde"*, wie es im apostolischen Glaubensbekenntnis heißt. Was denkt ihr, was im Vergleich zu meinen limitierten Möglichkeiten auf euch wartet, wenn ihr zu den Hausgenossen des liebevollen und allmächtigen Vaters im Himmel gehört? Zu seiner Familie (vgl. Matthäus 7,11)?

Sicher wird auch er nicht alles beeinflussen, was seine Familienmitglieder tun. Aber er wird immer alles tun, damit die Dinge letzten Endes so laufen, dass alles zu ihrem Besten dient (vgl. Römer 8,28).

Und wenn dann die Familie Gottes zusammenkommt. Nach Aussage der Bibel ist jeder einzelne ein Tempel des Heiligen Geistes (vgl. 1. Korinther 6,19). Dann werden diese kleinen Tempel zu einem ganz großen Tempel zusammengefügt, zur Ehre Gottes. Das ist übrigens ein Grund dafür, warum wir als Gemeinde Gottesdienst feiern - für alle, die sich das noch gefragt haben...

Und dabei wächst du heran, durch die anderen, mit den anderen und in Gemeinschaft mit dem ganzen Volk Gottes aus den Juden und den Heiden, die mit Jesus leben, zu einer Wohnung, die in der Lage ist, den Heiligen Geist zu beherbergen. Wow! Wow! Wow!

Spätestens bei dieser Vorstellung gehen mir die Worte aus, die das beschreiben könnten. Darum höre ich jetzt besser auf, und überlasse es euch, herauszufinden, was es für euch persönlich bedeuten könnte. Frei nach dem Motto: *„Es ist Gottes Ehre, eine Sache zu verbergen; aber der Könige Ehre ist es, eine Sache zu erforschen"* (Sprüche 25,2). Und nach Offenbarung 1,6 seid ihr als Nachfolger Jesu alle „Könige und Priester".

Es wird also eine Ehre für euch sein, diese Sache für euer persönliches Leben zu erforschen, in Jesu Namen, Amen!

Das Geheimnis der Gemeinde
(Epheser 3,1-13)

Dem einen oder anderen von uns ist es sicher schon einmal so gegangen, dass er jemand anderes etwas erzählen wollte. Und plötzlich, mitten im Erzählen, fällt einem etwas anderes ein, was auch noch dazu passen könnte. Und vielleicht fällt einem danach noch etwas ein, dass man auch noch dazu erzählen möchte - usw. - usw. Bis man sich versieht, ist man vom Hundertsten ins Tausendste gekommen, und man fragt sich: „Was wollte ich denn eigentlich sagen?"

Etwa so ähnlich könnte es uns beim Lesen der Abschnitte rund um die Verse 1-13 in Epheser 3 gehen. Vielleicht erinnern wir uns noch an das Kapitel davor: In dem ging es Paulus um die größte Fusion aller Zeiten, dem großen Wechsel, den die Heiden vollzogen haben: Zunächst ausgeschlossen vom Bürgerrecht Israels und der Verheißung. Und jetzt rechtlich zugehörige Mitbürger der Heiligen, Angehörige der Familie Gottes, und Gottes Hausgenossen.

Dafür könnte man Gott ausführlich danken und ihn dafür loben. Ich denke, Paulus hätte das sicher auch gleich gemacht, wäre da nicht etwas gewesen, was Paulus dazu veranlasst haben könnte, sein Gebet noch etwas zu verschieben. Ab Vers 14 können wir dieses Gebet nachlesen. Ich werde in der nächsten Predigt darauf eingehen. Zunächst aber scheint etwas anderes wichtig zu sein. Und genau darum werden wir uns heute kümmern. Dazu lesen wir die Worte des Paulus an die weltweite Christenheit, aus Epheser 3,1-13:

> *„Deshalb sage ich, Paulus, der Gefangene Christi Jesu für euch Heiden - ihr habt ja gehört, welches Amt die Gnade Gottes mir für euch gegeben hat: Durch Offenbarung ist mir das Geheimnis kundgemacht worden, wie ich eben aufs kürzeste geschrieben habe. Daran könnt ihr, wenn ihr's lest, meine Einsicht in das Geheimnis Christi erkennen. Dies war in früheren Zeiten den Menschenkindern nicht kundgemacht, wie es jetzt offenbart ist seinen heiligen Aposteln und Propheten durch den Geist; nämlich dass die*

Heiden Miterben sind und mit zu seinem Leib gehören und Mitgenossen der Verheißung in Christus Jesus sind durch das Evangelium, dessen Diener ich geworden bin durch die Gabe der Gnade Gottes, die mir nach seiner mächtigen Kraft gegeben ist. Mir, dem allergeringsten unter allen Heiligen, ist die Gnade gegeben worden, den Heiden zu verkündigen den unausforschlichen Reichtum Christi und für alle ans Licht zu bringen, wie Gott seinen geheimen Ratschluss ausführt, der von Ewigkeit her verborgen war in ihm, der alles geschaffen hat; damit jetzt kundwerde die mannigfaltige Weisheit Gottes den Mächten und Gewalten im Himmel durch die Gemeinde. Diesen ewigen Vorsatz hat Gott ausgeführt in Christus Jesus, unserm Herrn, durch den wir Freimut und Zugang haben in aller Zuversicht durch den Glauben an ihn. Darum bitte ich, dass ihr nicht müde werdet wegen der Bedrängnisse, die ich für euch erleide, die für euch eine Ehre sind."

In meiner Predigt, in der es um die Einleitung zum Epheser-Brief ging, habe ich kurz darauf hingewiesen, dass sich der Apostel bei der Abfassung dieses Briefes im Gefängnis befunden haben müsste. An dieser Stelle des Briefes weist er nun selbst auf seine Gefangenschaft hin. Das interessante dabei ist, mit welchem Akzent er dies tut:

Aus rein menschlicher Sicht befindet er sich einfach im Gefängnis - Punkt. Aber Paulus beschreibt seine Gefangenschaft nicht nur aus menschlicher Sicht, sondern vor allem aus geistlicher Sicht: Er schreibt seine Gefangenschaft nicht den Mächtigen zu, die ihn aus irgendwelchen, zwielichtigen Gründen ins Gefängnis gesetzt haben - Nein! Sein Schicksal liegt nicht in den Händen von Menschen. Sein Schicksal liegt in den Händen Jesu. Wenn er sich überhaupt als gefangen sieht, dann als *„Gefangener Christi Jesu".* Und diesen Begriff kann man sowohl negativ als auch positiv sehen.

Man kann „gefangen sein" im negativen Sinn von „eingesperrt sein - festgehalten - gebunden sein - hinter Gittern sein - in Polizeigewahrsam sein - usw."

Oder man kann „gefangen sein" auch im positiven Sinn sehen. Dann sprechen wir von „fokussiert sein - gespannt sein - wie gebannt auf etwas schauen - nicht mehr davon loskommen - usw." Sicher hat jeder von euch schon einmal erlebt, dass er so von etwas eingenommen war, dass er nicht mehr so schnell davon losgekommen ist.

Ich denke, dass Paulus in diesem positiven Sinn ein *„Gefangener Christi Jesu"* war: Total auf Jesus fokussiert, von Jesus so eingenommen, dass er nicht mehr von ihm loskommen konnte. Paulus hat sein Leben so umfassend an Jesus abgegeben, dass er sagen konnte: *„Christus ist mein Leben und Sterben ist mein Gewinn"* (Philipper 1,21).

Manchmal ist man geneigt, über die Fans bei Konzerten oder in den Stadien zu lächeln, wenn sie ihre Popstars bejubeln, oder die Fahnen schwenken, für ihren Rennstall in der Formel 1 oder ihren Club beim Fußball. Man sieht sie mit den Trikots ihrer Idole - natürlich muss der Name des Idols drauf sein und die Rückennummer muss stimmen. Oder das Bild des Popstars oder Filmstars muss in leuchtenden Farben auf das T-Shirt gedruckt sein. Und wenn die Stars dann auf dem roten Teppich erscheinen, oder am Eingang ihres Hotels, geht das Gekreische los, und jeder hascht nach einem Blick oder einem Autogramm, für das man scheinbar bereit ist, zu sterben.

Wem von euch geht es so, wenn er oder sie an Jesus Christus denkt? Und da muss man jetzt innerlich gar nicht mit dem Kopf schütteln, nach dem Motto: „Hans-Werner, das kann man doch gar nicht vergleichen!" Fragen wir doch einmal den Blinden Bartimäus, wer Jesus für ihn wurde, nachdem er wieder sehen konnte. Fragen wir doch einmal die Frau, die mit Blutfluss erkrankt war, wer Jesus für sie war. Sie hatte alles Geld für Therapien und Ärzte ausgegeben, dass sie hatte, ohne geheilt zu werden. Und nun berührte sie den Saum des Gewandes, das Jesus trug, und wurde auf der Stelle geheilt.

Fragen wir doch einmal den Schächer am Kreuz, wer Jesus für ihn im allerletzten Moment seines Lebens geworden ist. Fragen wir Maria Magdalena, wer Jesus für sie wurde, nachdem er sieben Dämonen aus ihrem Leben vertrieben hatte. Oder fragen wir den Apostel Petrus, wer Jesus für ihn wurde ist, dort am Ufer des Sees, als er ihn nach dem gemeinsamen Frühstück gefragt hat, ob er ihn lieb habe, nachdem Petrus seinen Meister aus purem Egoismus einfach verraten hatte.

Um in dem eben erwähnten Bild zu bleiben: Ich glaube, der Apostel

Paulus hätte alle verfügbaren Fahnen geschwenkt, für seinen Erlöser, Befreier und Heiland, Jesus Christus. Er wäre an jedem roten Teppich gestanden, um auf sein großes Vorbild zu warten, und ihm dann die schönsten Worte zuzurufen. Was kann man mehr sagen, über eine Beziehung zu Jesus, als: *„Christus ist mein Leben und Sterben ist mein Gewinn"*? Und Paulus war ja nicht lebensmüde! Er wusste nur Bescheid darüber, dass er nach diesem Leben für immer bei Jesus sein würde. Nichts lieber als das!

Ich habe manchmal den Eindruck, dass wir viel zu gerne auf dieser Welt leben, um sich so verhalten oder so etwas sagen zu können. Ich glaube deshalb auch, dass Paulus in der heutigen Zeit von vielen Christen einfach als „frommer Spinner" abgetan worden wäre. Einer, der vielleicht ein bisschen zu viel von dem Zeug geraucht hat, dass einem die Sinne schwinden lässt.

Daran möchte ich mich jedoch nicht beteiligen, sondern möchte die Aussagen von Paulus in unserem heutigen Predigttext noch einmal in meinem Herzen bewegen. Und dies in der Hoffnung, dass ich von der gleichen Leidenschaft für meinen Erlöser, Befreier und Heiland, Jesus Christus gepackt werde, wie Paulus. Ich glaube, das wäre auch sehr ansteckend für die Menschen, die mich umgeben.

Und als hätte Paulus die Gedanken seiner Leser voraussehen können, tritt er mit diesem Abschnitt in seinem Brief dafür ein, Christsein seriös zu leben. Mit meinen Worten gesagt: „Ich (Paulus) bin zwar total von Jesus eingenommen und schwärme von ihm in den höchsten Tönen, aber das liegt nur daran, dass ich Jesus persönlich erlebt habe!" Keine unseriöse Schwärmerei, sondern Leidenschaft auf dem Fundament von persönlichem Erleben.

Und das fing damals vor den Toren von Damaskus an, als er von einem so starken Licht umgehauen wurde, dass er davon erblindete. Und alles danach kann man nur noch als wundersamen Weg Jesu mit seinem Gefangenen Paulus bezeichnen. Ich vermute, dass er seine geistlichen Offenbarungen von Jesus selbst in seiner Zeit in Arabien empfangen hat (vgl. Galater 1).

Und in einen Teil dieser Offenbarungen nimmt er uns in unserem heutigen Bibeltext mit hinein: Das Geheimnis der Gemeinde. Wobei es ihm nach meiner Einschätzung dabei weniger um die inhaltliche Seite des Themas geht. Auf die war er ja schon im vorigen Abschnitt sehr detailliert eingegangen. Sondern es scheint ihm an dieser Stelle um das Thema an sich zu gehen. Und das schauen wir uns jetzt unter drei Aspekten noch etwas näher an. Unser Thema: Das Geheimnis der Gemeinde. Die drei Aspekte: (1) Lange verschwiegen! (2) Den Heiligen offenbart! (3) Von den Engeln begehrt!

(1) Das Geheimnis der Gemeinde: Lange verschwiegen!

Mein erster Gedanke dazu war: „Warum eigentlich - lange verschwiegen?" Doch dann kam gleich der nächste Gedanke, der mir in meinem geistlichen Leben im Lauf der Jahre immer wichtiger wird: „Vermutlich wegen des Timings Gottes!" Die entsprechende Bibelstelle dazu befindet sich im AT der Bibel, in Prediger 3,1: *„Ein jegliches hat seine Zeit, und alles Vorhaben unter dem Himmel hat seine Stunde".* Vor diesem Hintergrund lesen wir also diese Worte aus Epheser 3,5:

> *„Dies war in früheren Zeiten den Menschenkindern nicht kundgetan, wie es jetzt offenbart ist seinen heiligen Aposteln und Propheten durch den Geist."*

Noch etwas allgemeiner formuliert finden wir diese Wahrheit in Kolosser 1,26. Dort lesen wir:

> *„...nämlich das Geheimnis, das verborgen war seit ewigen Zeiten und Geschlechtern, nun aber ist es offenbart seinen Heiligen..."*

Also nicht nur ein Geheimnis für diejenigen unter den Nachfolgern Jesu, die eine besondere Aufgabe haben, sondern für alle Nachfolger Jesu. Also auch für jeden von uns heute, der an Jesus glauben kann. Und dass dort gesagt ist, dass es bereits *„offenbart ist"*, zeigt an, dass wir eigentlich alle schon darüber Bescheid wissen sollten.

Wenn wir dem nachgegeben haben, was man Neugierde nennt. Wie ist denn das mit Geheimnissen? Das fängt doch z.B. damit an, dass jemand in drei Meter Entfernung mit jemand anderem tuschelt. Was ist die erste, menschliche Reaktion? „Wenn der oder die mit einem anderen tuschelt, muss es sich um ein Geheimnis handeln. Etwas, das nicht jeder wissen sollte. Das muss ich unbedingt erfahren!" Und schon schmiedet man innerlich Pläne, wie man dem Ganzen auf die Spur kommen könnte. So stelle ich mir das vor, mit dem „Geheimnis der Gemeinde", dass in unserer Zeit eigentlich gar kein Geheimnis mehr sein sollte. Bzw. es ist kein Geheimnis mehr, außer für die, die noch nicht an Jesus glauben. Paulus schreibt in Kolosser 1,27: *„Christus in euch, die Hoffnung der Herrlichkeit!"* Das ist das Geheimnis, das geoffenbart wurde! Habt ihr dieses Geheimnis schon mal gelüftet?

Ich meine, das ist doch etwas Fantastisches, was wir hier haben! Schauen wir uns doch einmal in der Welt um: Also „Hoffnung" ist doch ein Gut, dass sich auch in unserer deutschen Gesellschaft immer rarer macht. Gut, man sagt uns Deutschen in der Welt nach, dass wir sowieso auf einem sehr hohen Niveau herum jammern. Aber das verändert nach meiner Einschätzung die Lage nicht unbedingt.

Und jetzt gibt es mitten in dieser Welt, der die Hoffnung an manchen Stellen etwas abhanden-gekommen ist. Mitten in dieser Welt gibt es Menschen, die etwas kennen gelernt haben, das für alle ein Geheimnis ist, die nicht an Jesus glauben. Und das lautet: „Wir haben Hoffnung!" Es ist wichtig, dass wir uns das bewusst machen.

Paulus schreibt in 1. Korinther 13,13 Worte, die bei vielen Hochzeiten zitiert oder ausgelegt werden:

„Nun aber bleiben Glaube, Hoffnung, Liebe, diese drei;
aber die Liebe ist die größte unter ihnen."

Ja, die Liebe ist wichtig. Ohne die Liebe kommen wir nicht miteinander klar. Und es ist ein Zeichen, an dem wir von unseren Mitmenschen als Christen erkannt werden sollten (vgl. Johannes 13,34-35). Ja, der Glaube ist wichtig, denn „ohne Glauben ist's unmöglich, Gott zu gefallen" (vgl. Hebräer 11,6). Und ohne Glauben kann man nicht gerettet werden (vgl. Markus 16,16). Und die Hoffnung? Paulus macht in seinen Worten deutlich, dass die Hoffnung den gleichen Stellenwert hat, wie Glaube und Liebe. Ist ebenso wichtig. Und wer versucht, einen kurzen Blick in die Zukunft zu werden, der wird sofort spüren, wie notwendig Hoffnung ist. Und wir haben sie; wir haben Hoffnung!

Für uns als Nachfolger Jesu ist nicht entscheidend, wie sich die Welt entwickelt, sondern was Jesus über unsere Zukunft sagt (vgl. Hebräer 13,5). Für uns ist nicht entscheidend, wie sich der Aktien- und Finanzmarkt entwickelt, sondern dass Jesus versprochen hat, dass er uns versorgt (vgl. Philipper 4,19-20). Wir haben die Zusage Gottes, der versprochen hat:

> *„Denn ich weiß wohl, was ich für Gedanken über euch habe, spricht der HERR: Gedanken des Friedens und nicht des Leides, dass ich euch gebe Zukunft und **Hoffnung**!"*
>
> (Jeremia 29,11).

Vincenzo Pallotti, ein italienischer, katholischer Gelehrter (1795-1850) schrieb einmal: *„Durch ein heiteres und frohes Gesicht können wir beweisen, dass die Nachfolge Christi unser Leben mit Freude erfüllt. Heilige Heiterkeit und geistliche Freude sind kostbare Früchte des Heiligen Geistes. An ihnen erkennt man die wahren Diener Gottes."*

Weil wir eine Hoffnung haben, die sich nicht auf die Möglichkeiten, Dynamiken und Naturgesetze dieser Welt stützt, und nicht abhängig ist, von den gesellschaftlichen und politischen Vorgängen in dieser Welt. Wir haben eine Hoffnung, die ein wichtiges Fundament im Leben, und eine herrliche Aussicht über den Tod hinaus ist.

Und diese Hoffnung war sehr lange verborgen. Seit der Schöpfung dieses Planeten wussten Gott Vater, Sohn und Heiliger Geist darüber Bescheid. Doch nun ist dieses Geheimnis keines mehr, weil es in Jesus Christus geoffenbart wurde. Und das führt uns nahtlos zum zweiten Punkt über das Geheimnis der Gemeinde:

(2) Das Geheimnis der Gemeinde: Den Heiligen offenbart!

Dieses Wörtchen „offenbart" ist etwas, was unsere Zeit beherrscht, wie vielleicht keine Zeit vor uns. In diesem Zusammenhang kennen wir vielleicht den sog. „Offenbarungseid". Wer diesen leisten muss, der muss alles auf den Tisch legen. Es ist eine eidesstattliche Erklärung über das aktuelle Vermögen, oder darüber, dass man keines hat.

Man kann das Wörtchen „offenbaren" aber auch mit „enthüllen" übersetzen. Und auch das ist eine Sache, die gesellschaftlich sehr große Marktanteile hat, und in manchen Zusammenhängen auch nicht unproblematisch ist. Es wurde deshalb z.B. in Deutschland ein Gesetz erlassen, dass Gaffer bestraft, die Unfälle und deren Opfer filmen. Oder Gesetze, die verbieten, dass man Frauen unter den Rock fotografiert oder ähnliche heimliche Aufnahmen macht. Wie sehr wir gesellschaftlich davon betroffen sind, zeigt der enorme Absatz von Zeitschriften, die dem sogenannten „Enthüllungs-Journalismus" angehören. Und dabei ist zweitrangig, ob alles stimmt, was in diesen Zeitschriften zu lesen ist. Wichtig ist, dass sich die Zeitschriften verkaufen. Und sie verkauft sich deshalb, weil Menschen neugierig sind. Weil sie es sehr gerne haben, wenn Geheimnisse gelüftet werden, solange es nicht ihre eigenen Geheimnisse sind. Die hält natürlich jeder sehr gerne im Verborgenen.

Was hat das alles nun mit unserem Text zu tun? Wir sind nicht neugierig, weil es uns so anerzogen wurde, sondern weil wir so geschaffen wurden. Die Stilblüten, die Neugierde so treiben kann, sind sicher nicht immer im Sinne des Schöpfers. Aber das macht die menschliche Neugierde nicht zu einer negativen Wesensart. Gott hat sie geschaffen. Und nun macht er sie sich zu Nutze, wenn es darum geht, sein Evangelium für die Menschheit; seine frohe Botschaft für alle Menschen unter eben genau diese zu bringen.

Dabei kann sie für den einen oder anderen durchaus etwas werden, was im griechischen Wort „Apokalypse" mitschwingt. Das Evangelium ist eine frohe Botschaft für alle Menschen, solange sie nicht auf die Idee kommen, sie für sich abzulehnen. Dann wird es apokalyptisch! Aber genau das soll nicht so sein. Und deshalb geht es bei der Offenbarung des Evangeliums um eine eidesstattliche Erklärung des Schöpfers gegenüber seinen Geschöpfen. Und die heißt: *„Christus in euch, die Hoffnung der Herrlichkeit!"* (Kolosser 1,27).

In welcher Zeitschrift kann man davon etwas lesen? Die erste Zeitschrift, in der man davon etwas lesen konnte, hieß „Jesus Christus". Die wurde um das Jahr 30 n.Chr. herausgegeben. Das war Enthüllungs-Journalismus par exe Lance, und in Perfektion! Jesus sagte: *„Ich und der Vater sind eins!"* (Johannes 10,30). Das heißt, man konnte den Vater im Himmel erkennen, wenn man Jesus beobachtet, bzw. in seinem Leben gelesen hat. Das bekräftigte Jesus selbst, in dem er zu Philippus sagte: *„Wer mich sieht, der sieht den Vater!"* (Johannes 14,9).

Und wie heißt die Zeitschrift heute, in der man etwas von *„Christus, der Hoffnung der Herrlichkeit"* lesen kann? Der Apostel Paulus formulierte es einmal so:

„So sind wir nun Botschafter an Christi statt, denn Gott er-mahnt durch uns; so bitten wir nun an Christi statt: Lasst euch versöhnen mit Gott!" (2. Korinther 5,20)

Demnach heißt die Zeitschrift heute z.B. „Hans-Werner" oder... Ääh, am besten ich nenne keine weiteren Namen, sonst lande ich bloß in einem Fett-Näpfchen. Setzt bitte einfach selbst eure Namen ein, damit diese Zeitschrift, in der die Menschen lesen, einen Titel bekommt.

So war also das Geheimnis der Gemeinde sehr lange verborgen. Doch seit Jesus Christus, unserem Erlöser, Befreier und Heiland, ist es kein Geheimnis mehr. Zumindest nicht für die, die sich zu den Nachfolgern Jesu zählen. Was Menschen in eurer Lebens-Zeitschrift alles lesen können, das möchte ich gerne euch selbst überlassen. Ich möchte gerne die restliche Zeit der Predigt noch darauf verwenden, um einen weiteren Aspekt des Geheimnisses der Gemeinde zu betrachten. Dieser hängt allerdings sehr eng mit dem eben besprochenen, zweiten Aspekt zusammen:

(3) Das Geheimnis der Gemeinde: Von den Engeln begehrt!

„Damit jetzt kundwerde die mannigfaltige Weisheit Gottes den Mächten und Gewalten im Himmel durch die Gemein-de." (Epheser 3,10)

Als ich mir darüber Gedanken machte, dachte ich so bei mir: „Also, das Geheimnis ist zwar eigentlich gelüftet. Doch dafür ist es immer noch ganz schön geheimnisvoll!" Ich versuche deshalb zunächst einmal die Worte des Paulus etwas aufzudröseln, damit wir den Zusammenhang besser verstehen können.

Gleich zu Beginn dieses Abschnitts stoßen wir auf das Wörtchen „kundwerde", das in diesem Zusammenhang ebenso spannend wie auch wichtig ist. „kundwerde" heißt, dass mir etwas bekannt wird, von dem ich bisher noch nichts wusste.

Das wäre an sich noch nichts Besonderes, wenn es dabei um uns Menschen ginge. Also ich gehe davon aus, dass mir auch nach einem langen Leben immer noch Dinge aufgehen, die ich bisher noch nicht kannte. Und das liegt daran, dass die Welt sehr komplex, und der Erfindungs-Reichtum des Menschen sehr groß ist. Da wird mir also noch manches „kundwerden", bevor ich meine irdischen Augen für immer schließen werde. Ich gehe davon aus, dass dies jedem Menschen auch so ergehen wird. Wir Menschen sind einfach viel zu limitiert in unserem Wesen, als dass wir auf alles selbst kommen, und alles kennen und wissen könnten. Und das gilt auch dann, wenn ein Mensch von sich denkt, dass er schon alles weiß.

Nur handelt es sich in diesem Bibeltext nicht um Menschen, sondern es geht um die „Mächte und Gewalten im Himmel". In meiner Bibel wird zu dieser Stelle in Epheser 3,10 eine Parallelstelle angegeben, und die finden wir in 1. Petrus 1,12. Dort ist zu lesen: „Was auch die Engel begehren zu schauen."

Inhaltlich geht es dabei um genau die Dinge, über die wir heute in Epheser 3,1-13 gesprochen haben. Also ich weiß nicht, was ihr schon über die Engel wisst. Aber hier sind sich offensichtlich die beiden Apostel Paulus und Petrus darin einig, dass die Engel nicht alles wissen, und nicht alle Geheimnisse schon kennen. Und das liegt sicher auch daran, dass die Engel geschaffene Wesen sind. Sie sind Geschöpfe Gottes, wenn auch in einer ganz anderen Liga als wir Menschen. Allerdings haben auch sie eine Wesensart, die uns nicht fremd ist: Sie sind ebenso neugierig, wie wir Menschen auf der Erde es auch sind.

Nicht anders kann ich die Worte des Apostels Petrus verstehen, wenn er davon schreibt, dass die Engel es „begehren zu schauen". Auf der anderen Seite scheint es auf dieser Erde noch Zusammenhänge zu geben, die den „Mächten und Gewalten" im Himmel noch nicht so ganz einleuchtend und klar sind.

Paulus spricht hier von „mannigfaltiger Weisheit Gottes". Das ist ein Begriff, der uns im aktuellen, deutschen Sprachgebrauch nicht mehr so geläufig ist. Wenn man sich allerdings die Bedeutungen der Worte anschaut, könnte man in Bezug auf den Inhalt dieses Textes auch von „vielgestaltigen Plänen Gottes" reden. Das würde schon etwas mehr Licht ins Dunkel bringen. Mir gefällt dieses Wort „mannigfaltig", oder die andere Variante, die mit „vielgestaltig" übersetzt wird. Denn das bedeutet, dass es im irdischen Bereich der Gemeinde Jesu keinen Einheitsbrei geben kann und soll. Es gibt zwar viele Menschen, die das gerne so hätten:

Eine einzige Art von Gemeindestruktur, die für alle Gemeinden verbindlich ist. Eine Art von Strategie für die Evangelisation. Eine Art, wie man Gemeinde bauen, bzw. Jünger machen kann. Eine Art... Ihr könnt hier gerne einsetzen, was ihr möchtet. Aber so hat Gott es sich ganz offensichtlich nicht gedacht. Wer Gott kennt, weiß ja, dass Kreativität eines seiner Markenzeichen ist. Also: keinen Einheitsbrei. Keine gerade Linie, an der alles entlang geht. Dies sehen wir auch daran, dass Paulus im zweiten Kapitel dieses Briefes schreiben kann:

„Denn wir sind sein Meisterstück, geschaffen in Christus Jesus zu guten Werken, die Gott zuvor bereitet hat, dass wir darin wandeln sollen." (Epheser 2,10)

Wir sind fast acht Milliarden Menschen auf diesem Planeten. Und für jeden gilt: *„Du bist sein Meisterstück!"* So etwas kann nur Gott zu Wege bringen. Ich habe es beruflich bisher noch zu keinem Meisterstück gebracht. Und für jeden einzelnen von diesen ca. acht Milliarden Menschen weltweit, der sich als Gottes Meisterstück von ihm führen lassen will, gilt: Du bist *„geschaffen in Christus Jesus zu guten Werken, die Gott zuvor bereitet hat, dass du darin wandeln sollst"*.

Acht Milliarden verschiedene Lebenspläne, individuell auf jeden maßgeschneidert. Da hält man erst einmal den Atem an. Und das ist ja noch lange nicht alles! Denken wir an die verschiedenen Kulturen, Sitten und Gebräuche. Denken wir an die Städte und Kommunen, die es gibt, und deren Subkulturen und individuellen Eigenheiten. Von den verschiedenen Kontinenten gar nicht zu reden. Und dann haben wir ja auch noch die Pflanzen- und Tierwelt, die es auch zu bedenken gilt.

All dies, und noch viel, viel mehr, ist in diesen drei Worten fast banal zusammengefasst: *„mannigfaltige Weisheit Gottes"* oder „vielgestaltige Pläne Gottes". Wenn man dies hört, lohnt es sich schon, über die Worte der Bibel nachzudenken. Hinter manchem Wort verbirgt sich unendlich viel mehr, als es auf den ersten Blick scheinen mag.

Und jetzt legen wir einmal die ganze Vielfalt der Schöpfung etwas auf die Seite, und konzentrieren uns noch kurz auf die „vielgestaltigen Pläne Gottes", die er mit seiner irdischen Gemeinde so hat. Klar ist jetzt: Es gibt keinen einheitlichen Plan dafür, wie Jesus seine Gemeinde bauen möchte. Es wird immer individuell auf seine Jünger, seine Gemeinschaft von Jüngern, und seine Gemeinde an ihrem Ort zugeschnitten sein. Die Frage ist also nicht: „Gibt es einen Plan?" Sondern die Gretchenfrage lautet: „Verfolgen wir sowohl als Individuen als auch als christliche Gemeinde an unserem Ort den Plan Jesu?" Verfolgen wir als Gemeinde *„die guten Werke Jesu, die Gott zuvor bereitet hat, dass wir darin wandeln sollen"*? Und falls „JA" - was hoffentlich der Fall ist, denn generell als normal würde ich es nicht bezeichnen, dass Gemeinde den Plänen Jesu folgt. Aber wenn wir Jesu Pläne mit seiner Gemeinde ernsthaft verfolgen: Wie sehen diese dann in der Praxis aus?

Ich gehe davon aus, dass dies genau die Art von „mannigfaltiger Weisheit Gottes" ist, die die Engel im Himmel begehren zu sehen. Sie möchten dort etwas lernen, wo Menschen die „mannigfaltige Weisheit" Gottes in die Praxis umsetzen. Über alles andere, außerhalb der Pläne Gottes, werden sie vermutlich nur irritiert die Köpfe schütteln.

Ich hoffe, dass die Engel bei unserer Gemeinde immer neugierig bei der Sache bleiben können, weil es bei uns ausschließlich um das Geheimnis der Gemeinde Jesu und Gottes Plänen mit ihr geht. Denn dies war zwar lange verborgen, ist aber nun allen Nachfolgern Jesu in der Weise offenbart worden, dass es die Engel neugierig beobachten, und davon lernen möchten. Mögen wir ihnen guten Lernstoff vermitteln, wenn sie uns als Zeitschrift der Geheimnisse Gottes mit großer Neugierde lesen. Amen.

Ganzheitliches Krafttraining
(Epheser 3,14-21)

Ich möchte in diese Predigt einsteigen, indem ich die Worte aus Epheser 1,17-23 und Epheser 3,14-21 zu einem Gebet für uns mache: Abba, in Jesu Namen bitte ich dich...

„...dass der Gott unseres Herrn Jesus Christus, der Vater der Herrlichkeit, uns gebe den Geist der Weisheit und der Offenbarung, ihn zu erkennen. Und er gebe uns erleuchtete Augen des Herzens, damit wir erkennen, zu welcher Hoffnung wir von ihm berufen sind, wie reich die Herrlichkeit seines Erbes für uns Heilige ist, und wie überschwänglich groß seine Kraft an uns, die wir glauben, weil die Macht seiner Stärke bei uns wirksam wurde, mit der er in Christus gewirkt hat. Durch sie hat er ihn von den Toten auferweckt und eingesetzt zu seiner Rechten im Himmel über alle Reiche, Gewalt, Macht, Herrschaft und alles, was sonst einen Namen hat, nicht allein in dieser Welt, sondern auch in der zukünftigen. Und alles hat er unter seine Füße getan und hat ihn gesetzt der Gemeinde zum Haupt über alles, welche sein Leib ist, nämlich die Fülle dessen, der alles in allem erfüllt.“

„Deshalb beuge ich meine Knie vor dem Vater, der der rechte Vater ist über alles, was da Kinder heißt im Himmel und auf Erden, dass er uns Kraft gebe nach dem Reichtum seiner Herrlichkeit, stark zu werden durch seinen Geist an dem inwendigen Menschen, dass Christus durch den Glauben in unseren Herzen wohne und wir in der Liebe eingewurzelt und gegründet sind. So können wir mit allen Heiligen begreifen, welches die Breite und die Länge und die Höhe und die Tiefe ist, auch die Liebe Christi erkennen, die alle Erkenntnis übertrifft, damit wir erfüllt werden, mit der ganzen Gottesfülle. Dem aber, der überschwänglich tun kann über alles hinaus, was wir bitten oder verstehen, nach der Kraft, die in uns wirkt, dem sei Ehre in der Ge-

meinde und in Christus Jesus zu aller Zeit, von Ewigkeit zu Ewigkeit! Amen."

Der Apostel Paulus musste unbedingt noch etwas loswerden. Gerade hatte er noch von der „größten Fusion aller Zeiten" geschwärmt, als die Heiden, ausgeschlossen vom Volk Gottes, durch Jesus Christus, rechtlich voll und ganz in die Familie Gottes integriert wurden. Doch dann kam es nicht zu einem spontanen Gebet für seine Briefempfänger, wie man eigentlich hätte erwarten können. Nein, denn der Apostel musste noch etwas loswerden. Es konnte nicht mehr länger warten. Zu alt war dieses Geheimnis schon, als dass es noch länger eines bleiben sollte. So hat er sein Gebet für seine Brief-Empfänger noch einmal aufgeschoben, um das „Geheimnis der Gemeinde" zu lüften.

Doch nun ist es so weit. Es mutet fast an wie eine Art Einschub. Wirkt fast unpassend, in diesem Reigen von Weisheit und Offenbarung. Dennoch erscheint es mir gerade an dieser Stelle passend und notwendig zu sein. Ich denke, wir können dies nachempfinden, wo wir doch, gerade in unserer Zeit, von täglichen Informationen regelrecht überflutet werden. Wenn irgendwo am anderen Ende der Erde ein Säckchen Reis umfällt, ist das eine Titelstory wert, die sofort auf allen elektronischen Kanälen zu lesen ist. Es sind so viele Informationen, dass man gut beraten ist, zu selektieren, und immer einmal wieder inne zu halten, um zu reflektieren, was dies mit einem selbst und mit dem eigenen Leben so macht.

In etwa so sehe ich diesen Einschub von Paulus, der uns in den bisherigen Kapiteln des Epheser-Briefs in über 68 Bibelversen mit Informationen versorgt hat, die so dicht und so inhaltsreich sind, dass es höchste Zeit wird, einmal innezuhalten. Zu reflektieren. Und sich dabei an den zu wenden, der uns im Verstehen und im „ins Leben integrieren" ganz nah an der Seite steht.

Auch wenn ich diesen Abschnitt mit „Ganzheitliches Krafttraining" überschrieben habe, so sind diese Verse 14-21 doch nicht mehr, aber auch nicht weniger als ein sehr intensives Gebet. Paulus möchte es nicht nur für seine Zuhörer beten, sondern es ist sicher auch dazu gedacht, dass wir uns als Zuhörer mit hineinnehmen lassen. Wie ist das bei dir, wenn es um eine Sache geht, für die du dich interessiert? Möchtest du da lieber nur Zuhörer oder nicht viel lieber ein Zuschauer sein?

Ich denke, in den meisten Fällen werden die meisten von uns lieber Zuschauer sein. Wenn es allerdings um etwas geht, das dir wirklich wichtig ist. Wenn du z.B. Sport-begeistert bist, und du siehst deiner Mannschaft zu, wie sie gerade am Gewinnen ist. Wärst du da lieber Zuschauer, oder nicht am liebsten mittendrin?! Womöglich bei den Siegesfeierlichkeiten?! Mitten unter den Sportlern, deren Fan zu bist?!

Oder wenn du schon seit Jahren von einem Projekt träumst, das du in deinem Leben umsetzen möchtest: Zum Beispiel erfolgreich im Beruf zu sein. Ein eigenes Haus zu bauen und darin zu wohnen. Urlaub zu machen, in dem Land deiner Träume. Oder zu einer Gemeinde zu gehören, die für viele Menschen extrem anziehend ist. Wärst du da lieber Zuschauer, der beobachten kann, wie sich Dinge, die dir wichtig sind, bei anderen Menschen verwirklichen? Oder wärst du nicht viel lieber mittendrin? So, dass sich all diese Dinge in deinem eigenen Leben verwirklichen? Wow, das wäre es doch!

Falls du jetzt gerade emotional mitgegangen bist, bei dem was ich gesagt habe, dann bitte ich dich, diese Emotionen noch ein wenig aufrecht zu erhalten, wenn es um das geht, was Paulus in diesem Bibelabschnitt für jeden Nachfolger Jesu erbittet. Ich für meine Person möchte es unbedingt haben. Um was es dabei geht, werde ich gleich noch ausführen. Zunächst geht es mir einfach darum, dass ich es haben möchte.

Ich möchte diese Worte nicht nur lesen. Ich möchte diese Worte nicht nur hören. Ich möchte nicht nur Zuhörer oder Zuschauer sein, obwohl es schon sehr überwältigend sein kann, wenn sich diese Worte im Leben anderer Menschen zeigen. Mir persönlich reicht das aber nicht aus. Und deshalb habe ich diese Worte auch zu meinem täglichen Gebet gemacht. Es sind die Worte aus Epheser 1,17-23 und 3,14-21. Ich habe dieses Gebet ganz bewusst an den Beginn dieser Predigt gestellt, denn ich wünsche mir natürlich auch, dass ich es nicht nur selbst erleben, sondern Zuhörer und Zuschauer sein darf, wenn es andere Töchter und Söhne Gottes erleben.

Aber vor allem möchte ich selbst erleben, wie die Kraft des Heiligen Geistes mein Leben so verändert und bestimmt, dass mit meinem Leben nur noch das geschieht, was Gott möchte. Und ich damit etwas sein kann zum Lob seiner Herrlichkeit. Das ist ja genau das, was Paulus in Epheser 1,13-14 zum Sinn unseres Lebens erklärt hat:

„In ihm seid auch ihr, die ihr das Wort der Wahrheit gehört habt, nämlich das Evangelium von eurer Seligkeit - in ihm seid auch ihr, als ihr gläubig wurdet, versiegelt worden mit dem Heiligen Geist, der verheißen ist, welcher ist das Unterpfand unsres Erbes, zu unsrer Erlösung, dass wir sein Eigentum würden zum Lob seiner Herrlichkeit."

Das möchte ich unbedingt sein und haben! Und damit, so hoffe ich, habe ich jetzt eure Neugierde so weit geweckt, dass wir uns gemeinsam, mit persönlichem Interesse, das anschauen können, was Paulus hier in Epheser 3,14-21 geschrieben, bzw. gebetet hat. Dabei besteht unser „Ganzheitliches Krafttraining" aus drei verschiedenen Bereichen. So, wie man seinen Körper auch nicht mit einer einzigen Übung in allen muskulären Bereichen trainieren kann, gibt es auch im geistlichen Bereich verschiedene Bereiche des Trainings.

Und weil ich aus dem Studium seiner Briefe zu wissen glaube, wie wichtig dem Apostel Paulus diese Begriffe waren, habe ich die drei Bereiche unseres „Ganzheitlichen Krafttrainings" überschrieben mit: GLAUBE - LIEBE - HOFFNUNG. Und dies werden wir uns jetzt einmal näher anschauen, und beginnen mit

GLAUBE

„Deshalb beuge ich meine Knie vor dem Vater, der der rechte Vater ist über alles, was da Kinder heißt im Himmel und auf Erden, dass er uns Kraft gebe nach dem Reichtum seiner Herrlichkeit, stark zu werden durch seinen Geist an dem inwendigen Menschen." (Epheser 3,14-16)

Für mich persönlich ist diese Aussage zunächst einmal sehr eng verbunden mit dem, was der Apostel Jakobus in seinem Brief, in Jakobus 4,7-8 schreibt:

„So seid nun Gott untertan. Widersteht dem Teufel, so flieht er von euch. Naht euch zu Gott, so naht er sich zu euch. Reinigt die Hände, ihr Sünder, und heiligt eure Herzen, ihr Wankelmütigen."

„So seid nun Gott untertan!" Und das tue ich dann auch ganz praktisch, indem ich meine „Knie vor dem Vater" beuge, wenn ich mit ihm

rede. Ich mache dies nicht die ganze Zeit, wenn ich mit Gott zusammen bin. Und ich mache auch kein Gesetz daraus, als ob man sich Gott nur in der Weise richtig unterstellen kann, wenn man beim Beten auf den Knien ist. Ich persönlich knie mich zum Gebet, wenn ich Gott mein Leben ganz bewusst hingebe. Das geschieht - mit ganz wenigen Ausnahmen - jeden Morgen. Ich stehe sehr früh auf, weil mir diese Ruhe des Morgens wichtig ist. Und weil ich um fünf Uhr morgens noch ungestört mit Gott zusammen sein kann.

Während ich bete, habe ich das Bild der Stiftshütte des Volkes Israel vor Augen, wie sie in der Wüste aufgebaut war. Im Vorhof, direkt vor der Stiftshütte, befand sich ein großer Altar, auf dem die Opfer der Sühnung dargebracht wurden. Also auch ein reinigendes Opfer. Im Hintergrund schwingen dabei die Worte mit, die Paulus in Römer 12,1 geschrieben hat:

> *„Ich ermahne euch nun, liebe Brüder, durch die Barmherzigkeit Gottes, dass ihr eure Leiber hingebt als ein Opfer, das lebendig, heilig und Gott wohlgefällig ist. Das sei euer vernünftiger Gottesdienst."*

Für mich ist das ein bewusster Akt, bei dem ich mich - um in diesem Bild zu bleiben - auf den Opfer-Altar lege, um mich Gott ganz zur Verfügung zu stellen. Wie gesagt, ich mache aus diesen Dingen kein Gesetz. Ich erzähle nur, wie ich es mache, vielleicht dockt es ja bei jemandem an, der es zukünftig auch so machen möchte. Paulus hat dazu einmal folgende Worte an seinen geistlichen Sohn Timotheus geschrieben:

> *„In einem großen Haus aber sind nicht allein goldene und silberne Gefäße, sondern auch hölzerne und irdene, die einen zu ehrenvollem, die andern zu nicht ehrenvollem Gebrauch."* (2. Timotheus 2,20)

Wenn ich mich bildlich auf den Altar Gottes lege, dann ist mein Gebet, dass ich ein Gefäß sein darf, das Gott zu ehrenvollem Gebrauch einsetzen kann. Auch deshalb ist für mich dieses Bild hier so wichtig. Ich denke, jeder von euch hat schon einmal die Erfahrung gemacht, dass man in ein volles Gefäß nicht noch mehr einfüllen kann. Wir Menschen können mit so vielen Dinge erfüllt sein, die nicht von Gott geführt oder inspiriert sind. Zum Beispiel eigene Ziele, Ideen oder Vorhaben, die nicht mit Gott besprochen wurden. Eigene Wege, bei denen nicht um Gottes Führung gebeten wurde. Sorgen, die nicht bei Gott abgelegt wurden. Menschen können mit allem möglichen beschäftigt sein. Ich möchte mich an jedem Morgen von Gott leeren und reinigen lassen, damit seine Ziele, seine Projekte, seine Vorhaben, seine Wege und seine Entscheidungen genügend Platz haben, damit ich etwas sein kann „zum Lob seiner Herrlichkeit".

Ich glaube, wenn das passiert, wird es auch möglich werden, „dass er uns Kraft gebe nach dem Reichtum seiner Herrlichkeit, stark zu werden durch seinen Geist an dem inwendigen Menschen". Und auch bei dieser Aussage werde ich wieder an Worte von Paulus erinnert - dieses Mal allerdings in Bezug auf unsere Versorgung:

> *„Mein Gott aber wird all eurem Mangel abhelfen nach seinem Reichtum in Herrlichkeit in Christus Jesus."*
>
> *(Philipper 4,19)*

Diese Worte sind wie eine Verstärkung dessen, was wir gerade gehört haben. Ich weiß, dass ich aus mir heraus eher schwach bin. Viel zu oft habe ich versucht, meine geistlichen Kämpfe aus meiner eigenen Kraft heraus zu gewinnen. Und habe doch immer wieder verloren, versagt oder gesündigt.

Doch mit diesen Worten sagt Gott zu mir: „Hans-Werner, auch diesem Mangel in deinem Leben werde ich ‚abhelfen aus dem Reichtum meiner Herrlichkeit', damit du etwas sein kannst zum ‚Lob meiner Herrlichkeit'". Das ist wirklich genial, und führt uns in unserem Text direkt zum nächsten Bereich aus unserem „Ganzheitlichen Krafttraining": Von GLAUBE zu LIEBE:

LIEBE

> *„...dass Christus durch den Glauben in unseren Herzen wohne und wir in der Liebe eingewurzelt und gegründet sind. So können wir mit allen Heiligen begreifen, welches die Breite und die Länge und die Höhe und die Tiefe ist, auch die Liebe Christi erkennen, die alle Erkenntnis übertrifft, damit wir erfüllt werden, mit der ganzen Gottesfülle."*
>
> *(Epheser 3,17-19)*

Dass es sich bei dem, was wir bisher gesprochen haben, wirklich um einen Akt des Glaubens handelt, wird mit diesen Worten bestätigt: Jesus Christus wird in jedem Herzen Wohnung nehmen, das glauben kann, dass diese Worte wahr sind. Glaube an Jesus und sein Wort hat sehr viel damit zu tun, ob Menschen Gott vertrauen können oder nicht.

Vielleicht hat es der eine oder andere von euch schon einmal beobachtet, zum Beispiel bei einem Hund. Wenn dir ein Hund noch nicht vertraut, steht oder sitzt er dir immer in einer Art Lauerstellung gegenüber. Jederzeit bereit, zum finalen Sprung anzusetzen, um dich als seinen Gegner zu verletzen oder auszuschalten.

Wenn dir der gleiche Hund allerdings vertraut, wird er locker dasitzen oder stehen und mit dem Schwanz wedeln. Vielleicht wälzt er sich sogar vor dir auf dem Boden und zeigt dir seine Bauchseite, damit du sein Fell kraulen kannst. Wenn das geschieht, traut dir der Hund nichts Böses zu. Er verlässt sich darauf, dass ihm nichts geschieht, wenn er dir seine empfindlichste Stelle ausliefert.

Ähnliches geschieht, wenn ich morgens mein Leben auf den Altar Gottes lege, und mich ihm voll und ganz hingebe. Wenn ich das tue, weiß ich in dem Moment nicht, was mein Vater im Himmel mit seinem Gefäß „Hans-Werner" gerne tun möchte. Wenn ich mich meinem Gott mit allem, was ich habe ausliefere, kann er ja sonst was mit mir machen. Doch ich vertraue ihm. Ich schenke seinen Worten in der Bibel meinen Glauben. Und auch denen, die ich in meinem Herzen wahrnehme. Und das bedeutet, dass ich ihm meine empfindlichste Stelle ausliefere: Mein Herz und mein ganzes Leben. Alles, was mir wertvoll und wirklich wichtig ist. Darüber soll er bestimmen können. Darüber soll er allein der Herr sein. Ich möchte nicht mehr selbst darüber bestimmen.

Das bedeutet es für mich, dass Jesus Christus in meinem Herzen wohnt. Nicht nur als Mieter, sondern als Besitzer meines Herzens. Nach allem, was ich weiß bedeutet dies, dass damit der Heilige Geist in mir Wohnung nehmen wird. Was zur Folge hat, dass ich, wie jeder, der dies zulässt, zu einem Tempel des Heiligen Geistes werde.

Zu diesem Geschehen sagt nun Paulus: „Wenn du das zulässt, wirst du die Dinge des Lebens in einer neuen Dimension sehen: Länge, Breite, Höhe und Tiefe". Das heißt, wir treten aus der dreidimensionalen

Sicht der Dinge heraus, und es kommt eine vierte Dimension dazu. Also das ist bester Stoff für einen lupenreinen Science-Fiction-Film. Von wegen: „Christsein ist ein langweiliger und frommer Alptraum, der nur dadurch zu ertragen ist, dass man an dessen Ende im Himmel landet!" Ganz im Gegenteil: Wir werden mit einer völlig neuen Erkenntnis ausgestattet. Und zwar einer, aus einer neuen Dimension, die alle bisherige Erkenntnis übertrifft. Und das ist die Liebe Jesu Christi.

„Aber mein lieber Hans-Werner. Das mit der Liebe Jesu Christi, ist doch nun wirklich nichts Neues. Fast schon ein alter Hut. Was soll das denn mit einer neuen, der vierten Dimension zu tun haben?!" Ok, ja, stimmt, wenn es z.B. nur darum geht, seinen Nächsten zu lieben (vgl. Matthäus 22,39). Obwohl das schon herausfordernd genug ist. Oder wenn es darum geht, bildlich gesprochen, die andere Wange hin zu halten, wenn ich benachteiligt werde (vgl. Matthäus 5,39). Oder wenn es nur darum geht, dass wir als Nachfolger Jesu daran erkannt werden sollten, dass wir uns untereinander, in der Liebe zueinander, regelmäßig übertrumpfen möchten (vgl. Johannes 13,34-35).

Ja, das stimmt. Darüber wissen die meisten Bescheid, auch wenn wir in unserer Liebe zueinander und unserer Liebe zu Gott vermutlich noch eine Menge Luft nach oben haben. Aber hier geht es nicht um die „normale" Liebe, sondern um die vierte Dimension der Liebe: Nicht nur Breite, Länge und Höhe, sondern Paulus geht es um die Tiefe der Liebe Jesu, vor allem uns gegenüber.

Frage dich doch bitte einmal:

„Liebt mich Jesus wirklich? Oder hat er mir diese Krankheit nicht doch geschickt, um mich etwas zu lehren?" Obwohl er gesagt hat: *„Weißt du nicht, dass dich Gottes Güte zur Buße leitet?"* (Römer 2,4).

„Liebt mich Jesus wirklich? Oder hat er mich nicht doch dafür gestraft, dass ich nicht auf ihn gehört habe, und eigene Wege gegangen bin?" Und dies, obwohl er doch gesagt hat: *„So gibt es nun keine Verdammnis für die, die in Christus Jesus sind"* (Römer 8,1).

„Liebt mich Jesus wirklich? Oder ist der schwere Schicksalsschlag in meinem Leben nicht doch von Gott so gewollt, um mich wieder auf die rechte Bahn zu bringen?" Obwohl er gesagt hat: *„Der Herr ist mein Hirte, mir wird nichts mangeln. Er weidet mich..."* (Psalm 23).

Wir dürfen in diesem Zusammenhang nicht vergessen, dass Paulus hier von GLAUBE und LIEBE spricht. Und Glaube hat viel mit Vertrauen zu tun. Kannst du Gott wirklich vertrauen? Kannst du Gott in allen Dingen deines Lebens vertrauen? Kannst du wirklich glauben, dass er es gut mit dir meint? So sehr, dass du seine Liebe zu dir nicht mehr von den Umständen deines Lebens abhängig machst? So sehr, dass du ihn nicht mehr in Frage stellst, indem du ihm unterstellst, Dinge in dein Leben gebracht zu haben, die ER dir nie und nimmer zumuten würde?

Ich kann mich noch an eine Zeit in meinem Leben erinnern. Das ist noch gar nicht so lange her. Eine Zeit, in der Gott zu mir sagte: „Hans-Werner, bitte höre auf, den Grad meiner Liebe zu dir vom Kontostand auf deinem Girokonto abhängig zu machen!" Nach dem Motto: Viel Geld auf dem Konto = Gott liebt mich. „Hans-Werner, bitte höre auf, meine Liebe zu dir von den Schmerzen in deinen Gelenken, oder von der beruflichen und existentiellen Erfolglosigkeit in deinem Leben abhängig zu machen. Ich liebe dich immer gleich!"

Das war sehr ernüchternd für mich, wo ich doch glaubte, dass ich nichts auf meinen Gott kommen lassen würde. Dem war wohl damals nicht so! Vielleicht ist es deshalb mit der Gottesfülle bei uns Nachfolgern Jesu manchmal so schlecht bestellt, weil wir unseren Heiland nicht sein lassen, wer er wirklich ist: Der Gott, der wahre und reine Liebe ist. Ich persönlich habe da noch eine Menge Luft nach oben. Und nicht nur deshalb bete ich dieses Gebet aus Epheser 1 und 3 jeden Morgen. Und ich will es so lange tun, bis ich in der vierten Dimension der Liebe Jesu so lebe, dass ich als „Gefäß zu ehrenvollem Gebrauch" von der Gottesfülle nur so überlaufe.

Vielleicht wollt ihr das ja auch. Dann empfehle ich euch sehr, dieses Gebet für euch zu beten, und für die Menschen, die ihr liebhabt. Denn die Fülle Gottes, die von einer Liebe flankiert wird, die alle Erkenntnis der Menschheit übersteigt, können wir alle sicher gut gebrauchen. Und die Menschen, die uns umgeben sicher auch!

Und damit im Rücken lasst uns noch den dritten Bereich des „Ganzheitlichen (geistlichen) Krafttrainings" anschauen:

HOFFNUNG

> *„Dem aber, der überschwänglich tun kann über alles hin-*
> *aus, was wir bitten oder verstehen, nach der Kraft, die in*
> *uns wirkt, dem sei Ehre in der Gemeinde und in Christus*
> *Jesus zu aller Zeit, von Ewigkeit zu Ewigkeit! Amen."*
>
> (Epheser 3,20-21)

Wenn sich Menschen in einer ausweglosen Situation befinden, hört man immer wieder den Satz: „Jetzt hilft nur noch ein Wunder!" Oder wenn Menschen in wichtige Ämter eingeführt werden, sprechen sie meist am Ende der Eidesformel noch die Worte: „...so wahr mir Gott helfe!" Und selbst bei der Trauung sagen die Partner: „Ja, und Gott helfe mir!"

Warum tun sie das? Ich kann jetzt nicht auf viele, einzelne Bereiche eingehen, aber gerade in Situationen, wie zum Beispiel dem Eid auf ein hohes Amt, oder dem Versprechen, dass Menschen einer Partnerin oder einem Partner zu lebenslangem Beistand geben, spüren wir, dass die vor uns liegende Aufgabe eigentlich ein paar Nummern zu groß für uns ist.

Was ist die Lösung? Dass wir uns auf einen berufen, dem wir es zutrauen, dass er es in jedem Fall hinbekommt, auch wenn wir es nicht schaffen sollten. Das nennt man Hoffnung. Eigentlich geht es Paulus in diesem Schlusssatz zu diesem Abschnitt um die Ehre Gottes - da kommen wir gleich noch dazu. Dennoch bringt er im ersten Teil des Satzes etwas zum Ausdruck, das für uns als Nachfolger Jesu eine grandiose Motivation sein kann, wenn wir es an uns heranlassen:

> *„Dem aber, der überschwänglich tun kann über alles hin-*
> *aus, was wir bitten oder verstehen..."*

Dieses *„überschwänglich"* könnte man übersetzen mit: reichlich - übermäßig viel - überfließend - ohne Ende - usw. Das heißt: Stelle dir vor, was Gott für dich tun könnte, multipliziere es mit der Unendlichkeit, erweitere es um die Ewigkeit, und du hast nur einen Bruchteil einer Ahnung davon, was es für dich sein könnte. Gott kann einfach alles für uns tun, ob menschlich möglich oder unmöglich.

Und er möchte es durch die Kraft tun, die in uns wirkt. Hier steht im Urtext das Wörtchen „dynamis". Gott möchte es mit dem Dynamit des Heiligen Geistes tun, der im Tempel des Heiligen Geistes wohnt. Also in dir, wenn Jesus dein Herr ist. Wichtig dabei ist, dass du kein Wasser auf die Lunte gießt, wenn Jesus sein Dynamit in dir zünden möchte.

Und diesem allmächtigen Gott sollen wir alle Ehre geben, sowohl in der Gemeinde als auch in Christus Jesus. Und da Jesus Christus alles in allem ist. Wie Paulus in Kolosser 1,17-18 schreibt:

> *„Und er* (Jesus) *ist vor allem, und es besteht alles in ihm.*
> *Und er ist das Haupt des Leibes, nämlich der Gemeinde.“*

Weil das so ist, deshalb gehört Gott alle Ehre, an allen Orten, in allen Situationen und zu jeder Tages- und Nachtzeit. Und das gilt für die Vergangenheit, Gegenwart und Zukunft, „von Ewigkeit zu Ewigkeit, Amen".

Ich finde, das ist ein grandioser Bibeltext, über den ich noch lange nicht alles gesagt habe, was man darüber sagen könnte. Aber ich habe es zumindest versucht. Ich fasse zusammen:

Diese Predigt habe ich überschrieben mit „Ganzheitliches Krafttraining". Wobei es mir dabei vor allem um die geistliche Muskulatur ging, die bei einem Nachfolger Jesu auch trainiert werden muss, damit sie in allen Herausforderungen geistlichen Lebens ihre Arbeit tut, und ihn in der Spur Gottes halten kann.

Die drei Bereiche geistlicher Muskulatur, die ich dabei herausgegriffen habe, sind Glaube, Liebe und Hoffnung. Ich glaube, dass uns Gott heute damit etwas sagen möchte, denn es war wirklich spannend, wie er mich zur Aufteilung dieses Bibeltextes geführt hat, und zu dieser Gliederung in GLAUBE, LIEBE und HOFFNUNG.

Persönliche Bestätigung für die Wahl der Gliederung war für mich, als ich herausfand, dass der Apostel Paulus in 1. Korinther 13,13 auf diese drei Bereiche noch einmal eingeht:

> *„Nun aber bleiben Glaube, Hoffnung, Liebe, diese drei;*
> *aber die Liebe ist die größte unter ihnen."*

Das ist von ihm nicht zufällig so ausgedrückt worden. Und wenn du nach dieser Stelle einen Vers weiterliest, findest du in 1. Korinther 14,1 den Hinweis:

> *„Strebt nach der Liebe!"*

Warum? Weil sie auch in den anderen beiden Bereichen (Glaube und Hoffnung) verborgen ist.

Wir hatten es vom Glauben, der im Schwerpunkt vom Vertrauen in den liebevollen Gott und Vater lebt. Wer an Gott glaubt und ihm wirklich vertraut, der zeigt ihm seine empfindlichste und auch verletzlichste Stelle: Sein Herz. Und warum kann er oder sie das tun? Weil wir es mit dem Gott zu tun haben, der wahre und reine Liebe ist. Darum strebt nach dieser Liebe!

Und dann hatten wir es mit Hoffnung zu tun. Hoffnung, die davon lebt, dass da nicht nur einer ist, dem absolut nichts unmöglich ist. Und zwar nicht nur in den Situationen deines Lebens, die ausweglos erscheinen. Wir setzen unsere Hoffnung auf einen Gott, der uns in keiner einzigen Situation unseres Lebens alleine lässt, wie herausfordernd sie auch sein mag. Und warum ist das so? Weil wir es mit einem Gott zu tun haben, der wahre und reine Liebe ist. Darum strebt nach dieser Liebe!

Wie ihr das tun könnt? So individuell wir auch sein mögen, uns so unterschiedlich unsere Lebenssituationen auch sind. Vielleicht wäre ein erster Schritt, den ganz sicher jeder von uns gehen könnte: Bete diese Worte aus Epheser 1,17-23 und Epheser 3,14-21 jeden Tag. Nicht weil Gott vergessen hat, was in seinem Wort steht, sondern weil der Gott, der Liebe dir in Jesus Christus versprochen hat, diesen Worten Taten folgen zu lassen (vgl. Jeremia 1,12). Strebe nach dieser Liebe! Und dann schaue, was Gott daraus machen wird! Amen.

Du bist berufen!
(Epheser 4,1-6)

Ich weiß nicht, ob jemand von euch der Name John Wesley etwas sagt. John Wesley lebte im 18. Jahrhundert, war einer der großen Erweckungsprediger in England und der Begründer der methodistischen Kirche. Von ihm wird berichtet, dass er eines Nachts geträumt hat, er wäre gestorben und auf dem Weg in die Ewigkeit:

Da kam er zu einem mächtigen Portal und fragte: „Ist hier der Himmel?" „Nein, hier ist die Hölle!" bekam er zur Antwort. Er erschrak, fragte aber weiter: „Gibt es darin Leute aus der englischen Hochkirche?" „Ja, sehr viele!" „Auch Baptisten?" „Sehr viele!" Da dachte Wesley an seine eigene Kirche und fragte: „Gibt es hier auch Methodisten?" Wieder ertönte die Antwort: „Ja, sehr viele!"

Entsetzt rannte er zur Himmelspforte und fragte dort nach: „Gibt es im Himmel Methodisten?" „Nein, keinen einzigen!" „Aber doch Lutheraner?" „Nein, keinen!" „Aber vielleicht Reformierte oder Baptisten?" „Nein, keinen einzigen!" Das erschreckte ihn sehr, und er rief aus: „Ja, was für Leute sind denn dann im Himmel versammelt?" Darauf hörte er die Antwort: „Hier gibt es nur ehemalige Sünder, die durch das Blut Jesu gerecht, und damit Heilige geworden sind!"

Dazu lesen wir jetzt einige Sätze aus dem Brief an die weltweite Christenheit, aus Epheser 4, die Verse 1-6:

„So ermahne ich euch nun, ich, der Gefangene in dem Herrn, dass ihr der Berufung würdig lebt, mit der ihr berufen seid, in aller Demut und Sanftmut, in Geduld. Ertragt einer den andern in Liebe und seid darauf bedacht, zu wahren die Einigkeit im Geist durch das Band des Friedens: ein Leib und ein Geist, wie ihr auch berufen seid zu einer Hoffnung eurer Berufung; ein Herr, ein Glaube, eine Taufe; ein Gott und Vater aller, der da ist über allen und durch alle und in allen."

Bevor ich in den Bibeltext einsteige, möchte ich zunächst einmal ein paar Worte über Berufung verlieren. Ich selbst bin mit einem sehr einseitigen Verständnis von Berufung aufgewachsen. Und dies hat mich bis in die Zeit hinein begleitet, in der ich als Pastor in der Gemeinde gearbeitet habe. Ursprünglich war ich also zum Pastor berufen und lebte damit, nach meinem damaligen Verständnis von Berufung, umfänglich im Segen Gottes.

Nach diesem Verständnis von Berufung, würde ich aktuell allerdings nicht mehr im Segen Gottes leben. Denn wer die ursprüngliche Berufung Gottes aufgibt, der verlässt damit auch die Segenslinie Gottes über seinem Leben. Oder anders gesagt: Wenn du, wie ich zum Pastor berufen bist, dann darfst du nie mehr etwas anderes machen. Eine Berufung gilt für immer. So wurde es damals gelehrt, und mancherorts auch noch heute. Und in meinem Fall war es sogar so, dass diese Berufung auch noch von einem Missionswerk bestätigt wurde, durch eine offizielle Ordination zum Pastor. Vor diesem Hintergrund dürfte ich heute eigentlich nicht mehr im Segen Gottes leben, weil ich seit über 16 Jahren kein angestellter Pastor mehr bin.

Aus der Sicht der Bibel ist das allerdings ein völlig abwegiger Gedanke. Als hinge der Segen Gottes davon ab, welchen Beruf ein Mensch ergriffen hat. Auf der anderen Seite bekommen wir in dem eben gelesenen Bibeltext gesagt, dass jeder von uns eine Berufung hat. Doch wie äußert sich die im Leben, wenn sie nicht zwingend an einen Beruf oder an eine Lebensaufgabe gebunden ist?

Generell hat Berufung für mich zunächst einmal nichts damit zu tun, ob ich Elternteil bin, oder Lehrer, oder Handwerker, oder Angestellter, oder Selbstständiger oder sogar völlig freischaffender Künstler. Und dies, obwohl es Menschen gibt, die in ihrem Beruf auch ihre Berufung gefunden haben. Das ist in jedem Fall zu erhoffen. Und es ist schön, wenn sich das in einem Leben so ergibt. Nicht umsonst haben die beiden Worte, „Beruf" und „Berufung" in der deutschen Sprache die gleiche Wortwurzel.

Wenn dies aber die einzige Wahrheit über Berufung wäre, was wäre dann mit all den Menschen, die keine Lebensaufgabe haben, oder keinen Beruf ausüben können, weil sie arm sind, oder krank, oder behindert, oder in irgendeiner anderen Weise eingeschränkt?

Wir merken also sehr schnell, dass der Begriff der Berufung weiter gefasst werden muss, wenn man dem gerecht werden will, was sich dahinter verbirgt. Und genau das tut der Apostel Paulus mit den Worten, die wir in Epheser 4,1-6 vorgelegt bekommen. Wir lesen sie noch einmal, damit wir mit ihnen noch etwas vertrauter werden:

> *„So ermahne ich euch nun, ich, der Gefangene in dem Herrn, dass ihr der Berufung würdig lebt, mit der ihr berufen seid, in aller Demut und Sanftmut, in Geduld. Ertragt einer den andern in Liebe und seid darauf bedacht, zu wahren die Einigkeit im Geist durch das Band des Friedens: ein Leib und ein Geist, wie ihr auch berufen seid zu einer Hoffnung eurer Berufung; ein Herr, ein Glaube, eine Taufe; ein Gott und Vater aller, der da ist über allen und durch alle und in allen."*

„So ermahne ich euch nun [...] dass ihr der Berufung würdig lebt!" Was für ein negativer Einstieg in so ein wichtiges Thema. Für manche Christen ist das ein Anlass dazu gewesen, diese Worte entweder zu überlesen oder gleich wieder zu vergessen. *„So ermahne ich euch nun..."* Darf man so etwas überhaupt sagen? Das macht doch Druck auf die Nachfolger Jesu. Also populär ist das sicher nicht. Zumindest nicht in unserer heutigen Zeit. Wer so etwas macht, wird in unserer heutigen Zeit schnell mit Gesetzlichkeit in Verbindung gebracht. Oder, wie es jemand einmal zu mir sagte: „Wenn man den Vorgaben der Bibel so streng nachfolgt wie du, macht das Leben doch überhaupt keinen Spaß mehr!"

Doch wie ist das denn mit den Forderungen der Heiligen Schrift? Und da beschränke ich mich jetzt die Forderungen im Neuen Testament der Bibel. Sonst fliegt mir womöglich meine Argumentation gleich um die Ohren, weil man mit den Worten des Alten Testaments der Bibel in dieser Sache ziemlich schnell in der Schublade von Gesetz und Gesetzlichkeit landet.

Doch, sind die Forderungen der Heiligen Schrift wirklich gesetzlich? Liebt einander! Ertragt einander! Lebt würdig! Schaffet, dass ihr selig werdet! Heilt Kranke! Kämpft den Kampf des Glaubens! Treibt böse Geister aus! Demütigt euch unter die gewaltige Hand Gottes! Widersteht dem Teufel! Betet zu jeder Tages- und Nachtzeit! Usw.

Sind diese Forderungen der Heiligen Schrift, von denen es noch viel, viel mehr gibt, wirklich gesetzlich? Zur Erinnerung: Wie verhält man sich als Nachfolger Jesu eigentlich, wenn man gesetzlich lebt, gerade in Bezug auf die Worte der Heiligen Schrift?

Gesetzliches Verständnis der Forderungen der Heiligen Schrift ist sehr eng verbunden mit dem Verdienstgedanken: Das würde in der Praxis bedeuten, dass ein Nachfolger Jesu die Forderungen der Heiligen Schrift nur deshalb erfüllt, um damit bei Gott Pluspunkte zu sammeln, bei Gott besser dastehen zu wollen, oder sich sogar das ewige Leben durch seine Taten verdienen bzw. erarbeiten zu wollen.

Ich bin in solch einem gesetzlichen Umfeld aufgewachsen. Ich weiß, wie es sich anfühlt, wenn du Dinge nur deshalb tust, weil du davon überzeugt bist, dass Gott dich aufgrund deiner Taten mehr lieben wird, als er es vorher getan hat. Ich habe lange Zeit aus der Motivation heraus gelebt, dass sich geistliche Dinge in meinem Leben nur dann erfüllen werden, wenn ich besonders gehorsam bin. Oder dass meine Gebete in jedem Fall erhört werden müssen, wenn ich in den Tagen davor sowohl gehorsam als auch im Sinne der Heiligen Schrift gelebt habe. Solches oder ähnliches Verhalten steht hinter dem Verdienstgedanken.

Eine weitere Ausprägung von Gesetzlichkeit kommt tatsächlich aus dem Umfeld des alten Bund. Ich sage hier bewusst „alter Bund" und nicht „Altes Testament". Denn im Alten Testament der Bibel kann man sehr viel darüber lesen und lernen, was es bedeutet, im neuen Bund zu leben, in der Gemeinschaft mit Jesus, unter der Leitung des Heiligen Geistes.

Eine weitere Ausprägung von Gesetzlichkeit kommt aus dem Umfeld des alten Bundes, der von Gott mit Noah, Abraham und Mose geschlossen wurde. Wer im Rahmen dieses Bundes gottgefällig und bundestreu leben wollte, der musste bestimmte Vorschriften einhalten und die Gebote Gottes treu befolgen. Hatte er sie befolgt, konnte er unter dem Schutz Gottes leben und hatte keine Strafe zu befürchten. Wurden sie nicht befolgt, trat das Gegenteil davon ein (vgl. 5. Mose 28).

Menschen mit einem gesetzlichen Glauben sind davon überzeugt, dass sie allein durch die Einhaltung der biblischen Forderungen bei Gott schon etwas bewirken können. Oder sich sogar das ewige Heil zu einem gewissen Teil erarbeiten können. Das Befolgen von Geboten, Gesetzen und geistlichen Disziplinen, wie z.B. Bibel lesen, Beten, den Gottesdienst besuchen, hat für sie deshalb oberste Priorität. Und alle, die das nicht in gleicher Weise tun, leben aus deren Sicht ein „laues Christsein", möglicherweise sogar außerhalb des neuen Bundes.

Vor diesem Hintergrund stelle ich noch einmal die Frage: „Sind die Forderungen der Heiligen Schrift gesetzlich?" Oder anders gefragt: Was möchte Paulus eigentlich erreichen, wenn er sagt: *„So ermahne ich euch nun..."*? Paulus kam ja ursprünglich genau aus dem religiösen Umfeld, in dem die Einhaltung des Gesetzes über allem stand. Er war ein gesetzestreuer Pharisäer (vgl. Philipper 3,5-6), der von dem hochgeachteten Schriftgelehrten Gamaliel in den heiligen Schriften unterwiesen wurde (vgl. Apostelgeschichte 22,3). Paulus, der Verfolger der Gemeinde Jesu (vgl. Apostelgeschichte 9).

Also ein Rückfall in die „guten alten Zeiten"? Nein, ganz sicher nicht! Ich glaube eher, dass Paulus etwas mehr wusste, als viele Nachfolger Jesu jemals wissen werden. Und auf der Basis dieses Offenbarungs-Wissens, das er von Jesus erhalten hatte, kann er alle Nachfolger Jesu mit guten Gewissen ermahnen. Für uns bedeutet dies, dass wir in diesem Textabschnitt wieder ein Geheimnis gelüftet bekommen.

Und dieses Geheimnis heißt: In unserer „Welt der Tische und Bänke" geht nichts von alleine. Oder wie es Paulus an anderer Stelle einmal in deutliche Worte gefasst hat:

> *„Schaffet, dass ihr selig werdet, mit Furcht und Zittern.*
> *Denn Gott ist's, der in euch wirkt beides, das Wollen und*
> *das Vollbringen, nach seinem Wohlgefallen."*
>
> *(Philipper 2,12-13)*

Viele Nachfolger Jesu fokussieren sich bei diesen Worten sofort auf das, was Gott für sie tun wird. Ja! Es ist so, dass Gott *„das Wollen und das Vollbringen"* schenkt. Das werde ich auch gar nicht in Abrede stellen. Gott schenkt es einem Menschen, dass er etwas will. Z.B. ihm gehorsam nachfolgen. Und wenn es dann losgeht bin ich auch sicher, dass er - frei nach Philipper 1,6 - auch vollbringen kann, was er mit einem Menschen angefangen hat. Ganz bestimmt! Was geschieht aber, wenn es gar nicht erst losgeht, weil ein Mensch zwar das Wollen verspürt, das ihm Jesus geschenkt hat, aber dann nichts damit macht? Ganz ähnlich wie in den Gleichnissen von den anvertrauten Pfunden (vgl. Lukas 19,11-27), und den anvertrauten Talenten (vgl. Matthäus 25,14-30), bei denen Menschen zwar etwas anvertraut wurde, allerdings nicht, um es dann unbenutzt liegen zu lassen.

„Schaffet, dass ihr selig werdet!" Ja, Jesus schenkt *„das Wollen und das Vollbringen"*, aber er tut es nicht für dich. Alles, was du selbst tun kannst, wird Gott nicht für dich erledigen. Gott wird dir keine Arbeitsstelle geben, wenn du dich nicht mindestens auf die Suche nach einer Stelle machst. Gott wird keinen Konflikt lösen, wenn du dich nicht daran beteiligst, indem du dir Gedanken darüber machst, wie du auf den anderen zugehen und dich wieder mit ihm versöhnen kannst, sofern das aus menschlicher Sicht möglich ist (vgl. Römer 12,18). Gott wird unsere Gemeinde nicht bauen, wenn wir uns nicht aktiv einbringen, indem wir herausfinden, was unsere Begabungen und Fähigkeiten sind, um danach den Leitern in der Gemeinde unsere Mitarbeit anzubieten.

Gott wird nichts tun, was Menschen von sich aus tun können: *„Schaffet, dass ihr selig werdet!"* Zu diesem Thema habe ich Gott einmal gefragt: „Warum greifst du nicht viel öfter in menschliche Zusammenhänge ein? Du hast doch die Macht dazu. Du kannst doch Wunder tun, weil dir nichts unmöglich ist!" Darauf meinte ich dann vom Heiligen Geist zu hören: „Ja, mein Sohn, ich könnte viel öfter eingreifen. Aber ich tue es ganz oft deshalb nicht, weil ich so wenig wie möglich in die Dynamiken menschlichen Lebens eingreifen möchte. Wenn es notwendig ist, greife ich übernatürlich ein. Ich lasse keines meiner Kinder im Stich! Aber ganz so oft, wie manche es gerne hätten, muss es gar nicht sein!"

Um was geht es also Paulus, wenn er uns im Rahmen des heutigen Textes ermahnt? Es geht ihm nicht um Gesetzlichkeit oder gesetzlich motiviertes Handeln, sondern es geht ihm um Gehorsam. Nicht um Gehorsam, der bei Gott Pluspunkte sammeln möchte, oder sich die Liebe Gottes durch eigenes Handeln verdienen bzw. erarbeiten möchte. Das ist im neuen Bund nicht mehr möglich, weil Jesus Christus diese ganzen Mechanismen für alle Zeiten außer Kraft gesetzt hat. Deshalb geht es Paulus nicht um Gesetzlichkeit, sondern um Gehorsam der Nachfolger Jesu. Ein Gehorsam, bei dem ein Nachfolger Jesu deshalb das befolgt, was in der Bibel geschrieben steht, weil Jesus alles für ihn getan hat und tut, damit ihm alle Dinge seines Lebens zum Besten dienen können. Ganz so, wie es in Römer 8,28 zu lesen ist.

Vor diesem Hintergrund möchte ich jetzt im zweiten Teil der Predigt auf unser Thema schauen: „Du bist berufen!" Wozu wir berufen sind, wird im Verlauf der Predigt beantwortet werden. Darum zunächst einmal der Blick auf die Worte des Paulus, bei denen er uns darauf hinweist, dass wir „der Berufung würdig" leben sollen, zu der wir von Jesus berufen wurden.

Im Urtext des Neuen Testaments steht an dieser Stelle das gleiche griechische Wort für „würdig", dass wir auch in 1. Korinther 11 in Bezug auf das Abendmahl vorfinden. Vielleicht erinnert sich der eine oder andere an die Worte: „...wer nun unwürdig von dem Brost isst oder aus dem Kelch des Herrn trinkt..." In diesem Zusammenhang hat sich mir die Frage gestellt, was „würdig" leben oder sich „würdig" verhalten eigentlich bedeutet. Ich denke, dass es auch hier nichts anderes bedeutet als im Zusammenhang mit dem Abendmahl: „würdig" Abendmahl feiern bedeutet, das Lebens- und Heilswerk Jesu zu respektieren und ihn dafür zu ehren, zu achten und zu feiern!

Wenn wir demnach „der Berufung würdig" leben wollen, die wir von Jesus erhalten haben, dann in dem Sinn, dass wir dabei Jesus immer als den im Blick haben, der er für uns in Erlösung, Befreiung und Heilung geworden ist. Frei nach dem, was Paulus in seinem Brief an die Christen in Kolossä geschrieben hat:

„Alles, was ihr tut mit Worten oder mit Werken, das tut alles im Namen des Herrn Jesus und dankt Gott, dem Vater, durch ihn." (Kolosser 3,17)

Etwas „im Namen des Herrn Jesus" tun bedeutet, es in seinem Sinne zu tun. Seinen Willen dabei beachten bzw. auf das zu achten, was in der Bibel zu dem geschrieben steht, was ich in dem Moment gerade tun möchte. Das setzt natürlich voraus, dass ich weiß, was dazu in der Bibel geschrieben steht. Was wiederum auf eine andere Fleißaufgabe hinweist - ihr versteht schon...

Und auf welche Weise sollen wir dies tun? „...in aller Demut und Sanftmut, in Geduld". Allein über jeden dieser drei Begriffe könnte man wieder einen Vortrag halten. Was sicher auch wichtig wäre, wenn ich nur daran denke, was in den Köpfen der Nachfolger Jesu alles herumschwirrt, wenn es darum geht, wie Demut gelebt werden soll. Spannend fand ich deshalb auch, was auf der Internet-Plattform Wikipedia zu dem Begriff „Demut" zu lesen ist (Stand: 13.1.2021):

> *„Entgegen manchen Formen des religiösen Lebens, in denen eher Demütigung als Demut im Vordergrund stand, wird in der heutigen christlichen und jüdischen Spiritualität Demut nicht als ein Sich-klein-Machen oder als Leugnen des eigenen Wertes gesehen, sondern als realistische Selbsteinschätzung des Menschen in seiner Position in der Welt: seiner eigenen Geringheit im Vergleich mit der Größe Gottes, aber zugleich seine Würde und seinen Wert als Geschöpf und Kind Gottes."*

Der Ausdruck „Demut" kommt vom Althochdeutschen „diomuoti", was mit „Gesinnung eines Dienstwilligen" übersetzt werden müsste. Er lässt sich in zwei Wortbestandteile herunter brechen: „dienen" und „Mut". Man muss deshalb bei Demut viel eher von einem mutigen Menschen ausgehen, der Gott gegenüber dienstbereit ist, als von einem Menschen, der unsicher, tief gebeugt, und defensiv durch die Weltgeschichte wankt. Also: Demut, als Mut zum Dienen.

Daneben nennt Paulus noch die Sanftmut, mit der die Nachfolger Jesu ihrer Berufung würdig leben sollen. Sanftmut ist eine „Frucht des Geistes", die in Galater 5,22 erwähnt wird:

> *„Die Frucht aber des Geistes ist Liebe, Freude, Friede, Geduld, Freundlichkeit, Güte, Treue, Sanftmut, Selbstbeherrschung; gegen all dies ist das Gesetz nicht."*

Im Allgemeinen wird die Sanftmut als milde, nachsichtige, ausgeglichene, ruhige und wohlwollende Gesinnung eines Menschen beschrieben. Ich spreche hier ganz bewusst von der Gesinnung, und nicht vom Temperament eines Menschen. Denn sanftmütig können sowohl die extrovertierten als auch die introvertierten Menschen sein. Sanftmütig können sowohl die hitzigen Gemüter unter uns als auch die ruhigen Menschen sein. Wenn das nicht so wäre, würde Paulus es hier nicht für alle Nachfolger Jesu vorgeben. Ja, auch ein Hitzkopf kann sanftmütig mit anderen Menschen umgehen.

Also, wir leben unsere Berufung *„in aller Demut und Sanftmut"*. Und als ob das nicht schon Herausforderung genug wäre, soll es auch noch *„in Geduld"* geschehen. Wer von euch möchte gerne Geduld lernen? Also ich sage euch: Ich möchte keine Geduld lernen. Natürlich möchte ich gerne immer geduldiger werden. Aber ich werde mit Sicherheit nicht zu Gott beten und ihn um Geduld bitten. Warum? Schaut euch doch mal das Lernprogramm für Geduld genauer an. Es ist gespickt von Verzögerung, Verlängerung, Zeitplänen, die sich nicht umsetzen lassen, Situationen, die nicht eintreffen, usw. Ich glaube nicht, dass Menschen dies für ihr Leben wirklich haben möchten.

Und dennoch gehören diese Erfahrungen zum Leben einfach dazu. Ich habe es nicht gezählt, wie oft ich vom Heiligen Geist schon gebeten wurde: „Hans-Werner, habe bitte noch etwas Geduld! Gib jetzt bitte nicht auf. Sei geduldig!" Mit der Zeit habe ich herausgefunden, dass es dabei nicht darum geht, dass Gott etwas nicht hinbekommt. Frei nach dem Motto: „Hans-Werner, warte noch ein wenig, ich bin noch nicht so weit, weil ich etwas nicht beachtet habe..." Das ganz sicher nicht.

Mir ist allerdings im Verlauf meines Lebens immer klarer geworden, dass es bei Geduld um ein mächtiges Fundament meines Glaubens geht. Wenn wir Geduld lernen sollen bzw. Geduld von uns gefordert ist, geht es meistens überhaupt nicht um Geduld. Wie äußert sich denn Geduld? Geht es beim Leben in Geduld um menschlichen Aktionismus und „Ärmel hochkrempeln?" Das ist nicht meine Erfahrung. Ich habe vielmehr die Erfahrung gemacht, dass es bei geduldigem Warten darum geht, meinem Gott mein tiefstes Vertrauen auszusprechen, dass er, zu seiner Zeit, die Dinge umsetzen wird, die ich nicht tun kann.

Geduld ist nicht unbedingt passives Verhalten oder die Hände in den Schoß legen. Absolut nicht! Geduld ist, die Dinge zu tun, die getan werden müssen, und dabei darauf zu vertrauen, dass Gott das tut, was nur er kann. Und das zu seiner Zeit, weil das göttliche Timing perfekt ist.

Ich denke jeder von uns hat schon einmal darauf gewartet, dass sich Dinge wie gewünscht entwickeln, oder sich ein sehnlicher Wunsch im Leben erfüllt. Hilft es wirklich, wenn man einen Samen in die Erde sät, und Ihn danach jeden Tag wieder ausgräbt, um zu schauen, ob schon etwas heranwächst? Da schüttelt jeder gleich den Kopf. Und dennoch ist es schwierig, Prozessen ihren Lauf zu lassen, weil man denkt: „Es müsste doch schneller gehen! Der andere müsste sich doch endlich melden, damit es vorangeht!" Usw. Schon der weise König Salomo wusste:

> *„Ein jegliches hat seine Zeit, und alles Vorhaben unter dem Himmel hat seine Stunde [...] Man mühe sich ab, wie man will, so hat man keinen Gewinn davon. Ich sah die Arbeit, die Gott den Menschen gegeben hat, dass sie sich damit plagen. Er hat alles schön gemacht zu seiner Zeit, auch hat er die Ewigkeit in ihr Herz gelegt; nur dass der Mensch nicht ergründen kann das Werk, das Gott tut, weder Anfang noch Ende. Da merkte ich, dass es nichts Besseres dabei gibt als fröhlich sein und sich gütlich tun in seinem Leben. Denn ein Mensch, der da isst und trinkt und hat guten Mut bei all seinem Mühen, das ist eine Gabe Gottes."*
>
> *(Prediger 3,1+9-13)*

In diesen Worten steckt so viel Weisheit. Manche Ausleger behaupten ja, dass Salomo etwas depressiv und lebensmüde gewesen sei, als er dieses Buch schrieb. Ich denke viel mehr, dass ihn auf der einen Seite das reale Leben auf dem falschen Fuß erwischt hat, er aber auf der anderen Seite auch versucht hat, damit umzugehen. Er war sich bewusst, dass es nicht nur darum gehen kann, sich dem Leben hinzugeben, und in Genuss und Überschwang unterzugehen. Für ihn war klar, dass Demut, Sanftmut und vor allem Geduld ganz wichtige Gesinnungen und Tugenden sind, wenn es darum geht, ein gottgefälliges und auch sinnvolles Leben zu führen.

Und damit sind wir beim nächsten Punkt, wie wir unsere Berufung leben sollen. Dazu zitiere ich den dritten Vers aus Epheser 4: *„Ertragt einer den andern in Liebe und seid darauf bedacht, zu wahren die Einigkeit im Geist durch das Band des Friedens"*.

Was ich schon alles darüber gehört habe, wie man Liebe leben soll. Oh Mann, da hat es schon einige Stilblüten dabei. Für mich ist eines auf jeden Fall klar: Zu Liebe in Aktion gibt es absolut keine Alternative. Wir sind dazu aufgerufen, die Menschen zu lieben, nicht nur als Nachfolger Jesu. Also solche allerdings ganz besonders, denn Jesus hat die Liebe untereinander als Erkennungszeichen dafür ausgerufen, dass Menschen als Jünger Jesu erkannt werden (vgl. Johannes 13,34-35).

Zur Liebe des Menschen gibt es für mich keine Alternative, auch wenn ich da noch kräftig am Lernen bin. Aber ich will die Menschen lieben, weil sie es wert sind! Und dieses „Wollen" ist auch eines, das Gott mir geschenkt hat, wie vorhin erwähnt. Aber die Menschen dann auch praktisch zu lieben, da bin ich schon selbst gefragt. Gott wird andere Menschen nicht an meiner Stelle anrufen, sie besuchen, ihnen eine E-Mail schreiben, ein Geschenk machen, o.ä. Das muss ich schon selbst machen, wenn es geschehen soll.

Doch die Menschen zu lieben heißt für mich nicht, dass ich mit allen auch in Harmonie leben muss. Harmonie ist eine super Sache. Wer mich kennt, der weiß, dass ich es liebe, wenn Harmonie zwischen Menschen herrscht. Aber ich werde sie dennoch niemals zum Ideal ausrufen, auch in einer christlichen Gemeinde nicht. Und deshalb sind Gemeindeleiter auch nicht die Harmoniebeauftragten der Gemeinde.

Wir werden von Paulus im Römer-Brief dazu aufgerufen, mit allen Menschen Frieden zu haben, sofern wir es beeinflussen können (vgl. Römer 12,18). Aber ich sage euch aus eigener Erfahrung: Wenn jemand anfängt ein Friedensstifter zu sein, gerät die Harmonie einer Gemeinschaft manchmal mächtig aus den Fugen. Wer Frieden stiftet, der muss manchmal auch unter Teppiche schauen, unter die über die Jahre manches gekehrt wurde. Der Staub, der dabei aufgewirbelt wird, kann die Harmonie ganz schön vernebeln.

Wer Frieden stiftet, muss bereit sein, Menschen mit ihrem Verhalten zu konfrontieren, das manchmal nur vordergründig liebevoll daherkommt, weil es von Egoismus, Stolz, Rebellion, Groll o.ä. motiviert ist. Und wer Frieden stiftet, der muss auch bereit sein, unpopuläre Entscheidungen zu treffen. Aber alles getragen von der Liebe Jesu. Das versteht sich von selbst.

Denn Paulus sagt hier nicht nur, wie wir etwas tun sollen, sondern auch, welches Ziel dieses Verhalten haben soll: *„Einigkeit im Geist durch das Band des Friedens"*. Das geht nicht, wenn wir als Friedensstifter die Liebe einfach unter den Tisch fallen lassen. Lasst uns also in unseren Beziehungen zueinander nicht zu Harmoniebeauftragten mutieren, sondern Friedensstifter sein, damit wir in Einigkeit miteinander auf dem Weg des Glaubens unterwegs sein können.

Und was ist die *„Einigkeit im Geist durch das Band des Friedens"*? Auch darüber lässt uns Paulus in seinen Worten an die weltweite Christenheit nicht im Ungewissen: Wir sind...

> *„...ein Leib und ein Geist, wie ihr auch berufen seid zu einer Hoffnung eurer Berufung; ein Herr, ein Glaube, eine Taufe; ein Gott und Vater aller, der da ist über allen und durch alle und in allen."* (Epheser 4,4-6)

Ich habe manchmal den Eindruck, dass Paulus in diesem Brief ganz schön viel an Wissen über geistliche Dynamiken und Prozesse voraussetzt. Auf der anderen Seite darf uns dies natürlich nicht wundern, denn in Apostelgeschichte 19,9-10 ist zu lesen: Paulus *„redete täglich in der Schule des Tyrannus. Und das geschah zwei Jahre lang, sodass alle, die in der Provinz Asien wohnten, das Wort des Herrn hörten, Juden und Griechen"*. Wenn wir zwei Jahre lang jeden Tag bei Paulus in die Schule gegangen wären, wüssten wir über die biblischen Zusammenhänge auch viel mehr Bescheid, als es vielleicht im Moment bei dem einen oder anderen der Fall ist.

Was schreibt Paulus hier über „Frieden stiften" und „Einigkeit"? Wir sollen uns bewusst sein, dass wir zum Leib Christi gehören, von dem Jesus das Haupt ist (vgl. Epheser 5,23). Wir haben den einen Heiligen Geist Gottes, und sind zu einer Hoffnung berufen: *„Christus in euch, die Hoffnung der Herrlichkeit"* (Kolosser 1,27). Und all dies vereint, in Gott, dem allmächtigen Vater im Himmel.

OK, vielleicht fragt sich der eine oder andere schon die ganze Zeit: „Wann sagt er uns jetzt endlich, wozu wir Menschen berufen sind?" Ich hatte ja am Anfang gesagt, dass es sich bei Berufung zwar auch um eine Lebensaufgabe oder einen Beruf handeln kann, dass man dies aber aus offensichtlichen Gründen generell so nicht sagen dürfe. Aber zu was sind wir dann als Menschen berufen, wenn man mal alles streicht, was einem im menschlichen Leben so alles begegnen könnte?

Tja, eigentlich habe ich genau darüber die letzten 30 Minuten gesprochen: Du bist berufen! Wozu bist du berufen? Du bist berufen zu einem Leben im Geist und in der Wahrheit! Du bist berufen zu einem Leben in der Gemeinschaft mit Gott. Das ist die einzige Berufung, die für jeden Menschen auf der Erde Gültigkeit hat. Kein einziger von den fast acht Milliarden Menschen ist davon ausgenommen. Aus diesem einzigen Grund sind wir Menschen hier auf dieser Erde: Um in Gemeinschaft mit Jesus, unter der Leitung des Heiligen Geistes unser Leben zu führen, zum Lob seiner Herrlichkeit (vgl. Epheser 1,12).

Und alles andere ergibt sich daraus, unter der Leitung des Heiligen Geistes:

> *„Denn wir sind sein Werk, geschaffen in Christus Jesus zu guten Werken, die Gott zuvor bereitet hat, dass wir darin wandeln sollen." (Epheser 2,10)*

> *„Ich will dich unterweisen und dir den Weg zeigen, den du gehen sollst; ich will dich mit meinen Augen leiten."*
>
> *(Psalm 32,8)*

Und falls du bisher noch nicht weißt, zu was du im Rahmen der generellen Berufung Gottes im Speziellen berufen bist, kann ich dich nur um eines bitten: Bitte frage den Gott, der dich berufen hat:

> *„Wenn es aber jemandem unter euch an Weisheit mangelt, so bitte er Gott, der jedermann gern gibt und niemanden schilt; so wird sie ihm gegeben werden." (Jakobus 1,5)*

Amen!

Trainingscamp Gemeinde
(Epheser 4,7-16)

Als Hinführung auf die heutige Predigt schauen wir uns einmal dieses Bild an und lassen es eine Zeit lang auf uns wirken. Der nette Mann an der Seite ist ein Prüfer mit einem nicht zu bändigenden Gerechtigkeitssinn. Das heißt, er will, dass es für jeden so gerecht wie mög-  lich zugeht. Und deshalb sagt er Folgendes zu seinen Prüflingen:

„Damit es gerecht zugeht, erhaltet ihr alle die gleiche Prüfungsauf- gabe: Jeder von euch muss ein Mal auf diesen Baum klettern!" Zu- nächst klingt das auch gerecht: Jeder hat die gleiche Aufgabe zu bewäl- tigen. Damit hat jeder auch die gleichen Kriterien. Und man findet leich- ter einen Bewertungsschlüssel, um diese Prüfung auch gerecht benoten zu können. Wirklich gut, oder?!

Dann schauen wir uns einmal die andere Seite der Medaille an: Wenn jeder die gleiche Aufgabe bewältigen muss, dann sollten doch auch alle die gleichen Grundvoraussetzungen haben, oder?! Wie ist das z.B. mit dem Goldfisch, der da quick-lebendig in seinem Wasserglas hin- und her-schwimmt? Ich sehe ihn schon beim Versuch, den Baum hochzurobben, die Kiemen weit geöffnet, um genügend Luft zu bekom- men, für diesen Stunt.

Oder nehmen wir den Elefanten als Beispiel: Ich glaube, er wird den Baum eher zum Umfallen bringen, als dass er an ihm hochkommen würde. Für die Schnecke sieht es da schon besser aus. Doch bis die ihr Ziel erreichen wird, ist der Prüfer vermutlich schon im Ruhestand. Und der Vogel? Ja für den kann es etwas werden. Er könnte das Prüfungs- ziel erreichen! Aber vermutlich auf dem falschen Weg, denn er wird bestimmt erst einmal seiner Natur folgen, und zur Baumspitze fliegen. Auf jeden Fall wird er nicht am Bauch hochklettern.

Der einzige, für den diese Prüfungsaufgabe wirklich geeignet ist, das ist der Affe. Für ihn wird es ein Leichtes sein, sich auf dem Baum zu bewegen. Er wird sogar große Freude daran haben. Und wie ich Affen einschätze, wird er vermutlich freiwillig viel öfter rauf- und runter- klettern, als es der Prüfer verlangt hat. Und er wird sich auch innerhalb der Baumkrone sehr kreativ und frei bewegen können. Er ist eben in seinem Element!

Vor diesem Hintergrund lesen wir nun ein paar Worte aus dem Brief des Paulus an die weltweite Christenheit. Es geht darin um die Vielfalt der Gaben, die Menschen geschenkt werden. Aber vor allem darum, wie sie in der Gemeinde zur Entfaltung kommen können. Deshalb das Thema: „Trainingscamp Gemeinde". Ich lese aus Epheser 4,7-16:

„Einem jeden aber von uns ist die Gnade gegeben nach dem Maß der Gabe Christi. Darum heißt es (Psalm 68,19): »Er ist aufgefahren zur Höhe und hat Gefangene mit sich geführt und hat den Menschen Gaben gegeben.« Dass er aber aufgefahren ist, was heißt das anderes, als dass er auch hinabgefahren ist in die Tiefen der Erde? Der hinab- gefahren ist, das ist derselbe, der aufgefahren ist über alle Himmel, damit er alles erfülle. Und er hat einige als Apostel eingesetzt, einige als Propheten, einige als Evangelisten, einige als Hirten und Lehrer, damit die Heiligen zugerüstet werden zum Werk des Dienstes. Dadurch soll der Leib Christi erbaut werden, bis wir alle hingelangen zur Einheit des Glaubens und der Erkenntnis des Sohnes Gottes, zum vollendeten Mann, zum vollen Maß der Fülle Christi, damit wir nicht mehr unmündig seien und uns von jedem Wind einer Lehre bewegen und umhertreiben lassen durch trüge- risches Spiel der Menschen, mit dem sie uns arglistig ver- führen. Lasst uns aber wahrhaftig sein in der Liebe und wachsen in allen Stücken zu dem hin, der das Haupt ist, Christus, von dem aus der ganze Leib zusammengefügt ist und ein Glied am andern hängt durch alle Gelenke, wodurch jedes Glied das andere unterstützt nach dem Maß

seiner Kraft und macht, dass der Leib wächst und sich selbst aufbaut in der Liebe."

Nehmen wir einmal an, die Gemeinde Jesu wäre ein Netzwerk von Menschen, die in der Liebe Jesu leben. Und die deshalb gemeinsam das tun möchten, was ihnen - von höchster Stelle beglaubigt - als Erbe anvertraut wurde. Wie z.B. das Erbe aus Matthäus 28,18-20:

„Mir ist gegeben alle Gewalt im Himmel und auf Erden. Darum gehet hin und machet zu Jüngern alle Völker: Taufet sie auf den Namen des Vaters und des Sohnes und des Heiligen Geistes und lehret sie halten alles, was ich euch befohlen habe. Und siehe, ich bin bei euch alle Tage bis an der Welt Ende."

Und jetzt nehmen wir einmal weiter an, dass die Gemeinde Jesu nicht nur bereit ist, dieses Erbe anzutreten, sondern dass sie es auch wirklich getan hat. Was wäre dann eine naheliegende Frage? Mir persönlich stellt sich z.B. die Frage danach: „Auf welche Weise sollen wir das Erbe antreten?"

Damit es uns nicht so geht, wie den Tieren in dem Beispiel vom Anfang, die mit ihrer Aufgabe total überfordert waren, habe ich gedacht, ich schaue einmal im „Handbuch für himmlische Erbschaften"[3] nach, wie man mit einem Erbe umgehen könnte, das von höchster Stelle kommt.

Dabei kam mir das Bild in den Sinn, dass man nach diesen Worten des Paulus aus dem Epheser-Brief die Gemeinde Jesu eigentlich mit einem Trainingscamp vergleichen könnte.

Und daraus folgten weitere Gedanken: Denn wenn man erfolgreich trainieren möchte, muss man auch ein entsprechendes Trainingsumfeld haben. Ein weiteres, nicht zu verachtendes Hilfsmittel für ein erfolgreiches Training, sind natürlich auch die Trainer. Und wenn es dann wirklich etwas werden soll, braucht es auch noch die richtige Methode.

---

[3] Mit dem „Handbuch für himmlische Erbschaften" ist von mir die Bibel gemeint.

(1) Das Trainingsumfeld

Ich unterstelle uns jetzt mal, dass wir auch heute Morgen nicht als „Club der Couch-Potatoes" zusammengekommen sind, sondern als Erben Gottes, die das ihnen geschenkte Erbe mit Leidenschaft antreten möchten. Deshalb lasst uns jetzt einmal genauer ansehen, was wir da geerbt haben: Wir fangen mit dem Trainingsumfeld an:

> *„Einem jeden aber von uns ist die Gnade gegeben nach dem Maß der Gabe Christi. Darum heißt es* (Psalm 68,19): *»Er ist aufgefahren zur Höhe und hat Gefangene mit sich geführt und hat den Menschen Gaben gegeben.« Dass er aber aufgefahren ist, was heißt das anderes, als dass er auch hinabgefahren ist in die Tiefen der Erde? Der hinab-gefahren ist, das ist derselbe, der aufgefahren ist über alle Himmel, damit er alles erfülle."* (Epheser 4,7-10)

„Einem jeden aber von uns ist die Gnade gegeben nach dem Maß der Gabe Christi." Normalerweise wird „Gnade" im Sinne von „begnadigen" übersetzt. Das heißt, jemand bekommt etwas, was er eigentlich nicht verdient hat. Demnach müsste man diesen Satz eigentlich so übersetzen: „Einem jeden von uns ist unverdient so viel gegeben wor-den, wie Jesus es für jeden bemessen hat". Hmm, das scheint mir zum Verständnis der Worte auch nicht mehr beizutragen. Aber wir geben nicht auf!

Von unserem Herrn, Jesus Christus, wird in Lukas 2,52 gesagt: *„Und Jesus nahm zu an Weisheit, Alter und Gnade bei Gott und den Men-schen".* Wenn nun Gnade etwas ist, das man unverdient geschenkt bekommt, und Jesus hatte es auch bekommen. Kann es wirklich sein, dass Jesus etwas unverdient von Gott bekommen hätte? Nein, das ist für mich völlig abwegig. Der Sohn Gottes, der ohne Sünde war, kann nichts unverdient von seinem Vater bekommen.

Diese Schlussfolgerung hat mich dazu bewegt, mir den Begriff der „Gnade" in seiner Bedeutung noch etwas näher anzuschauen. Dieser Begriff erscheint ca. 160-mal im Neuen Testament der Bibel. Meist wird er dafür verwendet, dass Menschen dadurch erlöst werden, dass sich Gott ihnen in seiner unendlichen Liebe zuwendet, ohne dass sie etwas dazu beitragen können.

Aber, „Gnade" wird auch verwendet, wenn es darum geht, Menschen das zu geben, was sie brauchen, um ihr Leben zu bewältigen, und die Herausforderungen einer Beziehung zu Jesus Christus meistern zu können. Ich bin davon überzeugt, dass Jesus genau an dieser Art von Gnade zugenommen hat, neben Weisheit und Alter, bei Gott und den Menschen: Nämlich an der Kraft, die dazu nötig war, dass er als Retter der Menschen seinen Auftrag bis zum Ende ausführen konnte.

Wenn man nun diese Bedeutung von „Gnade" auf unseren Bibeltext anwendet, müsste er meines Erachtens etwa so übersetzt werden: *„Einem jeden von uns ist von Jesus die notwendige Kraft gegeben worden, das zu tun, was uns aufgetragen ist"*. Das macht mehr Sinn, oder?!

Wenn dem nicht so wäre, hätte ich in meinem Leben keine Chance gehabt, etwas zu werden. Ich war in meiner Kindheit so schüchtern, dass ich mich nicht getraut habe, von der Hauptschule auf das Gymnasium zu wechseln, weil man dazu in die acht Kilometer entfernte Kleinstadt mit dem Bus fahren musste - alleine versteht sich. Also machte ich halt irgendwann meinen Hauptschulabschluss. Danach erlernte ich einen Handwerksberuf, in einem Dorf „hinter den sieben Bergen, bei den sieben Zwergen". Ein kleines, verträumtes Dörfchen im Hohenloher Land, in dem sich ein kleines Sägewerk verborgen hielt. Extra für mich, denn schüchtern war ich immer noch. Und als ich mich eines Tages mit meinem Vater darüber unterhielt, wie er es als ehrenamtlicher Prediger schaffen würde, in jeder Bibelstunde ca. 30-45 Minuten über ein, zwei Bibelverse zu sprechen, sagte ich ihm, dass ich das niemals machen könnte.

Wenn ich also von Gott die Kraft seiner Gnade nicht bekommen hätte, wäre ich nicht zur Bundeswehr gegangen, und in sieben Jahren als Ausbilder zum Oberfeldwebel befördert worden. Dann hätte ich anschließend keine theologische Ausbildung gemacht, wäre nicht Pastor geworden, und hätte an der Uni keinen Masterabschluss in praktischer Theologie absolvieren können. Ich wäre niemals Geschäftsführer in einem christlichen Bildungsunternehmen geworden, kein technischer Betriebsleiter in einem mittelständischen Unternehmen, und was ich sonst noch so alles gemacht habe. Wollte ich damit jetzt angeben, dass sich die Balken biegen? Nie und nimmer! Das würde ja auch niemandem etwas helfen.

Nein, ich wollte damit nur deutlich machen, dass es mit der Kraft der Gnade Jesu Christi sogar einem Menschen wie mir möglich ist, das zu tun, was ihm von Gott aufgetragen wurde. Das ist unser Trainingsumfeld: In der Kraft der Gnade Jesu können wir alles tun, was uns von Gott für unser Leben bestimmt ist!

Das wird auch deutlich in den etwas kryptischen Sätzen, die auf diese Zusage des Paulus folgen. Letzten Endes möchte er damit nur sagen, was uns im Hebräer-Brief in Kapitel 13,8 gesagt wird: *„Jesus Christus gestern und heute und derselbe auch in Ewigkeit".* Jesus allein ist der, der gesagt hat: *„Mir ist gegeben alle Gewalt im Himmel und auf Erden [...] Und siehe, ich bin bei euch alle Tage bis an der Welt Ende"* (Matthäus 28,18+20). Das ist unser Trainingsumfeld in der Gemeinde: Jesus hat alle Macht im Himmel und auf Erden! Und durch diese Macht bekommt jeder einzelne von uns genau die Kraft der Gnade, die er benötigt, um das tun zu können, was ihr oder ihm persönlich von Gott aufgetragen worden ist.

Das ist auch einer der Gründe, warum in der Signatur meiner E-Mails, die ich verschicke, folgender Satz steht: „Mein Ziel: Andere zu ihrer wahren Größe führen!" Oder anders gesagt: Ich möchte, dass jedes Kind Gottes erkennt, was ihm von Gott aufgetragen ist, und die Kraft und den Mut findet, dies auch zu tun! Deshalb bin ich auf der Welt!

Dies versteckt sich auch hinter dem Bild des Trainingscamps Gemeinde: Viele sehen in der Gemeinde ein Gebäude, zu dem sie jeden Sonntag kommen, um etwas geboten zu bekommen, was andere für sie vorbereiten. Wenn es gut geht, hatten sie dabei ein paar Stunden Spaß gehabt. Wenn nicht, naja... Ob du das auch so siehst und auch so lebst, überlasse ich dir. Ich sehe Gemeinde jedenfalls nicht als Zusammenkunft von Konsumenten, die von ein paar Engagierten Sonntag für Sonntag bespaßt werden. Sondern als Zusammenkunft von Menschen, die nach der Kraft der Gnade Jesu hungert, um im Glauben wachsen zu können. Und wenn ich den Brief des Paulus, nicht nur an die Christen in Ephesus, sondern an die weltweite Christenheit richtig verstehe, dann bin ich nicht der erste, der die Gemeinde als Trainingscamp gesehen hat: Paulus sah das wohl auch so: Gemeinde als ein Netzwerk all derer, die sich ständig darin verbessern möchten, den Auftrag Jesu in der Welt auf eine auf sie persönlich zugeschnittene Weise umsetzen zu können.

(2) Die Trainer

Doch dazu braucht es jemand, der dazu in der Lage ist, in diesem Trainingsumfeld so zu wirken, dass es nicht nur im Sinne Jesu geschieht, sondern für jeden auch wirklich hilfreich ist. Aber unser Herr Jesus wäre nicht er selbst, wenn er dafür nicht schon gesorgt hätte: Wir können dies in den Versen 11-12 nachlesen, in Epheser 4:

> *„Und er hat einige als Apostel eingesetzt, einige als Propheten, einige als Evangelisten, einige als Hirten und Lehrer, damit die Heiligen zugerüstet werden zum Werk des Dienstes. Dadurch soll der Leib Christi erbaut werden."*

Ich bin nun schon über 30 Jahre in Sachen Gemeinde unterwegs. Wir haben als Familie und später als Ehepaar an sieben verschiedenen Orten gewohnt und waren deshalb auch in verschiedenen Gemeinden in Mitarbeit und Leitung engagiert. Das Spektrum reichte von der kirchlich, pietistischen Gemeinschaft bis zur charismatischen Gemeinde. In diesen Jahren habe ich manches darüber gehört, wie der Organismus „Gemeinde" sein Erbe würdig annehmen und verwalten sollte. Was mir dabei immer wichtiger wurde: Egal wie eine Gemeinde geistlich geprägt sein mag und mit welcher Strategie sie ihre Arbeit voranbringen möchte. Gemeinde Jesu wird nur wachsen, wenn jeder Erbe das tut, wozu sie oder er von Gott in dieser Welt positioniert wurde.

Wenn ich also jetzt über die Trainer im „Trainingscamp Gemeinde" spreche, dann rede ich nicht über diejenigen, die die Arbeit selbst machen, sondern über diejenigen, die jedem einzelnen von uns dazu verhelfen sollen, in der Kraft der Gnade Gottes so zu leben, dass wir genau das tun können, was uns von Gott aufgetragen wurde!

Und dazu hat uns Jesus die Apostel geschenkt. Das sind begabte Kinder Gottes, die als Gesandte, als Visionäre, als Strategen, Eroberer und Pioniere unterwegs sind. Das alles verbirgt sich hinter dem Wort „Apostel".

Jesus selbst ist der von Gott gesandte Apostel, der die Welt für Gott zurückerobert hat (vgl. Johannes 3,16). Und auch Paulus wurde von Gott direkt zum Apostel berufen (vgl. Römer 1,1). In weltlichen Berufen wirken Apostel meist als Unternehmer, Firmengründer oder Entdecker. Apostel fangen einfach gerne etwas Neues an. Sie lieben Veränderungen. Sie gehen begeistert auf Herausforderungen zu, sind risikofreudig und mutig, auch etwas Großes zu starten.

Propheten sind diejenigen, die Gottes Stimme gut hören können. Sie bekommen von Gott Offenbarungen, Visionen, Bilder und Eindrücke. Jesus selbst ist der von Gott gesandte Prophet (vgl. Matthäus 21,11). Z.B. konnte er vorhersagen, dass Petrus ihn drei Mal verleugnen würde. Was zum Leidwesen des Petrus schließlich auch geschah. In weltlichen Berufen wirken Propheten oft als Künstler, Musiker oder Zukunftsdeuter. Ich sage bewusst nicht Wahrsager, denn das wäre das dämonische Gegenüber. Propheten sind gerne alleine, sie suchen die Stille, z.B. auch in der Natur, sie können gut zuhören und sind bereit, solange auf Gott zu warten, bis er zu ihnen spricht.

Bei den Beschreibungen, die ich hier gebe, geht es um die Dienste und Ämter von Aposteln, Propheten, Evangelisten, Hirten und Lehrern. Nicht zu verwechseln mit den Charismen, z.B. der Leitung, der prophetischen Rede, der Unterscheidungen der Geister, oder der Heilungen, die der Heilige Geist jedem Nachfolger Jesu geben kann, damit dieser seinen Auftrag in der Welt umsetzen kann. Wir sprechen hier von den Trainern, die als solche besonders von Gott begabt sind, und nicht nur von geistlichen Gaben, wobei die nicht weniger wichtig sind.

Der Evangelist hat eine Leidenschaft für Menschen, die Jesus nicht persönlich kennen. Er verbringt viel Zeit mit ihnen und erzählt ihnen gerne von Jesus. Er liebt es, Menschen um sich zu haben. Jesus selbst ist der beste Evangelist (vgl. Johannes 4,14). In weltlichen Berufen wirken sie meist als Verkäufer, Vertreter, Moderatoren oder Politiker. Sie reden einfach gerne. Sie überzeugen Menschen gerne von dem, was ihnen am Herzen liegt. Sie sind begeistert von ihrer Sache. Und sie lieben ihre Freiheit.

Der Hirte oder auch Pastor genannt, legt da völlig andere Schwerpunkte: „Vertrauen" ist für ihn eine ganz wichtige Sache. Er ist fürsorglich und nimmt die Menschen an, wie sie sind. Er ist geduldig. Er Ist ein Begleiter, ein Ermutiger, ein Beschützer und ein Freund. Jesus selbst ist der gute Hirte (vgl. Johannes 10,14) In weltlichen Berufen findet man Hirten meist in sozialen Berufen, wie z.B. Sozialpädagogik, Krankenpflege, Beratung, Psychiatrie oder Seelsorge. Sie sorgen sich gerne um andere Menschen, lieben sie und verbringen gerne Zeit mit ihnen.

Dass Apostel, Propheten, Evangelisten, Hirten und Lehrer auch anders sein können, versteht sich von selbst. Denn wir haben es auch in diesem Zusammenhang, und unter dieser besonderen Beauftragung, letzten Endes mit Menschen zu tun, die ergänzungsbedürftig und unvollkommen sind. Aber wenn Apostel, Propheten, Evangelisten, Hirten und Lehren den ihnen anvertrauten Menschen dienen, sollte sich das in dem zeigen, was ich eben beschrieben habe.

Und schließlich noch der Lehrer, der einfach gerne Wissen vermittelt. Er will biblische Wahrheiten hervorheben, und regt dabei zum Nachdenken an. Jesus selbst ist der beste Lehrer aller Zeiten. In der Bergpredigt hat er die brillanteste Lehre aller Zeiten über das praktische Leben weitergegeben (vgl. Matthäus 5-7). In weltlichen Berufen wirken die Lehrer meist als Schullehrer, Dozenten Coaches oder Trainer. Sie lesen gerne und auch viel. Sie studieren und erforschen die Heilige Schrift, haben pädagogische Fähigkeiten und können das Wort Gottes verständlich und einfach weitergeben.

Das war eine kurze Beschreibung derjenigen, die von Gott dazu beauftragt sind, sich um die Gemeinde zu kümmern. Wenn man es kurz mit einem Bild zusammenfassen möchte, könnte das folgendermaßen aussehen:

Wenn „das Schiff, das sich Gemeinde nennt", auf den Weltmeeren unterwegs ist, dann haben diese Diener folgende Aufgaben: Der Apostel ist der Kapitän. Er kümmert sich um die Mannschaft, koordiniert alle Aufgaben auf dem Schiff und schaut, dass das Schiff auf Kurs bleibt. Dabei steht ihm der Prophet zur Seite. Er hat sein Ohr immer im Hauptquartier des Schiffseigners - bei Gott. Er empfängt Botschaften, Bilder und Eindrücke, die dem Apostel, und natürlich auch allen anderen helfen, im Sinne Gottes unterwegs zu sein. Sollte es unterwegs Menschen geben, die ihn Not geraten sind, wirft der Evangelist den Rettungsring aus. Im Fall der Gemeinde tut er es auch dadurch, dass er Menschen darin ausbildet, wie man Menschen rettet; solche Menschen, die ohne eine Beziehung zu Gott geradewegs in der Hölle landen würden. Der Hirte achtet darauf, dass die Gemeinschaft gestärkt wird, und Konflikte schnell und hilfreich bewältigt und gelöst werden. Und der Lehrer achtet darauf, dass der geistliche Kurs der Gemeinde nicht nur stimmt, sondern auch eingehalten wird. So kommt das Schiff zu seinem Ziel!

Und noch einmal: Diese von Gott eingesetzten Dienste und Ämter sind nicht dazu da, die Arbeit selbst zu machen, sondern jeden Nachfolger Jesu dazu anzuleiten, in der Kraft der Gnade Gottes, das zu tun, was jedem einzelnen von Gott aufgetragen wurde. Wenn wir also in der Gemeinde angestellte Mitarbeiter haben, dann werden diese von uns nicht dafür bezahlt, alle Arbeit zu machen, die in der Gemeinde keiner machen will. Sondern vor allem dafür, dass sie uns im Rahmen ihres göttlichen Auftrags beibringen, wie wir unseren göttlichen Auftrag umsetzen können.

(3) Trainingsmethode

Und damit wären wir beim dritten und letzten Bereich im „Trainingscamp Gemeinde" angekommen: Der Trainingsmethode! Wir lesen dazu aus Epheser 4,15-16:

> *„Lasst uns aber wahrhaftig sein in der Liebe und wachsen in allen Stücken zu dem hin, der das Haupt ist, Christus, von dem aus der ganze Leib zusammengefügt ist und ein Glied am andern hängt durch alle Gelenke, wodurch jedes Glied das andere unterstützt nach dem Maß seiner Kraft und macht, dass der Leib wächst und sich selbst aufbaut in der Liebe."*

Um in der Kraft der Gnade Jesu dienen zu können, ist es nicht nötig, dass wir alles genau verstehen und wissen, was die Apostel, Propheten, Evangelisten, Hirten und Lehrer sind und was sie zu tun haben. Das brauchen wir nicht! Deshalb konnte ich die Beschreibung dieser Dienste gerade eben auch sehr kurz halten. Es reicht, wenn wir es einmal gehört haben.

Viel wichtiger ist zu wissen, dass diese Dienste und Aufgaben von Gott nicht dazu in der Gemeinde eingesetzt werden, den Nachfolgern Jesu die Arbeit abzunehmen. Sondern sie sollen sie zurüsten, damit diese ihren göttlichen Auftrag in der Welt selbst verwirklichen können. Zu den Zielen von Gemeinde Jesu gehört nicht, den Menschen ein möglichst unterhaltsames Programm zu bieten, damit jeder Gottesdienstbesucher wenigstens am Sonntag mal ein paar schöne Stunden hat. Natürlich ist es super, wenn das so ist. Und deshalb geben ja auch alle Beteiligten immer ihr Bestes! Keine Frage. Gottesdienste sollen angenehm, schön und auch unterhaltsam sein. Dagegen ist nichts ein-zuwenden - im Gegenteil! Aber das Ziel dabei ist Wachstum. Das Ziel ist Weiterbildung. Das Ziel ist Zurüstung. Das Ziel ist Herausforderung in Leben und Glauben.

Für manchen von euch mag das ein wenig hart klingen, was ich heu-te sage. Aber so ist es nicht gemeint. Ich möchte nicht hart und lieblos sein. Aber ich möchte gerne „wahrhaftig sein, in der Liebe" Jesu, wo immer mir das möglich ist. Manche von euch wissen es, dass ich die Gemeinde Jesu sehr liebe. Und damit auch immer die Gemeinde an dem Ort, an dem ich mich in der Kraft der Gnade Jesu einbringe. Aber ich liebe auch die Menschen, die ohne Gott leben. Und das gilt auch dann, wenn ich mich etwas schwerer tue als andere, auf diese Men-schen zuzugehen, um ihnen das erlösende Evangelium von Jesus Christus zu bringen.

Jesus ist für jeden einzelnen Menschen auf dieser Erde einen grau-samen Tod gestorben. Dieser Tod Jesu soll nicht umsonst gewesen sein. Dieser Tod Jesu am Kreuz soll nicht nur ein Relikt aus vergange-nen Tagen sein. Etwas, auf das wir ehrfürchtig schauen, während wir sein Kreuz auf Hochglanz polieren. Jesus ist nicht gestorben, aufer-standen und in den Himmel gegangen, weil er gerade nicht besseres zu tun hatte. Sondern weil er darum wusste, welchen Weg jeder Mensch gehen würde, wenn er keine Beziehung zu Gott haben wird.

Doch die Hölle ist keine Strafe Gottes für die Menschen. Manche behaupten dies zwar, frei nach dem Motto: „Wer Gott nicht liebt, der wird von Gott selbst ewig dafür bestraft!" Doch die Hölle wurde gar nicht für die Menschen erdacht und gemacht, sondern für den Teufel und seine gesamte Gefolgschaft. Das könnt ihr gerne in Matthäus 25,41 nachlesen. Das Ziel Gottes mit den Menschen war von Anfang an nur dieses eine - Paulus beschreibt es in seinem Brief an seinen Mitarbeiter Timotheus mit folgenden Worten:

> „Gott will, dass alle Menschen gerettet werden und sie zur Erkenntnis der Wahrheit - Jesus Christus - kommen."
>
> (1. Timotheus 2,4)

Falls sich also bis jetzt noch jemand gefragt haben sollte: Warum ei-gentlich das Ganze? Warum bauen wir Gemeinde? Warum soll der Leib

Jesu wachsen und in Einheit seinen Dienst tun? Weil es noch viele Millionen Menschen gibt, für die Jesus eine sie erlösende und befreiende Botschaft hat, sie aber noch nichts davon wissen.

Und damit zurück zur Trainingsmethode. Und die möchte ich gerne an einem griechischen Wort aus unserem Text festmachen, das meines Erachtens nicht richtig übersetzt wurde. Luther hat es z.B. mit „Kraft" übersetzt. Aber im Urtext steht an dieser Stelle „energeia". Und dieses Wort kennen wir sehr genau: Im Deutschen sagen wir dazu „Energie".

„Naja, ob man jetzt Kraft sagt, oder Energie. Wo ist da der Unterschied? Das ist doch Wortklauberei, oder?!" Naja, ohne Energie gibt es keine Kraft, auch wenn Energie zu Teilen aus der Kraft entsteht. Ohne Energie geht kein Licht an. Ohne Energie bewegt sich kein Fahrzeug. Ohne Energie ist unser Körper schlapp und schnell krank. Es geht nicht nur um Kraft, sondern vor allem um Energie, und das auch beim Bau der Gemeinde Jesu hier auf der Erde.

Warum betone ich das so? In Kolosser 1,17-18 ist zu lesen: Jesus *„ist vor allem, und es besteht alles in ihm. Und er ist das Haupt des Leibes, nämlich der Gemeinde".* Oder anders gesagt: Jesus ist die Energie, die alles zum Rollen bringt. Ohne Jesus fallen Atome auseinander. Ohne Jesus zerfällt alle Materie, weil er die Energie ist, die alles zusammenhält.

Wenn wir das verstanden haben, dann baut sich der Leib Jesu Christi, nach unserem Bibeltext, wie von selbst auf; dann geht alles automatisch! Was ist also die Herausforderung, vor die uns der heutige Bibeltext stellt? Es ist die Frage an alle Apostel, Propheten, Evangelisten, Hirten, Lehrer, und an jeden einzelnen Nachfolger Jesu:

Auf welche Weise wird bei mir die Energie Jesu so freigesetzt, dass ich in der Kraft der Gnade Jesu andere so unterstützen kann, *„dass der Leib Jesu wächst und sich selbst aufbaut in der Liebe"*?

Das klingt für mich nicht nach: „Alle machen das gleiche!" Sondern eher danach: „Alle arbeiten an dem gleichen, zur Ehre Gottes, und zur Rettung der Menschen!" Amen.

Kleider machen Leute!

(Epheser 4,17-24)

„Kleider machen Leute!" Zunächst einmal verbirgt sich hinter diesem Titel eine Erzählung des Schweizer Dichters Gottfried Keller, die im Jahr 1874 zum ersten Mal veröffentlicht wurde. Sie gehört zu den bekanntesten Erzählungen der deutschsprachigen Literatur, und diente als Vorlage für manche Filme und Opern.

Die Geschichte handelt von dem Schneidergesellen Wenzel Strapinski, der sich trotz seiner Armut einen schönen Anzug geschneidert hat. Damit kommt er in eine fremde Stadt namens Goldach, und wird dort wegen seines Äußeren für einen polnischen Grafen gehalten. Nachdem er aus Schüchternheit versäumt, die Verwechslung aufzuklären und die Situation zu eskalieren droht, versucht er zu fliehen.

Doch da betritt eine junge Dame den Schauplatz. Es ist die Tochter des Amtsrates. Die beiden verlieben sich ineinander, weshalb der Schneider die ihm aufgedrängte Grafenrolle weiterspielt. Ein verschmähter Nebenbuhler sorgt allerding dafür, dass der vermeintliche Hochstapler entlarvt wird. Auf der Verlobungsfeier kommt es zum Eklat und die ganze Sache fliegt auf.

Daraufhin flieht Strapinski in die kalte Winterlandschaft. Doch seine Braut findet ihn, rettet ihn vor dem Erfrieren und stellt ihn zur Rede. Als sie sich davon überzeugt hat, dass seine Liebe echt ist, bekennt sie sich zu ihm und setzt die Heirat durch.

Danach gründet der Schneider mit ihrem Vermögen ein Atelier und bringt es zu Wohlstand und Ansehen. Und wenn sie nicht gestorben sind... Eine Geschichte mit Happy End. Ich liebe solche Geschichten.

Praktisch als Kommentar zu dieser Geschichte lesen wir nun ein paar Sätze aus dem Brief des Paulus an die weltweite Christenheit. Ich finde, die passen wie „die Faust aufs Auge". Ihr werdet gleich noch sehen, warum. Wir lesen aus Epheser 4, die Verse 17-24:

„So sage ich nun und bezeuge in dem Herrn, dass ihr nicht mehr leben dürft, wie die Heiden leben in der Nichtigkeit ih-

res Sinnes. Ihr Verstand ist verfinstert, und sie sind entfremdet dem Leben, das aus Gott ist, durch die Unwissenheit, die in ihnen ist, und durch die Verstockung ihres Herzens. Sie sind abgestumpft und haben sich der Ausschweifung ergeben, um allerlei unreine Dinge zu treiben in Habgier. Ihr aber habt Christus nicht so kennen gelernt; ihr habt doch von ihm gehört und seid in ihm unterwiesen, wie es Wahrheit in Jesus ist. Legt von euch ab den alten Menschen mit seinem früheren Wandel, der sich durch trügerische Begierden zugrunde richtet. Erneuert euch aber in eurem Geist und Sinn und zieht den neuen Menschen an, der nach Gott geschaffen ist in wahrer Gerechtigkeit und Heiligkeit."

Wieso passen diese Sätze aus dem Epheser-Brief anscheinend wie die „Faust aufs Auge" zu der anfänglichen Geschichte vom Schneidergesellen Wenzel Strapinski? Also zu dem, der für einen polnischen Grafen gehalten wurde? Dazu müssen wir uns zunächst einmal in Erinnerung rufen, an wen Paulus seine Worte richtet.

Solche Sätze werden heutzutage gerne im Rahmen von Evangelisationen verwendet. Dann, wenn es für uns Christen darum geht, einem Menschen ohne Jesus zu sagen, was in seinem Leben so alles schief liegt, und weshalb er voraussichtlich in der Hölle landen wird. Allerdings ohne das Wort „Hölle" zu verwenden, wenn die Menschen mögen dieses Wort nicht. Um im Anschluss daran zu sagen, was zu ändern wäre, um letzten Endes doch noch in den Himmel kommen zu können.

Doch Paulus geht es hier gar nicht um Evangelisation. Diese Sätze, die wir eben gelesen haben, sind aus einem Brief, der an die weltweite Christenheit gerichtet ist. Wenn wir es also genau nehmen wollen, dann ist es ein Brief, der an dich und mich persönlich gerichtet ist. An jeden, der Jesus bereits zum Herrn seines Lebens gemacht hat.

Man muss sich das so vorstellen: Damals lebten in Ephesus Menschen, die sich für ein Leben mit Jesus entschieden hatten. Der Apostel Paulus lebte zu dieser Zeit vor Ort. Und zwar über den Zeitraum von zwei Jahren. In diesen zwei Jahren trafen sich die Jünger Jesu täglich - also jeden Tag - in der Schule eines Mannes mit Namen Tyrannus.

Paulus unterrichtete also die Christen in Ephesus *„zwei Jahre lang, sodass alle, die in der Provinz Asien wohnten, das Wort des Herrn hörten, Juden und Griechen"*. So können wir es in Apostelgeschichte 19,9-10 nachlesen. Also das nenne ich mal eine sehr intensive und umfangreiche Lehr-Einheit.

Und das mit durchschlagendem Erfolg! Ganz ohne Twitter, Facebook, Instagram und Konsorten hörten binnen zwei Jahren alle Menschen, die auf der Fläche der heutigen Türkei wohnten, das Evangelium von Jesus Christus. Wow, das ist Klasse. Paulus war also vor Ort, und alles lief in guten Bahnen. Wenn man jetzt allerdings die Worte liest, mit denen wir uns heute befassen, scheint sich in der Zwischenzeit an dieser Situation wohl etwas verändert zu haben.

Und da kommt jetzt der Schneidergeselle Wenzel Strapinski ins Spiel: Er taucht in dem Städtchen Goldach auf, und wird von den Bewohnern für einen polnischen Grafen gehalten. Also für einen Adligen. Sein Äußeres spiegelt demnach etwas wider, was er in seinem Inneren nicht ist. Denn Wenzel ist kein polnischer Graf. Sondern er ist ein Schneidergeselle, der einfach nur schick angezogen ist.

Ich weiß jetzt nicht, wer diesen Gedankentransfer mitgehen kann. Aber vielleicht kommt dem einen oder anderen das Verhalten des Schneidergesellen ja doch ein wenig bekannt vor, wenn er sich etwas in der Welt der Gemeinde Jesu umschaut. Vielleicht auch dann, wenn er sich in der Welt unserer Gemeinde hier am Ort ein wenig umschaut. Oder vielleicht sogar, wenn er oder sie morgens in den Spiegel schaut und jemandem begegnet, dessen Leben - bildlich gesprochen - zwar schön geschminkt sein mag, aber hinter der Fassade ein völlig anderes ist. Er oder sie spielt den anderen Jüngern Jesu einfach etwas anderes vor, als sich im realen Leben eigentlich abspielt.

Und dabei möchte ich zunächst einmal noch gar nicht ins Detail gehen. Wir werden es uns inhaltlich gleich noch etwas näher ansehen. Mir geht es dabei auch nicht darum, irgendjemand zu beschuldigen oder zu beschämen. Ich halte es hier mit dem Apostel Paulus, der in Römer 8,1 geschrieben hat: *„So gibt es nun keine Verdammnis für die, die in Christus Jesus sind!"* Das Wort „Verdammnis" kann man auch übersetzen mit „negatives Urteil" oder mit „beschuldigen", „schuldig sprechen" oder „bestrafen". Man könnte Römer 8 1, also auch so übersetzen: *„So gibt* *es nun kein negatives Urteil, kein schuldig sprechen oder bestrafen für die, die an Jesus glauben."*

Mein Ziel ist also nicht, jemand zu beschuldigen oder schuldig zu sprechen, sondern zunächst nur darauf hinzuweisen, dass so etwas auch unter Christen möglich ist. Dass auch Christen rein äußerlich Kleider tragen können, die in den schönsten Farben glänzen, sich aber dahinter ganz viel abspielen kann, was man lieber im Verborgenen hält: Süchte, Ängste, Ehestreitigkeiten, Eifersucht Unvergebenheit, Groll, Bitterkeit, Geschwätzigkeit, Konflikte, Egoismus Stolz, Neid, Geiz, Habgier, Lieblosigkeit, usw. Wer jetzt innerlich ein wenig mitgegangen ist, der weiß, was man da noch alles aufzählen könnte. Denn welcher Mensch kann von sich sagen, dass er perfekt wäre, und sich mit diesen Dingen nicht herumschlagen müsste?

Und deshalb würde es auch nicht helfen, mit den Worten des Paulus so umzugehen, wie in jener netten Geschichte, die Johann Peter Hebel erzählt hat: Sie handelt von einem Bauern, der eines Tages den Schullehrer seines Ortes auf dem Feld trifft und sagt:

„Ist es noch euer Ernst, was ihr gestern den Kindern erklärt habt: So dich jemand auf deine rechte Backe schlägt, dem biete auch die andere dar?" Der Schullehrer antwortet: „So steht es im Evangelium!" Also gab ihm der Bauer eine Ohrfeige und die andere auch noch, denn er hatte ihn schon lange auf dem Kieker. Indessen reitet in einiger Entfernung ein Adliger vorbei und sein Jäger. „Schau doch mal nach, Josef, was die zwei dort miteinander haben!", sagte der Adlige zu seinem Jäger. Als Josef zu den beiden kommt, gibt der Schullehrer, der ein starker Mann war, dem Bauern gerade auch zwei Ohrfeigen und sagt: „Es steht geschrieben: Mit welcherlei Maß ihr messet, wird euch wieder gemessen werden. Ein voll gerüttelt und überflüssig Maß wird man in euren Schoß geben!" Und zu dem letzten Spruch gab er ihm noch ein halbes Dutzend Ohrfeigen dazu! Da kam Josef zu seinem Herrn zurück und sagte: „Es hat nichts zu bedeuten, gnädiger Herr, sie legen einander nur die Heilige Schrift aus!"

Ja, es sind ernste Worte, die Paulus an die Jünger Jesu richtet, aber es stand ihm, und es steht auch mir heute völlig fern, euch diese Worte so um die Ohren zu hauen, dass der Schädel nur so brummt. Um dann hinterher Schulter zuckend zu antworten: „Ich weiß gar nicht, was sie wollen, ich habe ihnen doch nur die Heilige Schrift ausgelegt!" Ja, ich möchte die Heilige Schrift auslegen. Im Speziellen heute die Verse 17-24 aus dem vierten Kapitel des Epheser-Briefes. Aber ich möchte es gerne nach den Worten des Paulus aus Römer 2,4 tun: *„Weißt du nicht, dass dich Gottes Güte zur Buße leitet?"* Also immer werbend und gewinnend bleiben.

Vor diesem Hintergrund schauen wir uns jetzt diese Worte des Paulus an, denn „Kleider machen wirklich Leute"! Dazu habe ich den Text in drei Abschnitte aufgeteilt, die in der Regel beim Umkleiden auftreten:

(1) In den alten Kleidern Darin befindet man sich normalerweise, bevor man neue Kleider anziehen kann.

(2) In der Umkleide Das ist die Phase, in der neue Kleider betrachtet bzw. anprobiert werden, wo und wie auch immer. Und

(3) In den neuen Kleidern. Das braucht man nicht zu erklären, denn wo alte Kleider ausgezogen werden, geht es automatisch in neue Kleider, wenn man nicht nackt durch die Gegend laufen möchte.

(1) In den alten Kleidern

Wir beginnen dort, wo es auch bei jedem von uns begonnen hat: In den alten Kleidern. Dazu lesen wir Epheser 4,17-19:

> *„So sage ich nun und bezeuge in dem Herrn, dass ihr nicht mehr leben dürft, wie die Heiden leben in der Nichtigkeit ihres Sinnes. Ihr Verstand ist verfinstert, und sie sind entfremdet dem Leben, das aus Gott ist, durch die Unwissenheit, die in ihnen ist, und durch die Verstockung ihres Herzens. Sie sind abgestumpft und haben sich der Ausschweifung ergeben, um allerlei unreine Dinge zu treiben in Habgier."*

Ich denke, es ist wichtig, dass wir uns bewusst machen, was Paulus mit diesen Worten eigentlich bezwecken möchte. Allzu leicht könnte sonst der Eindruck entstehen, dass Paulus nur mit den Fingern auf diese üblen Heiden zeigen möchte. Ähnlich wie es der Pharisäer gemacht hat, in dem Gleichnis, das Jesus erzählt hat (vgl. Lukas 18,9-14).

Ganz großspurig ging der Pharisäer in den Tempel und betete, für alle hörbar: *„Ich danke dir, Gott, dass ich nicht bin wie die andern Leute,*

Räuber, Betrüger, Ehebrecher oder auch wie dieser Zöllner". Wenn wir das Gleichnis bis zum Ende lesen, hören wir, wie Jesus das Verhalten dieses jüdischen Theologen beurteilt: *„Wer sich selbst erhöht, der wird erniedrigt werden; und wer sich selbst erniedrigt, der wird erhöht werden."*

Wir merken also sehr schnell: Es kann Paulus mit diesen Worten nicht darum gegangen sein, dem Pharisäer das Wort zu reden, auch wenn er selbst einmal ein Pharisäer war. Ich denke, er möchte vielmehr auf etwas ganz Wichtiges hinweisen, wobei es ihm in erster Linie um das Alltagsleben der Jünger Jesu ankam.

In seiner Beschreibung sind mir zwei Dinge aufgefallen, die zu etwas führen, das fatal ist, vor allem für die Beziehung eines Jüngers zu seinem Herrn Jesus. Diese beiden Dinge verbergen sich in den Worten „Unwissenheit" und „Verstockung ihres Herzens". Und dies schreibt Paulus an Menschen, die zwei Jahre lang täglich von ihm gelehrt wurden.

Damit wollte er vermutlich sagen: „Eigentlich solltet ihr es besser wissen!" Oder man könnte auch sagen, dass Paulus sie bittet, nicht „wider besseres Wissen" zu handeln. Das wird auch dadurch deutlich, dass er hier von „Verstockung ihres Herzens" spricht. Bei diesem Begriff geht es um Gefühllosigkeit oder auch Verhärtung ihrer Herzen. Und das fatale dabei ist, dass sie durch dieses Verhalten offensichtlich „abgestumpft" sind.

In solchen Zusammenhängen zitiere ich gerne die Worte des weisen König Salomo. Der hat in Prediger 1,9 folgende Worte geschrieben: *„Was man getan hat, eben das tut man hernach wieder, und es geschieht nichts Neues unter der Sonne".* Ja, es ist nichts Neues unter unserer Sonne, wenn sich auch in der Gemeinde Jesu manche Menschen tummeln, die gerne mal „Fünfe gerade sein lassen".

Frei nach dem Motto: „Aber das tun doch alle! Wer schummelt denn nicht bei der Steuer? In der Ortschaft hält sich doch keiner wirklich an die Geschwindigkeitsbegrenzung! Wir haben nun mal so einen rauen Umgangston in unserer Gesellschaft, der soll sich nicht so verletzlich geben! Das ist doch nur ein kleiner Punkt in dem Vertrag. Wer hält sich schon an alles, was im Kleingedruckten steht?! Ist doch kein Problem, sich einen Film anzuschauen, in dem Sexszenen drin sind. Das macht mir doch nichts aus! Der immer mit seinen geistlichen Disziplinen: Beten - Bibel lesen - Bibelverse auswendig lernen - Zeiten mit Gott. Hauptsache ist doch, dass ich mit Jesus lebe, und mich zur Gemeinde halte! Man muss es doch nicht übertreiben mit dem, was in der Bibel steht. Das Leben macht doch keinen Spaß, wenn man Gott immer gehorsam ist!"

Damals in Ephesus bzw. in der ganzen Region führte solches Verhalten dazu, dass sie mit der Zeit abstumpften. Das heißt, sie haben es nicht mehr wahrgenommen, wie weit sie sich schon von dem entfernt hatten, was Jesus für gut für sie befunden hätte. Und was sagt uns das? „Wissen ist Macht? Nichts wissen, macht auch nichts?" So in der Art. Denn es ist tatsächlich so, dass uns sehr viel Bibelwissen nicht sehr weit bringt. Ohne dass ich damit sagen möchte, dass Bibelstudium unnütz wäre. Ganz im Gegenteil!

Aber wir können Dutzende von Bibelversen auswendig lernen. Wir können vieles über Jesus wissen, und was er getan und gelehrt hat. Wenn wir es nicht in den Alltag unseres Lebens mitnehmen, dann ist es wertlos. Darauf weist Paulus uns hier hin. Nicht umsonst sagt der Volksmund: „Es gibt nichts Gutes, außer man tut es!" Genau das gleiche gilt auch für die Worte, die wir in Predigten hören, oder die wir in der Bibel lesen und uns einprägen. Wie jemand einmal gesagt hat: „Doping im Fußball ist Unsinn! Das Zeug muss in die Spieler!" Bibelwissen, nur im Kopf, das ist völliger Unsinn! Dieses Wissen muss in Herz und Leben der Jünger Jesu, sonst macht es absolut keinen Sinn. Sonst stumpfen wir nur ab, weil wir uns nicht an dem orientieren, was die Schrift sagt, sondern an dem, was in der Gesellschaft üblich ist. Und das ist fatal, nicht nur für die Jünger Jesu selbst, sondern auch für die Menschen, die ohne Jesus leben müssen.

(2) In der Umkleide

Und deshalb gehen wir jetzt in die Umkleide. Raus aus den alten Klamotten! Dazu lesen wir die Verse 20-24a:

> „Ihr aber habt Christus nicht so kennen gelernt; ihr habt doch von ihm gehört und seid in ihm unterwiesen, wie es Wahrheit in Jesus ist. Legt von euch ab den alten Men-

schen mit seinem früheren Wandel, der sich durch trügeri-
sche Begierden zugrunde richtet. Erneuert euch aber in eu-
rem Geist und Sinn und zieht den neuen Menschen an..."

„Handelt bitte nicht wider besseres Wissen!", so hallt es durch diesen Textabschnitt. Und warum nicht? Weil ein Jünger Jesu seinen Herrn Jesus Christus ganz bestimmt nicht so „kennengelernt" hat. Ja, aber wie hat er ihn denn „kennengelernt"? Das können wir leider gar nicht pauschal für alle Christen sagen. Das heißt, wir müssen eine Ebene tiefer gehen: Wenn es nicht pauschal für alle Christen gesagt werden kann, dann müssen wir den einzelnen Christen fragen. Keine Sorge, ich werde jetzt nicht durch den Saal gehen und einzelne von euch fragen, wie ihr denn Christus kennen gelernt habt. Obwohl das sicher sehr interessant wäre.

Das gleiche Wort für „kennenlernen", das hier im griechischen Urtext verwendet wird, steht auch in einer Aussage von Jesus, die manchen von euch sicher bekannt ist: *„Nehmt auf euch mein Joch und lernt von mir, denn ich bin sanftmütig und von Herzen demütig; so werdet ihr Ruhe finden für eure Seelen"* (Matthäus 11,29).

Jesus war ein jüdischer Rabbi. Er war also ein theologischer Lehrer. Wisst ihr, was das „Joch" eines jüdischen Rabbis war? Es waren die Lehrmeinungen, die er vertreten hat. Wenn WIR das Wörtchen „Joch" hören, dann denken wir meistens an ein Gespann Ochsen, wie es sich unter einem hölzernen Joch durch den Acker kämpft.

Aber das ist hier nicht gemeint. Wenn Jesus hier sagt, dass wir sein Joch auf uns nehmen sollen und von ihm lernen, dann geht es darum, dass wir seine Lehrmeinungen nicht nur gut finden, oder vielleicht auch akzeptieren: „Ja, finde ich gut. Ist ganz okay, was Jesus so sagt." Wer das „Joch" von Jesus auf sich nimmt, der macht sich alles voll und ganz zu eigen, was Jesus gesagt hat. Der legt sich auf die Lebensschultern, was Jesus gesagt hat und lebt auch danach.

In diesem Wörtchen „kennenlernen" befindet sich das Wort „lernen". Und es hat vom Wortstamm her den gleichen Ursprung wie das Wörtchen „Jünger" oder „Schüler". Wenn Paulus also sagt: *„Ihr aber hat Christus nicht so kennen gelernt!"*, dann sagt er damit nichts anderes als: „Ihr aber habt nicht so gelernt, mit Jesus zu leben, wie ihr es momentan tut. Das habe ich euch in den zwei Jahren anders gelehrt und vorgelebt, sodass ihr ein Leben im Sinne Jesu führen könntet. Ich habe euch dazu in der Jüngerschaft unterwiesen und wir haben es gemeinsam eingeübt, mit Jesus im Alltag zu leben."

Und jetzt möchte ich wieder daran erinnern, dass wir es hier nicht mit Worten von Paulus zu tun haben, die er an Menschen richtet, die bisher ohne Jesus gelebt haben. Sondern er richtet es an Menschen, zu denen er am Ende seines Dienstes sagen konnte: *„Ich habe euch nichts vorenthalten, was nützlich ist, dass ich's euch nicht verkündigt und gelehrt hätte, öffentlich und in den Häusern, und habe Juden und Griechen bezeugt die Umkehr zu Gott und den Glauben an unsern Herrn Jesus"* (Apostelgeschichte 20,20-21).

Die wussten also Bescheid. Die waren umfänglich darüber informiert und vollständig darin trainiert worden. Nicht nur, wie man als Nachfolger Jesu in einer heidnischen Umgebung leben kann. Sondern auch darüber, wie man ein Zeugnis für Jesus sein, und anderen Menschen helfen kann, auch Nachfolger Jesu zu werden. Das war eine Ausbildung, die einem die Zunge schnalzen lässt. Und trotzdem haben sie es nicht auf die Kette bekommen, sondern sind sowas von stecken geblieben.

Und was macht Paulus jetzt damit? „Ihr seid unmöglich! Zwei Jahre meines Lebens habe ich mit euch vergeudet! Da hätte ich besser etwas anderes gemacht!" Nein. In seiner väterlichen Art beschreibt Paulus den geistlichen Zustand, in dem sie sich gerade befinden, und gibt ihnen einen väterlichen Rat, ohne ihnen dabei mit irgendetwas zu drohen, nach dem Motto: „Wenn ihr das nicht macht, dann aber..." Kurz gefasst sagt Paulus: „Legt euer bisheriges Verhalten ab, und legt ein neues Verhalten an". Das ist alles!

Obwohl das gar nicht so ohne ist. Denn diese Worte von Paulus sind ein Schlag ins Gesicht all derer, die davon ausgehen, dass Gott in ihrem Leben alles für sie machen wird. Und das habe ich schon unzählige Male zu hören bekommen: „Nein, da muss ich nichts machen. Der Konflikt wird sich lösen. Gott wird eingreifen. Er wird Frieden schaffen. Gott wird es auf den Weg bringen."

Wirklich? Das habe ich anders verstanden. Ja, unser Vater im Himmel wird sich um alles kümmern, was unser Leben betrifft - ganz bestimmt. Auch um die kleinsten Kleinigkeiten. Aber er wird sich nicht darum kümmern, ohne uns mit einzubeziehen. Wer schon Kinder erzogen hat, der hat es vermutlich selbst schon einmal so gemacht: Lernen Kinder wirklich laufen, wenn man sie die ganze Zeit durch die Gegend trägt? Sicher nicht. Aber wir müssen sie dennoch dabei unterstützen, sonst werden sie sich schwertun, laufen zu lernen. Oder werden Kinder überleben, wenn man sie sich selbst überlässt, wenn es darum geht, Lebensmittel zu beschaffen? Sicher nicht. Aber essen wollen sie unbedingt selbst, auch wenn sie kaum den Löffel halten können.

Unser Vater im Himmel kümmert sich um alle Dinge unseres Lebens. Das ist so sicher, wie das Amen in der Kirche. Aber er wird nichts tun, von dem er erwartet, dass wir es tun können. Paulus sagt hier: „Legt ab!" und „Zieht an!" Das sagt er zu uns, weil wir es können! Gott wird es nicht für uns tun. Wir müssen es tun, weil wir es können.

Hier gibt es keine Automatismen, wie manche es gerne hätten: „Ich muss nur beten, und Gott wird es schon machen!" Natürlich brauchen wir seine Hilfe, wenn es darum geht, falsche oder schlechte Gewohnheiten zu verändern. Natürlich brauchen wir seine Hilfe, wenn wir in Situationen feststecken, aus denen wir allein nicht herauskommen. Aber dabei die Hände in den Schoß zu legen, wird uns nicht helfen. Gott wird uns in allen Dingen zur Seite stehen. Er wird uns in allen Situationen unseres Lebens beistehen. Aber er wird niemals etwas tun, was wir von uns aus tun können.

Deshalb ist es auch so wichtig, seine Stimme hören zu können. Einzuüben, wie er zu uns spricht. Damit wir wissen, wann wir etwas tun müssen, und an welcher Stelle Gott gerne das Ruder in die Hand nehmen möchte. In Bezug auf unser Leben als Nachfolger Jesu ist auf jeden Fall klar: Den alten Menschen abzulegen und den neuen Menschen anzulegen, das ist unsere Sache.

(3) In den neuen Kleidern

Und wie das aussieht, schauen wir uns jetzt noch kurz an. Dazu lese ich den letzten Vers aus unserem Predigttext:

> *„Zieht den neuen Menschen an, der nach Gott geschaffen ist in wahrer Gerechtigkeit und Heiligkeit." (Epheser 4,24)*

Also eines wissen wir jetzt: Das ist unser Part in der Geschichte: *"Zieht den neuen Menschen an, der nach Gott geschaffen ist..."* Doch, wie kann das praktisch aussehen? Und was muss man dabei ausziehen oder ablegen? Und wie kommt man zu dem, was man anziehen bzw. anlegen soll? Ich möchte dazu gar nicht so viel sagen, weil dies eine sehr individuelle Sache ist. Als Nachfolger Jesu muss der eine dies und der andere jenes ablegen, was nicht im Sinne Gottes ist. Das jetzt pauschal festzulegen, würde der Sache nicht gerecht werden.

Aber ich hätte zum Schluss noch drei Bibelstellen, die zumindest eine Richtung vorgeben, in die man sich bewegen könnte. Wir werden von Paulus aufgefordert den Menschen anzuziehen, der nach Gott geschaffen ist. Das erinnert mich an das Bibelwort aus 1. Mose 1,27: *"Und Gott schuf den Menschen zu seinem Bilde, zum Bilde Gottes schuf er ihn; und schuf sie als Mann und Frau".*

Ich finde es sehr spannend, dass der Apostel Johannes in seinen Briefen auch auf dieses Thema zu sprechen kommt - und dies am Ende der Bibel. In 1. Johannes 4,17 ist zu lesen: *"Denn wie er (Jesus) ist, so sind auch wir in dieser Welt".* Wie eine Klammer umschließt diese Weisheit die ganze Bibel: Du bist als Ebenbild Gottes geschaffen, um in der Welt zu leben!

Wenn du also wissen möchtest, was für Kleidung du - bildlich gesprochen - anziehen sollst, dann könnte ganz viel Licht ins Dunkel kommen, wenn du die Bibel daraufhin studieren würdest, wer Jesus Christus eigentlich wirklich war, wie er gelebt hat, welche Wesensarten Gottes sich in seinem Leben gezeigt haben, und was das für dein Leben und deine „neuen Kleider" bedeuten könnte.

Und dann noch die dritte Bibelstelle, die sich als Hilfe in dieser Frage erweisen könnte. Es sind Worte aus einem Psalm Davids, über das menschliche Dasein:

> *"Deine Augen sahen mich, als ich noch nicht bereitet war, und alle Tage waren in dein Buch geschrieben, die noch werden sollten und von denen keiner da war." (Psalm 139,16)*

Auch wenn du keine große Leseratte bist, denke ich, dass es dennoch ziemlich spannend wäre, dieses Buch, von dem hier die Rede ist, einmal in die Finger zu bekommen, um es zu studieren.

155

Bevor du auf die Erde gekommen bist, hatte Gott sich schon Gedanken über dein Leben gemacht, Pläne für dein Leben geschmiedet und sie alle in ein Buch geschrieben, das aktuell in der göttlichen Bibliothek steht. Quasi eine göttliche Biografie deines Lebens.

Natürlich kannst du jetzt nicht einfach in die übernatürliche Welt spazieren, die göttliche Bibliothek aufsuchen, um dir dann das Buch auszuleihen, damit du es studieren kannst. Aber vielleicht wäre es eine Möglichkeit, dich mit dem göttlichen Bibliothekar - dem Heiligen Geist - in Verbindung zu setzen, und ihn darum bitten, dir das eine oder andere daraus vorzulesen. Das könnte deinem Leben einen völlig neuen Drive geben.

Auf welche Weise du den neuen Menschen anziehen möchtest, das überlasse ich dir. Wichtig ist, dass du es tust. Denn damit beugst du in jedem Fall dem vor, was dem Schneidergesellen passiert ist: Die Leute hielten ihn für einen anderen, als er in Wirklichkeit war.

Ja, „Kleider machen Leute!" Darum lasst uns Menschen sein, die die „richtigen" Kleider tragen, damit wir etwas sein können, zum Lob der göttlichen Herrlichkeit (vgl. Epheser 1,12). Welchen anderen Sinn könnte es denn sonst noch für unser Leben geben?! Amen!

Altkleidersammlung für Christen
(Epheser 4,25-32)

„Kleider machen Leute!", so hatte ich die Predigt überschrieben, die sich mit dem Text befasst hat, der direkt vor dem kommt, mit dem wir uns heute beschäftigen werden. Dabei ging es um die Aufforderung des Apostels Paulus, den „alten Menschen" abzulegen bzw. auszuziehen, und den neuen Menschen anzuziehen.

Ich denke, jeder von uns hat schon einmal alte Kleider abgelegt bzw. aussortiert. Was macht man damit? Heutzutage steckt man sie in einen Müllsack, und wenn genug Kleider zusammengekommen sind, bringt man sie zu einem Container, der extra dafür aufgestellt wurde, um alte Kleider zu sammeln.

In früheren Zeiten wurden zu diesem Zweck regelmäßig sogenannte „Altkleidersammlungen" organisiert. Im Online-Lexikon Wikipedia kann man dazu Folgendes lesen: „Eine Altkleidersammlung ist das organisierte Einsammeln von gebrauchter oder ungebrauchter Kleidung, Schuhen und anderen Textilien durch einen gemeinnützigen Verein oder gewerbliche Sammler". Bei dieser Beschreibung möchte ich unsere Aufmerksamkeit vor allem auf die Feststellung richten, dass es bei einer Altkleidersammlung um das „organisierte Einsammeln" geht. Wer an seinen Kleiderschrank geht, wirft ja auch nicht wahllos irgendwelche Kleider weg, sondern schaut sich an, ob es noch gefällt, ob es noch passt - oder vielleicht auch wieder einmal passt - und ob es möglicherweise noch einmal angezogen wird.

In diesem Sinn möchte ich gerne die heutigen Worte verstanden wissen, die der Apostel Paulus an die weltweite Christenheit richtet. Wir sind am Ende dieses vierten Kapitels im Epheser-Briefs immer noch dabei, den alten Menschen abzulegen und den neuen Menschen anzuziehen. Wenn allerdings der Kleiderschrank voll ist, und auch alle anderen Plätze bereits überbelegt sind, kann nichts Neues dazukommen. Nur wer bereit ist, alte Kleider zu entsorgen, hat auch Platz für neue. Für unser geistliches Leben heißt das: Nur wer bereit ist, den alten Menschen „zu entsorgen", hat auch Platz für den neuen Menschen.

Vor diesem Hintergrund lesen wir jetzt den Bibeltext für die heutige Predigt, aus Epheser 4,25-32:

„Darum legt die Lüge ab und redet die Wahrheit, ein jeder mit seinem Nächsten, weil wir untereinander Glieder sind. Zürnt ihr, so sündigt nicht; lasst die Sonne nicht über eurem Zorn untergehen und gebt nicht Raum dem Teufel. Wer gestohlen hat, der stehle nicht mehr, sondern arbeite und schaffe mit eigenen Händen das nötige Gut, damit er dem Bedürftigen abgeben kann. Lasst kein faules Geschwätz aus eurem Mund gehen, sondern redet, was gut ist, was erbaut und was notwendig ist, damit es Segen bringe denen, die es hören. Und betrübt nicht den Heiligen Geist Gottes, mit dem ihr versiegelt seid für den Tag der Erlösung. Alle Bitterkeit und Grimm und Zorn und Geschrei und Lästerung seien fern von euch samt aller Bosheit. Seid aber untereinander freundlich und herzlich und vergebt einer dem andern, wie auch Gott euch vergeben hat in Christus.“

Wir haben immer noch vor Augen, dass es darum geht, den alten Menschen abzulegen, und den neuen Menschen anzuziehen. Um nichts anderes geht es, wenn wir uns jetzt die alten Kleider einmal etwas genauer anschauen, die uns Paulus zur Betrachtung vorschlägt, bevor wir sie im Anschluss daran in die geistliche Altkleidersammlung geben.

Es sind insgesamt sieben Stichworte, die in diesem Text erwähnt werden: Lüge - Zorn - Diebstahl - Geschwätzigkeit - Betrübnis - verschiedene Bosheiten und mangelnde Vergebungsbereitschaft. Interessant ist für mich, dass es insgesamt sieben Stichworte sind, die hier von Paulus vorgegeben werden. Die Zahl „7" ist in der Bibel ein Symbol für Vollkommenheit und Harmonie in Gottes Plänen und Taten: 7 Schöpfungstage - 7 Lampen auf dem goldenen Leuchter - 7 Feste Gottes im alten Bund - 7 Wochen von Ostern bis Pfingsten - usw.

Es könnte sein, dass uns Paulus mit den sieben Stichworten, quasi durch die Blume etwas sagen möchte. Frei nach dem Motto: „Sieben ist die Zahl der Vollkommenheit. Wenn es also darum geht, den alten Menschen abzulegen, dann legt einfach alles ab! Vollkommen alles, ohne dabei Kompromisse einzugehen!" Ich weiß, ich habe Paulus das jetzt in den Mund gelegt. Aber aus dem Zusammenhang des Textes kann ich eigentlich nichts anderes erkennen, als dass der Apostel ernst machen möchte, ohne Kompromisse. Und in diesem Sinne kann und muss es uns als Nachfolger Jesu darum gehen, alles abzulegen, was nicht zu dem neuen Leben passt, das wir in Jesus Christus geschenkt bekommen haben. Es geht um nicht weniger als ein „Alles oder nichts!". Und dennoch werden wir uns die einzelnen Dinge jetzt etwas näher anschauen. Und wir beginnen damit, dass Paulus möchte, dass wir die Lüge ablegen!

(1) Lüge ablegen!

„Darum legt die Lüge ab und redet die Wahrheit, ein jeder mit seinem Nächsten, weil wir untereinander Glieder sind."

(Epheser 4,25)

Bevor ich in dieses Stichwort eintauche, möchte ich noch einmal darauf hinweisen, wer die Empfänger sind, an die Paulus diese Worte gerichtet hat: Zunächst einmal richten sich diese Worte an alle Nachfolger Jesu, die zur damaligen Zeit sowohl in Ephesus als auch in den anderen Städten in Kleinasien gewohnt haben. Dieser Brief ist ein Rundschreiben, das in allen Gemeinden im geographischen Raum der heutigen Türkei vorgelesen wurde. Zum Schluss kam es nach Ephesus und wurde dort aufbewahrt. Darum erhielt es vermutlich auch den Titel: „An die Epheser!"

Aber weil es eben ein Rundschreiben ist, lesen wir es auch heute, im Hier und Jetzt. Und damit sind diese Worte auch an dich und mich ganz persönlich gerichtet. Und auch dabei ist wichtig, diese Worte so persönlich wie möglich zu nehmen, sie dann aber nicht zu persönlich zu nehmen. Ja, was jetzt?!

Paulus möchte mit diesen Worten nicht jeden Nachfolger Jesu der Lüge, des Zorns, des Diebstahls usw. bezichtigen. Aber dennoch möchte er sagen, dass auch die Nachfolger Jesu nicht davor gefeit sind, lügen zu können, zornig sein zu können, zu stehlen, zu schwätzen, usw. Auf die Einzelheiten kommen wir gleich noch. Also niemand lehne sich einfach zurück und sage: „Also das kann mir auf keinen Fall passieren!" Dazu hat Paulus an anderer Stelle einmal gesagt: *„Darum, wer meint, er stehe, mag zusehen, dass er nicht falle"* (1. Korinther 10,12). In diesem Zusammenhang weist er auf das Volk Israel hin, und nimmt es als warnendes Beispiel für alle Nachfolger Jesu: Die Israeliten wussten es auch besser, sind aber dennoch immer wieder auf die Nase gefallen. Das heißt, es ist vermutlich nicht verkehrt, sich die Ausführungen zu den einzelnen Stichworten zumindest einmal anzuhören, um nicht plötzlich unversehens auf der eigenen Nase zu liegen.

Nicht nur bei diesem ersten Stichwort finde ich es sehr angenehm, dass Paulus seinen Briefempfängern nicht nur auf die Finger klopft, frei nach dem Motto: „Lass es einfach!" Sondern er zeigt auch Alternativen auf, wie mit dem umgegangen werden kann, was im Leben mindestens falsch laufen könnte.

Wie ist das denn mit Gewohnheiten? Von den schlechten Gewohnheiten ist es uns vermutlich bewusster als von den guten. Man hat den Eindruck, dass man die schlechten Gewohnheiten einfach nicht mehr los wird. Und wenn man gedacht hat, dass sie endlich besiegt sind, kommen sie ohne Vorwarnung um die nächstbeste Ecke.

Das ist allerdings mit den guten Gewohnheiten auch so! Wenn man sich gute Dinge und Verhaltensweisen angewöhnt hat, wird man die auch nicht mehr so schnell los. Psychologen sagen, dass etwas zur Gewohnheit werden kann, wenn man es 21 Tage hintereinander täglich praktiziert hat. Das wird sicher nicht auf alle Gewohnheiten zutreffen - manche werden etwas länger brauchen. Aber es ist ein überschaubares Ziel. 21 Tage, das sind ja bloß drei Wochen.

Und jetzt stelle dir vor, du möchtest dir angewöhnen, nur noch die Wahrheit zu sagen. Oder zumindest nicht zu lügen. Es ist meines Erachtens nicht gelogen, wenn man nicht die ganze Wahrheit sagt, sofern man dabei nicht schon wieder eine Lüge verbreitet. Also stelle dir vor, du möchtest, wie von Paulus vorgeschlagen, von heute an nicht mehr lügen. Dann versuche bitte nicht krampfhaft, nicht mehr zu lügen. Sondern stelle dich auf die Seite der Wahrheit.

Und wie ist es mit Notlügen? Dazu die Rückfrage: Hast du schon einmal ohne Not gelogen? Wir Menschen lügen doch nur dann, wenn wir in Bedrängnis kommen, weil die Wahrheit schmerzlich, peinlich oder teuer wäre. Oder nicht?! Damit hat sich diese Frage nach er „Notlüge" eigentlich schon erübrigt.

Und warum sollen wir die Wahrheit reden? Auch das möchte uns Paulus nicht vorenthalten: *„...weil wir untereinander Glieder sind"*. Also mit den Christen bin ich in einer Familie. Mit denen rede ich die Wahrheit. Und die anderen kann ich schon mal anlügen, oder? Nein, kannst du nicht! Denn es geht nicht um die „Heiligen in Christus", die Paulus hier anspricht, sondern er spricht von deinem „Nächsten".

So wie wir von Jesus dazu aufgefordert werden: *„Du sollst deinen Nächsten lieben wie dich selbst!"* (Matthäus 22,39). So werden wir hier von Paulus dazu aufgefordert: *„redet die Wahrheit, ein jeder mit seinem Nächsten, weil wir untereinander Glieder sind"*. Alle Menschen sind Geschöpfe Gottes und haben deshalb das Recht, nicht belogen, sondern ehrlich und wahrhaftig behandelt zu werden, *„weil wir untereinander Glieder sind"*.

(2) Zorn ablegen!

Das gleiche gilt, wenn wir uns dem nächsten Stichwort zuwenden. Auch hier wird der Kreis derer, die es betrifft, nicht auf die Glieder der Gemeinde Jesu begrenzt. Sondern von dem ausgehend, was wir gerade gehört haben, sollen wir gegenüber allen Menschen unser Temperament im Griff haben, wenn es darum geht, Zorn abzulegen!

„Zürnt ihr, so sündigt nicht; lasst die Sonne nicht über eurem Zorn untergehen und gebt nicht Raum dem Teufel."

(Epheser 4,26-27)

Es ist anzunehmen, dass Paulus diese Aufforderung einem Abendgebet des Königs David entnommen hat. In Psalm 4,5 ist zu lesen: *„Zürnt ihr, so sündiget nicht; redet in eurem Herzen auf eurem Lager und seid stille"*. Das hebräische Wort für „zürnen" bedeutet eigentlich „sich aufregen". Habt ihr euch schon einmal aufgeregt? Dann wisst ihr ja, wie nötig die Aufforderung ist, dabei nicht zu sündigen. Mit dem Wort „sündigen" bezeichnet die Bibel einen Vorgang, bei dem ich mich dem Einfluss Gottes entziehe, bei dem ich mich über sein Wort und Gebot hinwegsetze und ihm sozusagen den Rücken zu kehre bzw. mir nicht mehr dreinreden lasse.

Deshalb der Rat von König David: „Wenn du dich aufregst, dann poltere nicht einfach los, sondern atme tief durch, gehe in dich und suche das Gespräch mit Gott!" Sonst kann das passieren, vor dem Paulus an dieser Stelle warnt: *"...gebt nicht Raum dem Teufel"*. Das sieht zunächst aus, wie eine allgemeine Aufforderung, dem Teufel zu widerstehen. Wenn wir uns aber bewusst machen, was mit uns geschieht, wenn wir uns aufregen, merken wir sehr bald, dass man sich in der Aufregung sehr schnell von Gott abwenden kann. Und dort, wo Gott verdrängt wird, beginnt das ihm Entgegengesetzte Fuß zu fassen. Wo Gott keinen Raum hat, da wird der Teufel versuchen, diesen einzunehmen.

Es gibt auf dieser Welt kein Vakuum oder eine religionsfreie Zone. Martin Luther verwendete für diese Tatsache zu seiner Zeit den Vergleich mit einem Pferd. Der Mensch und sein Wille sei wie ein Pferd, das ständig geritten wird. Entweder es wird vom Teufel gelenkt und geritten, was nicht auf Besessenheit hinweisen sollte, sondern auf ein gottloses Leben. Oder es wird von Gott geritten und gelenkt, damit es auf seinen Wegen gehen kann. Es gibt nur ein „entweder/oder". Dazwischen gibt es nichts, auch wenn manche Menschen dies gerne so hätten.

Wenn also der Zorn an deinen Beinen hochgekrochen kommt, dann wird es höchste Zeit, mit Gott in Kontakt zu treten. Dann wirst du dich auch wieder abgeregt haben, bis die Sonne untergeht. Wer sich nicht an diese Regel hält, der wird in der folgenden Nacht vermutlich nicht so gut schlafen => Verbitterung droht! Dann lieber innehalten, drei Mal Luft holen, und sich eines besseren besinnen. Und wenn wir ehrlich sind, lohnt es sich in den meisten Fällen gar nicht, sich aufzuregen. Das heißt, wir können es eigentlich lassen, bevor uns Gesundheit und Lebenszeit abhandenkommen. Womit wir beim nächsten Stichwort wären: Diebstahl ablegen!

(3) Diebstahl ablegen!

> *„Wer gestohlen hat, der stehle nicht mehr, sondern arbeite und schaffe mit eigenen Händen das nötige Gut, damit er dem Bedürftigen abgeben kann."* (Epheser 4,28)

Das sind Worte, die natürlich sehr gut in die damalige Situation passen. Es gab zur damaligen Zeit in den Städten Kleinasiens viele öffentliche Märkte. Da war es gang und gäbe, dass Menschen an den Verkaufsständen etwas mitgehen ließen. Auf der anderen Seite gab es auch solche, die mit Diebstahl ihren Lebensunterhalt verdient haben. Heißt das nun, dass wir dieses Stichwort getrost abhaken können? In Bezug auf diejenigen, die durch Diebstahl ihren Lebensunterhalt verdient haben, denke ich, dass wir es abhaken können. Sollte ein berufsmäßiger Dieb unter uns sein, darf er diese Worte allerdings getrost wörtlich nehmen!

Aber ganz abhaken können wir es nicht. Also wenn ich da an mich selbst denke, bin ich in meinem Leben immer wieder versucht gewesen, z.B. an meinem Arbeitsplatz etwas mitgehen zu lassen: Einen Kugelschreiber, ein kleines Werkzeug, Kopierpapier, eine Schraube, Tesa-Film, usw. Diese Dinge sind so klein. Und wenn man dann noch schlecht bezahlt wird... Bis man sich versieht, befinden sie sich in der Hosentasche oder in der Vespertasche. „Mein Chef wird es sich schon leisten können!" Kann er vielleicht, aber es bleibt dennoch Diebstahl.

Nein, ich persönlich habe sowas noch nicht gestohlen, aber die Versuchung war extrem groß, es zu tun. Was ich allerdings schon getan habe: Ich habe Menschen ihre Zeit gestohlen. Ich habe Menschen unnötig Nerven gekostet, und ihnen damit Gesundheit gestohlen. Ich war rücksichtslos und habe Menschen damit eine Chance gestohlen, geistlich zu wachsen oder einen persönlichen Vorteil aus einer Situation zu ziehen. Usw. Usw.

Wichtig ist, dass wir erkennen, dass es in diesem Zusammenhang nicht nur um Verbrechen geht Straftaten oder Ordnungswidrigkeiten. Und das, was Paulus hier beschreibt, kann auch nicht unter der Kategorie „Kavaliersdelikte" abgetan werden. Sondern es ist Sünde, über die wir nachdenken müssen, damit wir sie ablegen können.

Bzw. Paulus spricht hier sogar ein Ziel an, das wir durch engagierte und ehrliche Arbeit erreichen können: Wir können Menschen mit dem segnen, was wir von Gott bekommen haben, indem wir es ihnen nicht vorenthalten, sondern geben. Es vorzuenthalten wäre auch eine Art Diebstahl.

Nein, wir werden von Gott gesegnet, um andere zu segnen. Diese Aussage nehme ich aus diesem Text mit. Gott hat mir Möglichkeiten, Fähigkeiten, Gaben und Besitz gegeben, damit ich sie zum Segen für andere einsetze. Es gibt keinen anderen Grund für den Segen Gottes.

Natürlich dürfen wir selbst diesen Segen auch genießen. Wer es sich leisten kann, darf sich ein Haus bauen, ein Auto kaufen, in Urlaub gehen, Hobbies nachgehen, zum Essen ausgehen, usw. Aber grundsätzlich ist menschlicher und materieller Segen nicht für uns selbst. Er ist dazu gedacht andere zu segnen. Denen davon abzugeben, die nicht so viel haben. Und das gilt auch für Charakter, Persönlichkeit, geistliche Reife und Erfahrung. Wir werden gesegnet, um andere zu segnen. Und weil das auch für unsere Worte gilt, wenden wir uns dem nächsten Stichwort zu: Geschwätzigkeit ablegen!

(4) Geschwätzigkeit ablegen!

„Lasst kein faules Geschwätz aus eurem Mund gehen, sondern redet, was gut ist, was erbaut und was notwendig ist, damit es Segen bringe denen, die es hören."

(Epheser 4,29)

Diese Worte schlagen in genau die gleiche Kerbe wie eben: Das Ziel unseres Verhaltens ist nicht, dass wir uns selbst besser fühlen, sondern dass die Menschen gesegnet werden, die uns umgeben: In der Familie, in der Schule, am Arbeitsplatz, in der Freizeit, in der Gemeinde, bei Hobby, Spaß und Zeitvertreib. Andere sollen gesegnet werden.

Nur, was ist denn „gut"? Was „erbaut" denn den anderen? Und welche Worte sind denn wirklich notwendig, damit andere gesegnet werden? Dazu sagen manche Schwaben: „Nix gsagt isch gnug globt!" Ein Verhalten, dem ich in meinem Leben unzählige Male begegnet bin. Ohne dass ich Menschen unterstellen möchte, dass sie sich dieses Verhalten bewusst vorgenommen haben. Im Großen und Ganzen habe ich deshalb nur zwei Tipps, wenn es um Worte geht:

Erstens: Überlege dir, was dir selbst guttun würde. Überlege dir, welche Worte du gerne hören würdest. Überlege dir, welchem Verhalten du gerne begegnen würdest. Und dann packe noch ein wenig Liebe dazu und Freundlichkeit, und trage es zu deinem Nächsten, der es sicher nicht ablehnen wird.

Und *Zweitens:* Tue nichts und sage nichts, was du in Gegenwart dessen nicht auch tun und sagen würdest, über den du gerade sprechen möchtest. Dass wir dabei bei der Wahrheit bleiben, haben wir ja schon geklärt. Dieses Verhalten wird sicher auch dem Heiligen Geist gefallen, um den es im nächsten Stichwort gehen wird: Betrübnis ablegen!

(5) Betrübnis ablegen!

„Und betrübt nicht den Heiligen Geist Gottes, mit dem ihr versiegelt seid für den Tag der Erlösung." (Epheser 4,30)

Ich denke, es steht außer Frage, dass wir Menschen von Gott, dem Vater, dem Sohn und dem Heiligen Geist in einer Weise geliebt werden, die mit menschlicher Liebe absolut nicht zu vergleichen ist. Ein paar Verse weiter ist von dieser Liebe Gottes die Rede, die unvorstellbares getan hat, um uns Menschen zu erlösen, zu befreien und zu heilen.

Und weil diese Liebe Gottes zu jedem einzelnen Menschen so groß ist, deshalb ist es auch möglich, den Heiligen Geist zu „betrüben". Oder etwas anders übersetzt: „traurig zu machen". An dieser Stelle wird uns ein zweites Ziel vor Augen gemalt, warum wir uns um die alten Kleider bzw. den alten Menschen kümmern sollen:

Es geht erstens darum, dass wir alle Menschen dadurch segnen können, dass wir unseren alten Menschen ablegen und den neuen anlegen. Und es geht zweitens darum, dass wir dem Heiligen Geist ganz sicher eine Freude bereiten, wenn wir uns an den Worten ausrichten, die er uns für unser Leben mitgeben möchte.

Ich denke, hier hält sich Paulus an seine eigenen Ratschläge: Zwischen all den negativen Dingen, die wir als Nachfolger Jesu ablegen sollen, sagt er uns hier Worte zu, die eine Motivation sein sollen, an dem Ablegen dranzubleiben. Denn wenn wir uns jetzt noch die letzten beiden Stichworte anschauen, wird es ja nicht unbedingt leichter mit dem Ablegen. Dennoch bleiben wir dran, wenn es jetzt darum geht, alle Bosheiten abzulegen!

(6) Bosheiten ablegen!

„Alle Bitterkeit und Grimm und Zorn und Geschrei und Läs-terung seien fern von euch samt aller Bosheit." (Epheser 4,31)

Für Bosheit, oder anders übersetzt auch „Verderbtheit, Perversion, Feindseligkeit, Schlechtigkeit" steht im Griechischen das Wörtchen „kakia". Ich denke, dass ich zu „KAKIA" nicht viel sagen muss. Das Wort selbst sagt schon alles aus. Wir verwenden es im Deutschen für alle Dinge, die man normalerweise auf den Misthaufen wirft oder die Toilette herunterspült. Deshalb war ich auch so frei, die Worte, die davorstehen (Bitterkeit, Grimm, Zorn, Geschrei, Lästerung), unter diesem Stichwort zusammenzufassen.

Die Schwierigkeit an dieser Stelle ist nicht, dass wir jemanden davon überzeugen müssten, dass solches Verhalten an sich bösartig ist. Die Schwierigkeit besteht darin, festzulegen, wann Bitterkeit anfängt, wann Wut beginnt, oder wann Verleumdung oder Lästerung beginnen. Da sind die geistigen, seelischen oder geistlichen Messinstrumente der Menschen ja ganz unterschiedlich kalibriert, je nachdem wie sie gestrickt sind.

Für den einen ist es halt ein bisschen Aufregung, wenn es mal etwas lauter wird, doch der andere ist durch den in seinen Augen „Wutanfall" bereits zutiefst verletzt. Was machen wir also damit? Am besten wir versuchen nicht, unser eigenes Verhalten schön zu reden, sondern es von der Heiligen Schrift und durch den Heiligen Geist beurteilen und einordnen zu lassen. Das nennt man geistliches kalibrieren.

Mehr möchte ich dazu gar nicht sagen, denn ich gehe davon aus, dass wir als Nachfolger Jesu gewillt sind, auch in diesen Dingen dem Heiligen Geist eine Freude machen zu wollen. Gleiches gilt für das letzte der sieben Stichworte, wenn nicht sogar das wichtigste: Mangelnde Vergebungsbereitschaft ablegen!

(7) Mangelnde Vergebungsbereitschaft ablegen!

> *„Seid aber untereinander freundlich und herzlich und vergebt einer dem andern, wie auch Gott euch vergeben hat in Christus."* (Epheser 4,32)

Wenn man es wörtlich übersetzen würde, müsste man sagen: *„Seid untereinander sanft, angenehm und weichherzig und vergebt einer dem andern so gnädig, wie auch Gott euch vergeben hat in Christus".* Das hat was von Wellness für die Seele, oder?

Ich denke, hier liegt ein Schlüssel verborgen, für eine familiäre Atmosphäre in der Gemeinde. Warum? Wir leben in einer Gesellschaft, die von Leistung geprägt ist. Manche nennen sie auch „Ellbogengesellschaft". Von Kindheit an hat uns das viel mehr geprägt als uns heute als Nachfolger Jesu lieb ist. Aber es ist dennoch so: Wir sind Kinder unserer Zeit und Gesellschaft, auch wenn wir Kinder Gottes sind.

In einer „Ellbogengesellschaft" arbeitet normalerweise jeder für seinen eigenen Profit. Manche gehen dafür auch über Leichen. Das bedeutet, dass man in unserer Gesellschaft lauter Konkurrenten, wenn nicht sogar Gegner hat. Immer muss man auf der Hut sein, dass nicht ein anderer um die Ecke kommt, um mir ein Bein zu stellen.

Und wie ist das in der Gemeinde Jesu? Eigentlich sollte es da anders sein, aber wir sind eben auch Kinder unserer „Ellbogengesellschaft". Doch wie wäre es, wenn wir zukünftig davon ausgehen würden, dass die anderen in der Gemeinde keine Gegner sind, die mit uns in Konkurrenz treten?! Wenn wir davon ausgehen würden, dass uns die anderen Gemeindeglieder mögen, auch wenn sie vielleicht mal schräg dreinschauen?! Und dass sie sanft, angenehm und weichherzig sind?!

Wie wäre es, wenn wir in der Gemeinde dieses Leistungsdenken beiseitelegen könnten, auch wenn wir dennoch unser Bestes geben?! Wir würden dann unser Bestes für Jesus geben, und nicht, um mit anderen Gaben, Fähigkeiten, Diensten usw. in Konkurrenz zu treten. Dann würde sicher nicht mehr so viel geschehen, was vergebungswürdig wäre. Aber selbst dann könnten wir uns in sanfter und weichherziger Art begegnen, um Vergebung möglich zu machen. Und das brauchen wir.

Auch in der schönsten Atmosphäre kommt es vor, dass sich Menschen verletzen oder kränken. Doch was passiert, wenn diese Konflikte nicht gelöst und bewältigt werden? Die Kränkung bleibt bestehen - der Konflikt schwelt weiter. Und damit bleiben wir nicht positiv, sondern negativ aneinandergebunden. Vergessen wir nicht, dass wir immer aneinandergebunden sind, *„weil wir untereinander Glieder sind"*. Wir sind als Geschöpfe seit der Schöpfung aneinandergebunden. Doch wir entscheiden, ob wir negativ oder positiv aneinandergebunden sind.

Jesus hat diese Sache mit der Vergebungsbereitschaft nicht deshalb mit Gericht und Strafe verbunden, weil er uns das Leben schwer machen möchte (vgl. Matthäus 18,21-35). Sondern weil er weiß, dass es uns selbst zur Freiheit führt, wenn wir im Konfliktfall aufeinander zugehen, uns voreinander demütigen und uns dann in gnädiger Weise Vergebung zusprechen. Und das muss wörtlich geschehen. Der eine bittet um Vergebung bzw. bittet um Entschuldigung, und der andere sagt es ihm zu: „Ich vergebe dir". Denn *„was ihr auf Erden binden werdet, soll auch im Himmel gebunden sein, und was ihr auf Erden lösen werdet, soll auch im Himmel gelöst sein"* (Matthäus 18,18).

Wenn wir dem anderen Vergebung zusprechen, lösen wir ihn damit aus der negativen Bindung heraus, und schenken ihm die Freiheit, zukünftig in einer positiven Weise verbunden zu sein. Es gibt nichts Schöneres als dies.

Wir werden im nächsten Abschnitt, zu Beginn von Kapitel 5 sehen, dass Paulus dies alles mit einem Leben in der Liebe Gottes verknüpft. Deshalb kam ich auch darauf, dies als Schlüssel für eine familiäre Atmosphäre in der Gemeinde zu sehen: Wenn wir einander mit Sanftmut und Liebe begegnen, werden wir in Freiheit aneinandergebunden sein.

Und das wird ein Segen, sowohl für uns selbst als auch für andere Menschen sein. Das ist das Ziel Nr. 1 unserer Altkleidersammlung gewesen. Und es wird dem Heiligen Geist eine Freude bereiten. Deshalb lasst uns dranbleiben, den Schrank auszuräumen, damit Neues darin Platz finden kann. Amen.

Liebe als Lebensstil
(Epheser 5,1-14)

Einer der großen Kirchenlehrer, Bischof Augustinus, soll einmal gesagt haben: *„Liebe! Und tue, was du willst!"* Für manche Menschen ist das eine sehr gewagte Aussage. Aber das sind vermutlich diejenigen, die nur den zweiten Teil des Satzes im Blick haben: *„Und tue, was du willst!"* Und das geht natürlich überhaupt nicht! Denn wenn jeder das tut, was ihm gerade in den Kram passt, haben wir es mit Anarchie zu tun. Und die funktioniert ja bekanntlich nur für diejenigen, die das tun, was ihnen gerade gefällt. Der Rest der Bevölkerung schaut dabei meist in eine ziemlich dunkle Röhre. Anarchie funktioniert nicht wirklich.

Aber genau das hatte der Kirchenlehrer Augustinus ca. 400 nach Christi Geburt auch sicherlich nicht gemeint. Denn er hat ein sehr wichtiges Wort vorangestellt, das wir schon aus dem Mund von Jesus gehört haben - Liebe:

> *„Ein neues Gebot gebe ich euch, dass ihr euch untereinander liebt, wie ich euch geliebt habe, damit auch ihr einander liebhabt. Daran wird jedermann erkennen, dass ihr meine Jünger seid, wenn ihr Liebe untereinander habt."*
>
> *(Johannes 13,34-35)*

Auf die Frage von Schriftgelehrten, was denn unter den im Alten Bund vorgegebenen ca. 612 Geboten und Gesetzen das wichtigste sei, antwortete Jesus - Matthäus 22,37-40:

> *„Du sollst den HERRN, deinen Gott, lieben von ganzem Herzen, von ganzer Seele und von ganzem Gemüt (5. Mose 6,5). Dies ist das höchste und größte Gebot. Das andere aber ist dem gleich: Du sollst deinen Nächsten lieben wie dich selbst (3. Mose 19,18)." (Matthäus 22,37-40)*

Bischof Augustinus hatte demnach eigentlich nur wiederholt, was Jesus selbst immer wieder betont hat: „Liebt Gott von ganzem Herzen! Liebt euren Nächsten, der bei euch wohnt oder mit dem ihr zusammenlebt! Liebt euch untereinander als solche, die sich als Nachfolger Jesu bezeichnen!" Oder anders gesagt: „Lebt in der Liebe!"

Und damit es nicht nur bei der Aufforderung bleibt, in dieser Liebe zu leben, möchte ich heute mit euch einen Abschnitt aus dem Brief an die weltweite Christenheit betrachten, in dem es darum geht, wie diese Liebe in der Praxis gelebt werden kann. Oder im Sinne unseres heutigen Themas: „Liebe als Lebensstil". Dazu lesen wir aus Epheser 5, die Verse 1-14:

„So folgt nun Gottes Beispiel als die geliebten Kinder und lebt in der Liebe, wie auch Christus uns geliebt hat und hat sich selbst für uns gegeben als Gabe und Opfer, Gott zu einem lieblichen Geruch. Von Unzucht aber und jeder Art Unreinheit oder Habsucht soll bei euch nicht einmal die Rede sein, wie es sich für die Heiligen gehört. Auch schandbare und närrische oder lose Reden stehen euch nicht an, sondern vielmehr Danksagung. Denn das sollt ihr wissen, dass kein Unzüchtiger oder Unreiner oder Habsüchtiger - das sind Götzendiener - ein Erbteil hat im Reich Christi und Gottes. Lasst euch von niemandem verführen mit leeren Worten; denn um dieser Dinge willen kommt der Zorn Gottes über die Kinder des Ungehorsams. Darum seid nicht ihre Mitgenossen. Denn ihr wart früher Finsternis; nun aber seid ihr Licht in dem Herrn. Lebt als Kinder des Lichts; die Frucht des Lichts ist lauter Güte und Gerechtigkeit und Wahrheit. Prüft, was dem Herrn wohlgefällig ist, und habt nicht Gemeinschaft mit den unfruchtbaren Werken der Finsternis; deckt sie vielmehr auf. Denn was von ihnen heimlich getan wird, davon auch nur zu reden ist schändlich. Das alles aber wird offenbar, wenn's vom Licht aufgedeckt wird; denn alles, was offenbar wird, das ist Licht. Darum heißt es: Wach auf, der du schläfst, und steh auf von den Toten, so wird dich Christus erleuchten."

Vor dem Hintergrund dieser Worte des Apostels Paulus schauen wir uns jetzt an, was es bedeuten kann, Liebe zum Leitmotto des eigenen Lebens zu machen. Dazu habe ich diesen Bibel-Abschnitt in fünf Bereiche aufgeteilt: Zunächst fragen wir uns, worin eigentlich die Grundlage eines liebevollen Lebensstils bestehen könnte. Danach schauen wir, was liebevoller Lebensstil nicht ist. Diese Art der Betrachtung könnte uns dabei helfen zu erkennen, was einen liebevollen Lebensstil eigentlich ausmacht. Denn genau darauf gehe ich dann in den letzten drei Bereichen des Themas noch etwas näher ein: Liebevoller Lebensstil ist: Leben im Licht, leben, wie es Gott gefällt, und heißt: Aufdecken, was dunkel ist.

Zunächst werden wir aber - wie bei jedem soliden Hausbau - ein Fundament legen. Dazu schauen wir noch einmal auf die ersten beiden Verse in diesem fünften Kapitel des Epheser-Briefs:

(1) Grundlage eines liebevollen Lebensstils

„So folgt nun Gottes Beispiel als die geliebten Kinder und lebt in der Liebe, wie auch Christus uns geliebt hat und hat sich selbst für uns gegeben als Gabe und Opfer, Gott zu einem lieblichen Geruch."

Im August 1941 gelang einem der Häftlinge aus dem KZ Auschwitz die Flucht. Aus Wut, Hass, Rache und Abschreckung wurden abends beim Appell zehn Männer ausgewählt, die in einer Zelle ohne Essen und Trinken qualvoll sterben sollten. Der Kommandant rief wahllos zehn Nummern auf, und die Männer mussten vortreten. Unter ihnen war ein junger Pole, Franz Gajowniczek. Er trat weinend aus der Reihe und brach schreiend zusammen.

Da löste sich ein elfter Mann aus der Reihe und ging auf den Lagerleiter zu und sagte: „Ich bin katholischer Priester. Ich bitte Sie, lassen Sie mich für den Mann gehen, der eine Frau und drei kleine Kinder zu Hause hat!" Der Lagerleiter war so verblüfft, dass er der Bitte des Priesters nachgab. Pater Maximilian Kolbe ging für den jungen Polen in die Zelle und starb einen qualvollen Tod. Der junge Familienvater wurde durch diese Tat gerettet. Er hatte durch das Opfer des Paters sein Leben noch einmal geschenkt bekommen.

„So folgt nun Gottes Beispiel als die geliebten Kinder und lebt in der Liebe..." (Epheser 5,1). Zunächst einmal sind diese Worte des Paulus für alle Nachfolger Jesu eine Herausforderung. Pater Maximilian Kolbe hatte sich diese Worte zu Herzen genommen. Was natürlich nicht heißt, dass man Liebe nur dann zu seinem Lebensstil machen kann, wenn

man bereit ist, dafür zu sterben. Die Wahrheit liegt vermutlich irgendwo dazwischen.

Und dennoch liegt ein großes Geheimnis darin verborgen. Jeder, der an Jesus Christus glaubt und ihm sein Leben anvertraut hat, konnte dies nur deshalb tun, weil Jesus dafür sein Leben gelassen hat. Unsere Grundlage für ein neues Leben (vgl. 2. Korinther 5,17) ist die, dass ein anderer für uns in den Tod gegangen ist.

Ich denke, jeder von uns hat mindestens schon einmal versucht, Liebe zu leben bzw. sich so zu verhalten, dass andere etwas von der Liebe abbekommen, die wir gerne weitergeben möchten. Ganz egal ob das bei Freunden war, Bekannten, Nachbarn, dem Lebenspartner oder sogar den eigenen Kindern. Wie war denn das Gefühl dabei, Liebe zu geben? Doch eher angenehm, oder?! Ja, wenn man einen anderen Menschen liebt, oder ihn zumindest mag, dann ist das mit dem „Liebe weitergeben" meist eine relativ einfache Sache, oder?

Aber ist es nicht dennoch so, dass derjenige, der für einen anderen etwas tut, schon so manchen kleinen Tod sterben muss, damit dieser sich auch wirklich geliebt fühlt? Wenn du z.B. einem befreundeten Pärchen „die nervigen Kinder" hütest, damit die beiden einmal ungestört miteinander ausgehen können? Dabei kann man schon so manchen Tod sterben, oder?! Oder wenn du dir einen persönlichen Wunsch nicht erfüllst, damit du den Wunsch eines anderen erfüllen kannst, weil für beides dein Geld nicht ausreicht? Oder dass du dem anderen unentgeltlich bei einer Arbeit hilfst, obwohl du weißt, dass du hinterher mindestens drei, vier Tage mit Muskelkater zu kämpfen haben wirst, weil du es nicht gewohnt bist, mit den Händen zu arbeiten? Sind das nicht die „kleinen Tode", die wir sterben, damit Liebe als solche sichtbar und spürbar werden kann?

„...lebt in der Liebe" ist deshalb auch eine Aufforderung, der wir nicht ohne fremde Hilfe nachkommen müssen. Denn dieses „...lebt in der Liebe" hat ein Fundament. Es gibt einen, der uns bereits geliebt hat, als unsere Eltern noch nicht mal einen Gedanken an uns verschwendet hatten. Der uns geliebt hat, bevor diese Erde geschaffen wurde. Er hat uns so sehr geliebt, dass er seinen einzigen Sohn geopfert hat, weil er es nicht übers Herz brachte, uns für immer verloren gehen zu lassen (vgl. Johannes 3,16). Und dies, obwohl wir Menschen alles andere wollten, als mit ihm Gemeinschaft zu haben. Oder mit ihm zu leben und ihm nach folgen zu wollen. So können wir es z.B. bei Paulus in Römer 5,8 nachlesen.

Wir können machen, was wir wollen: Gott liebt uns ohne Ende! Und genau das ist der Grund, warum es möglich ist, diesem Beispiel Gottes zu folgen und zu lieben - ohne Vorbehalte - ohne Schubladendenken - ohne Orientierung an der Nasenspitze. Oder wie es der Apostel Johannes einmal formuliert hat: *„Lasst uns lieben, denn er hat uns zuerst geliebt!"* (1. Johannes 4,19).

(2) Was liebevoller Lebensstil nicht ist

„Von Unzucht aber und jeder Art Unreinheit oder Habsucht soll bei euch nicht einmal die Rede sein, wie es sich für die Heiligen gehört. Auch schandbare und närrische oder lose Reden stehen euch nicht an, sondern vielmehr Danksagung. Denn das sollt ihr wissen, dass kein Unzüchtiger oder Unreiner oder Habsüchtiger - das sind Götzendiener - ein Erbteil hat im Reich Christi und Gottes. Lasst euch von niemandem verführen mit leeren Worten; denn um dieser Dinge willen kommt der Zorn Gottes über die Kinder des Ungehorsams." (Epheser 5,3-6)

Ok, wenn man diese Worte gelesen hat, braucht es eigentlich keine weiteren Erklärungen mehr. Was liebevoller Lebensstil nicht ist? Wenn man so lebt, wie es hier von Paulus beschrieben wird. Auf die Einzelheiten muss ich deshalb gar nicht näher eingehen. Interessant ist allerdings, was Paulus dazu sagt, wie dieses Leben zu verhindern wäre.

Er sagt: Von diesen Dingen *„soll bei euch nicht mal die Rede sein, wie es sich für die Heiligen gehört"*. Wenn man dies wörtlich übersetzt, müsste es so heißen: *„Dieses soll nicht einmal in euch genannt werden!"* Das heißt, dass wir nicht einen einzigen Gedanken daran verschwenden sollen.

Und warum? Dies hat nicht nur die moderne Psychologie herausgefunden, sondern das wusste schon der Apostel Jakobus. Und deshalb erinnert er uns in seinem Brief im ersten Kapitel daran, dass Sünde immer zuerst im Kopf entsteht, bevor sie ausgesprochen oder getan wird. Je länger ein Gedanke um unseren Kopf kreist, desto größer ist die Gefahr, dass er zur Tat wird.

Bei guten Gedanken ist das kein Problem. Aber bei allen anderen schon. Gerade in Bezug auf Unzucht, Unreinheit, Habsucht oder Geschwätzigkeit und Verleumdung. Und deshalb sollen wir auf solche Gedanken achten. Dass sie eben nicht zur Tat werden. Und dann womöglich zur inneren Haltung oder sogar einer Lebenseinstellung werden. Eine Möglichkeit, wie das enden kann, sieht man z.B. bei Verschwörungstheoretikern, bei den Reichsbürgern, bei den Querdenkern, usw. Und man glaube bloß nicht, dass es unter diesen Menschengruppen keine Nachfolger Jesu gäbe.

Aber bleiben wir bei den Aussagen von Paulus, denn die haben es im Zusammenhang mit einem liebevollen Lebensstil ganz schön in sich. Warum sollen wir an lieblose und sündhafte Dinge nicht einmal einen Gedanken verschwenden? Weil Gedanken zu Taten und Lebenseinstellungen werden können. Und dazu sagt Paulus:

„Denn das sollt ihr wissen, dass kein Unzüchtiger oder Unreiner oder Habsüchtiger - das sind Götzendiener - ein Erbteil hat im Reich Christi und Gottes. Lasst euch von niemandem verführen mit leeren Worten; denn um dieser Dinge willen kommt der Zorn Gottes über die Kinder des Ungehorsams."

Zur Erinnerung: Paulus schreibt hier nicht an Menschen, die nicht an Jesus Christus glauben. Er schreibt an Nachfolger Jesu. Und er schreibt hier auch nicht über die Menschen, die nicht an Jesus glauben, sondern er schreibt über die Nachfolger Jesu, die im Laufe ihres Christseins zu *„Kindern des Ungehorsams"* geworden sind.

Ich denke, hinter dieser Aussage steckt das Bild einer Familie. Es ist die Familie mit Namen UNGEHORSAM, im Gegensatz zur Familie Gottes, der Gemeinde. Und diese Familie Ungehorsam lebt, wie der Familienname schon sagt, in permanentem Ungehorsam gegenüber dem Willen Gottes und den biblischen Vorgaben. Und jetzt sagt Paulus, dass jeder, der gottlose Gedanken so missachtet, dass sie zu Taten, zu inneren Haltungen und sogar zu Lebenseinstellungen werden, dass derjenige damit zur Familie Ungehorsam gehört. Und alle, die zu dieser Familie gehören, haben kein Erbteil im Reich Gottes. Oder anders gesagt: Die kommen nicht in den Himmel, sondern in die Hölle! Ist das zu hart ausgedrückt?

Es gibt doch jede Menge Pastoren und Theologen, die sagen, dass man sein Heil nicht verlieren kann, wenn man einmal mit Jesus begonnen hat. Das stimmt, weshalb ich diesen Fachleuten mit meinen Ausführungen absolut nicht widersprechen möchte. Ganz im Gegenteil: Man kann sein Heil nicht verlieren, wenn man es von Jesus einmal geschenkt bekommen hat.

Habt ihr schon einmal etwas verloren? Ganz bestimmt. Dazu seid ihr morgens aufgestanden, habt etwas in die Tasche gesteckt und euch dann vorgenommen: „Das werde ich heute im Lauf des Tages verlieren!" So war es doch, oder? Nein, natürlich nicht! Wer etwas verliert, der verliert es unbewusst. Der Verlust fällt erst dann auf, wenn der Gegenstand gebraucht wird, der verloren ging.

Genau auf diese Weise kann man sein Heil nicht verlieren. Wer mit Jesus unterwegs ist, wer nach dem Willen Jesu fragt und sein Leben an Jesus ausrichtet, wird sein Heil nicht verlieren. Auch dann nicht, wenn er sündigt (vgl. 1. Johannes 1,9). Man kann es nicht einfach verlieren!

Aber man kann es wegwerfen! Ich bin davon überzeugt, dass Paulus an dieser Stelle genau darüber spricht: Du kannst dein Heil nicht verlieren, aber du kannst es wegwerfen, indem du nicht auf deine Gedanken aufpasst und dich von anderen zu einem bewusst lieblosen und sündhaften Lebensstil verführen lässt, und dabei bleibst. Also Vorsicht!

So, und jetzt werden wir uns in der uns verbleibenden Zeit noch anschauen, wie Paulus einen Lebensstil beschreibt, der von der Liebe Jesu gekennzeichnet ist. Und da beginnen wir an dem für uns dritten Punkt der Predigt:

(3) Liebevoller Lebensstil ist: Leben im Licht

> *„Darum seid nicht ihre Mitgenossen. Denn ihr wart früher Finsternis; nun aber seid ihr Licht in dem Herrn."*
>
> *(Epheser 5,7-8b)*

Hier macht Paulus also noch einmal deutlich, dass es um uns als Nachfolger Jesu geht: „Seid nicht die Mitgenossen derer, die in der Finsternis leben. Ihr müsstet doch eigentlich noch wissen, wie es sich anfühlt, denn ihr wart doch früher auch in der Finsternis! Aber nun lebt ihr im Licht Jesu, der gesagt hat: *»Ich bin das Licht der Welt. Wer mir nachfolgt, der wird nicht wandeln in der Finsternis, sondern wird das Licht des Lebens haben«* (Johannes 8,12)".

Nachfolger Jesu leben nicht im Zwielicht: Mal im Licht, mal in der Finsternis. Je nach Tageslaune oder Situation, in der sie sich gerade befinden, oder in die sie sich hineinbegeben. Entweder sie leben im Licht oder in der Finsternis. Paulus betont, wie im ganzen Epheser-Brief, so auch an dieser Stelle, dass es darum geht, als Nachfolger Jesu in eindeutigen Verhältnissen zu leben.

Dazu schreibt er z.B. in Kap. 2,1ff: *„Auch ihr wart tot durch eure Übertretungen und Sünden..."* Jetzt aber: *„...mit Christus lebendig gemacht [...] mit auferweckt und mit eingesetzt im Himmel in Christus Jesus..."* Oder Kap. 2,11ff: *„...ausgeschlossen vom Bürgerrecht [...] außerhalb des Bundes der Verheißung [...] keine Hoffnung [...] Jetzt aber in Christus seid ihr, die ihr einst Ferne wart, Nahe geworden durch das Blut Christi."*

Wo er nur kann, weist Paulus darauf hin, dass es eine rote Linie gibt, die nicht überschritten werden darf. Und das ist die rote Linie zwischen Licht und Finsternis. Paulus mischt diese beiden Bereiche nicht, auch wenn es unter den Nachfolgern Jesu durchaus eine Option ist, Christsein zu leben. Doch für Paulus ist Christsein im Zwielicht undenkbar.

Bewusstes Leben in der Finsternis ist für Nachfolger Jesu nicht mehr möglich, denn sie leben jetzt im Licht, in der Gemeinschaft mit Jesus, und damit in einem völlig neuen Lebensumfeld: Nämlich dort, wo liebevoller Lebensstil gelebt wird. Dort, wo die Liebe regiert, wo Jesus regiert. Und dort hat die Finsternis keinen Platz mehr. Leben als Nachfolger Jesu, das aussieht wie ein Tag bei Sonnenfinsternis, ist undenkbar.

Warum? Weil schon der Prophet Jesaja im alten Bund das Leben mit Jesus folgendermaßen angekündigt hat: *„Das Volk, das im Finstern wandelt, sieht ein großes Licht, und über denen, die da wohnen im finstern Lande, scheint es hell"* (Jesaja 9,1). Jesus kam demnach zu uns als Licht in die Finsternis. Das heißt, dass es jetzt nur noch hell ist.

Und deshalb lasst uns dieses Licht nicht mehr ausknipsen, sondern lasst uns so im Licht leben, wie sonnenhungrige Menschen, die sich bei jeder Gelegenheit in die Sonne legen, um sich von ihr bescheinen zu lassen. Und daraus kann dann der vierte Punkt folgen:

(4) Liebevoller Lebensstil ist: Leben, wie es Gott gefällt

„Lebt als Kinder des Lichts; die Frucht des Lichts ist lauter Güte und Gerechtigkeit und Wahrheit. Prüft, was dem Herrn wohlgefällig ist..." (Epheser 5,8c-10)

Man könnte über diese Worte auch schreiben: Lebe, was du bist! Wir leben nicht mehr als Knechte der Finsternis. Wir leben im Licht. In unserem Leben hat sich etwas Entscheidendes getan - es hat ein Herrschaftswechsel stattgefunden. Wie Petrus es beschreibt: *„... von der Finsternis zu seinem wunderbaren Licht"* (1. Petrus 2,9).

Das ist also passiert. Und deshalb sagt Paulus jetzt: „Weil das so ist, lebe es auch. Lebe so, wie ein Kind des Lichts. Lebe so, dass dieses Licht durch ein Leben in der Liebe hell leuchtet, auch zu anderen hin!" Stell dir vor, ich stehe als Angestellter einer örtlichen Bank am Informationsschalter, und haben einen verschmutzten Blaumann an. Das würde sicher für starke Irritationen sorgen. Jeder Kunde würde zum Schalter kommen und mich erst einmal fragen, wo denn der zuständige Mitarbeiter wäre. Wie sollte man an meinem Auftreten auch erkennen, dass ich ein Angestellter dieser Bank bin, der die Interessen seiner Bank auch nach außen hin vertreten möchte? Man sieht es mir einfach nicht an.

Und so kann man nicht erwarten, dass andere Menschen in dir einen Nachfolger Jesu erkennen, wenn du dich in deinem Alltagsleben so benimmst, als hättest du von Jesus und seinem Wort noch nie etwas gehört. Wobei es dabei nicht um Perfektion geht, oder dass du vollkommen sündenfrei leben müsstest. Sicher nicht! Aber kein Mensch kann unseren Glauben als attraktiv empfinden, wenn er durch uns dieses Liebes-Licht Jesu nicht leuchten sieht. Und dieses Licht leuchtet an dieser Stelle als *„Güte, Gerechtigkeit und Wahrheit"*. Quasi als Frucht eines Lebens im Licht.

Was mich an die „Frucht des Geistes" erinnert, die in Galater 5,22-23 beschrieben wird: *„Die Frucht aber des Geistes ist Liebe, Freude, Frie-*

de, Geduld, Freundlichkeit, Güte, Treue, Sanftmut, Selbstbeherrschung; gegen all dies ist das Gesetz nicht".

Wie ist das mit der Frucht? „Schwups!", und sie ist von einem auf den anderen Moment vorhanden? Das wäre ein Wunder. Frucht ist etwas, was normalerweise nicht von heute auf morgen vorhanden ist. Erst kommt der Same, dann das Bäumchen, die Äste, die Blüte und dann der Apfel oder die Birne. Das braucht seine Zeit. Eine Frucht muss wachsen, sie muss heranreifen. Und sie tut es genau dort, wo sie die besten Voraussetzungen dazu hat. Deshalb ist es so wichtig, dem Heiligen Geist Raum und Zeit zu geben, damit er dein Leben so vorbereiten, beackern und pflegen kann, dass es fruchtbar wird.

Was wiederum nur im Licht möglich ist. Und deshalb ist auch der fünfte und letzte Punkt so wichtig, wenn auch nicht weniger heikel. Denn dieser beschäftigt sich mit einer Sache, an die manche Menschen nicht so gerne herangehen möchten:

(5) Liebevoller Lebensstil heißt: Aufdecken, was dunkel ist

„...und habt nicht Gemeinschaft mit den unfruchtbaren Werken der Finsternis; deckt sie vielmehr auf. Denn was von ihnen heimlich getan wird, davon auch nur zu reden ist schändlich. Das alles aber wird offenbar, wenn's vom Licht aufgedeckt wird; denn alles, was offenbar wird, das ist Licht. Darum heißt es: Wach auf, der du schläfst, und steh auf von den Toten, so wird dich Christus erleuchten."

(Epheser 5,11-14)

Wie gesagt: Jetzt wird es ein wenig heikel. Vielleicht nicht so sehr im ersten Teil des ersten Satzes: *„...und habt nicht Gemeinschaft mit den unfruchtbaren Werken der Finsternis".* Ich denke, diese Aussage benötigt keine weitere Erläuterung. Wenn Finsternis bedeutet, dass man sich bewusst an sündhaften Dingen beteiligt, dann bedeutet ein „Leben im Licht" nichts weniger als das genaue Gegenteil.

„Leben im Licht" heißt demnach, dass wir alles unterlassen, was mit dem Wort Gottes nicht zu vereinbaren sind. Dass wir uns z.B. nicht daran beteiligen, wenn andere über andere Menschen herziehen. Nach dem Motto: „Habt ihr schon gehört..?" Auch dann nicht, wenn diese

Geschwätzigkeit und Verleumdung von Nachfolgern Jesu als „Gebets-anliegen" vorgetragen wird - sofern es nicht wirklich so gemeint ist. Oder dass wir andere eben nicht belügen, neidisch beäugen, betrügen oder eifersüchtig sind. Und warum?

Weil dies, wie Paulus sagt, *„unfruchtbare Werke der Finsternis"* sind. Das erinnert uns an das gerade verwendete Beispiel von der „Frucht des Geistes", die nur auf fruchtbarem und sehr mit Licht angereichertem Boden wachsen und gedeihen kann. Im Umfeld von Verleumdung, Lü-ge, Neid, Groll, Bitterkeit, Eifersucht, usw. kann sie das nicht.

Und wie verhindern wir solch ein Umfeld? Genau da wird es jetzt heikel. Denn Paulus rät uns, einen liebevollen Lebensstil dadurch auf-zubauen, dass wir alles aufdecken, was nicht zu diesem Lebensstil passt. Heißt das nun, dass wir alles an die große Glocke hängen müs-sen, was in unserem Leben daneben geht? Nein, das heißt es nicht. Jesus bestätigt dies, indem er uns in Matthäus 18 darauf hinweist, dass wir Dinge, die nicht gut laufen, zunächst einmal unter vier Augen klären sollen. Also erst einmal durchatmen. Paulus selbst gibt uns dazu in sei-nem Brief an die Christen in Galatien folgenden Rat:

> *„Wenn ein Mensch etwa von einer Verfehlung ereilt wird, so helft ihm wieder zurecht mit sanftmütigem Geist, ihr, die ihr geistlich seid; und sieh auf dich selbst, dass du nicht auch versucht werdest. Einer trage des andern Last, so werdet ihr das Gesetz Christi erfüllen."* (Galater 6,1-2)

Und das hat er sicher vor dem Hintergrund dessen gesagt, was er z.B. den Christen in Korinth ins Stammbuch geschrieben hatte: *„Darum, wer meint, er stehe, mag zusehen, dass er nicht falle"* (1. Korinther 10,12). Also wir merken schon, dass dies mit der „Liebe als Lebensstil" durch-aus ernst gemeint ist, auch wenn dabei nicht alles gelingen mag. Aber das muss, und das kann es auch nicht, weil wir immer noch Menschen sind. Doch es ist viel leichter zu leben, wenn wir es gemeinsam anpa-cken, indem einer *„des andern Last"* mitträgt, bzw. wir einfach Ver-ständnis füreinander haben. Und für das ganz normale Leben, mit allen Höhen und Tiefen, die dazugehören.

Wenn wir „Liebe als Lebensstil" auf einen einfachen Nenner bringen möchten, geht es einfach um authentisches Leben, um echtes Leben, um ehrliches Leben. Oder wie es der Schreiber des Hebräer-Briefes geschrieben hat: *„Lasst uns aufeinander Acht haben und uns anreizen zur Liebe und zu guten Werken"* (Hebräer 10,24).

Die biblischen Autoren sind sich verblüffend einig, wenn es darum geht, dass die Liebe zueinander und im Miteinander das alles Entscheidende ist. Und deshalb möchte ich diese Predigt gerne mit dem Zitat beenden, mit dem ich sie begonnen habe. Denn ich glaube wirklich, dass es stimmt, was Bischof Augustinus gesagt hat:

„Liebe! Und tue, was du willst!"

Wir dürfen dabei nur nicht aus den Augen verlieren, dass diese Aussage nicht mit den Worten *„Und dann tue, was du willst!"* beginnt, sondern mit der Aufforderung, ein Leben in der Liebe zu leben. Was dabei herauskommen soll? Na, Liebe, was denn sonst?! Amen.

Weise leben ... aber wie?

(Epheser 5,15-20)

Es war einmal ein Hirtenbüblein. Das war wegen seiner weisen Antworten, die es auf alle Fragen gab, weit und breit berühmt. Der König des Landes hörte auch davon, glaubte es aber nicht und ließ das Büblein kommen. Da sprach er zu ihm: „Kannst du mir auf drei Fragen, die ich dir vorlegen will, Antwort geben, so will ich dich ansehen wie mein eigen Kind, und du sollst bei mir in meinem königlichen Schloss wohnen."

Darauf das Büblein: „Wie lauten die drei Fragen?" Der König antwortete: „Die erste Frage lautet: Wieviel Tropfen Wasser sind im Weltmeer?" Das Hirtenbüblein antwortete: „Herr König, lasst alle Flüsse auf der Erde verstopfen, damit kein Tropfen mehr daraus ins Meer läuft, das ich nicht zuerst gezählt habe. So will ich euch sagen, wieviel Tropfen im Meer sind".

Darauf der König: „Die andere Frage lautet: Wieviel Sterne stehen am Himmel?" Das Hirtenbüblein antwortete: „Gebt mir einen großen Bogen weißes Papier". Dann machte es mit der Feder so viel feine Punkte darauf, dass sie kaum zu sehen und fast gar nicht zu zählen waren, und einem die Augen vergingen, wenn man darauf blickte. Darauf sprach es: „So viel Sterne stehen am Himmel, als hier Punkte auf dem Papier sind. Zählt sie nur". Aber niemand war dazu imstande.

Da sprach der König: „Die dritte Frage lautet: Wieviel Sekunden hat die Ewigkeit?" Da sagte das Hirtenbüblein: „In Hinterpommern liegt der Diamantberg. Der hat eine Stunde in die Höhe, eine Stunde in die Breite und eine Stunde in die Tiefe. Dahin kommt alle hundert Jahre ein Vogel und wetzt seinen Schnabel daran. Wenn der ganze Berg abgewetzt ist, dann ist die erste Sekunde von der Ewigkeit vorbei."

Darauf sprach der König: „Du hast die drei Fragen aufgelöst wie ein Weiser. Deshalb sollst du von nun an bei mir in meinem königlichen Schloss wohnen, und ich will dich ansehen wie mein eigenes Kind."

Soweit dieses Märchen der Gebrüder Grimm. Ja, es war ein Märchen. Und doch war es irgendwie beeindruckend, wie dieser Hirtenjunge auf die kniffligen Fragen des Königs antworten konnte. Wenn man nur auch so antworten könnte, wenn man gefragt wird. Wenn man nur auch so weise wäre, wie dieser Hirtenjunge.

Nur ein frommer Wunsch? Ein unmögliches Bestreben? Oder wäre es vielleicht doch möglich? „Weise leben ... aber wie?" Darauf suchen wir heute eine Antwort im Brief des Paulus an die weltweite Christenheit. Doch bevor wir die Worte aus Epheser 5,15-20 lesen, noch ein kurzer Gedanke des Apostels Jakobus:

> *„Wenn es aber jemandem unter euch an Weisheit mangelt,*
> *so bitte er Gott, der jedermann gern gibt und niemanden*
> *schilt; so wird sie ihm gegeben werden." (Jakobus 1,5)*

Alles, was ich heute sage, möchte ich vor dem Hintergrund dieser Worte aus dem Jakobus-Brief tun. Denn wir haben es bei unserem Vater im Himmel mit dem Gott zu tun, der nichts von uns erwartet, zu dem er nicht auch die Voraussetzungen geschaffen hätte, dass wir es meistern können. Wenn es also um die Frage geht, wie wir weise leben können, dann ist das nicht nur eine Forderung, vor der wir frustriert und hoffnungslos überfordert stehen bleiben müssen. Sondern dann ist es eine Möglichkeit, ein Leben zu führen, das von Weisheit geprägt ist. Ein Leben, in dem alles möglich ist, was uns in der Bibel verheißen ist.

Diese Art zu leben schauen wir uns jetzt einmal etwas genauer an. Wir tun dies entlang der Frage: „Weise leben ... aber wie?" Und dazu lesen wir aus dem Brief des Paulus an die weltweite Christenheit, aus Epheser 5, die Verse 15-20:

> *„So seht nun sorgfältig darauf, wie ihr euer Leben führt,*
> *nicht als Unweise, sondern als Weise, und kauft die Zeit*
> *aus; denn es ist böse Zeit. Darum werdet nicht unverstän-*
> *dig, sondern versteht, was der Wille des Herrn ist. Und*
> *sauft euch nicht voll Wein, woraus ein unordentliches We-*
> *sen folgt, sondern lasst euch vom Geist erfüllen. Ermuntert*
> *einander mit Psalmen und Lobgesängen und geistlichen*
> *Liedern, singt und spielt dem Herrn in eurem Herzen und*
> *sagt Dank Gott, dem Vater, allezeit für alles, im Namen un-*
> *seres Herrn Jesus Christus."*

Vor dem Hintergrund dieses Textes stellen wir uns die Frage: „Weise leben ... aber wie?" Als Antwort darauf werden uns in diesem Bibeltext von Paulus fünf Möglichkeiten angeboten, wie ein weises Leben mit Inhalt gefüllt werden könnte. Nämlich, indem wir unsere Zeit gut nutzen, den Willen Gottes erkennen, uns mit dem Heiligen Geist erfüllen lassen, einander ermuntern und auch dankbar sein können.

Wie das aussehen kann, das schauen wir uns jetzt gemeinsam an. Wir beginnen mit der ersten Möglichkeit, wie ein weises Leben mit Inhalt gefüllt werden könnte:

(1) Weise lebt, wer seine Zeit gut nutzt

> *„So seht nun sorgfältig darauf, wie ihr euer Leben führt, nicht als Unweise, sondern als Weise, und kauft die Zeit aus; denn es ist böse Zeit."* (Epheser 5,15-16)

Ich denke Martin Luther hat es gut übersetzt, wenn hier in der Luther-Bibel zu lesen ist: *„So seht nun sorgfältig darauf, wie ihr euer Leben führt"*. Paulus verwendet hier einen sehr vielseitigen Begriff, den Luther zusammenfasst mit: *„...wie ihr euer Leben führt"*. Es geht dabei, von der Bedeutung des Begriffs im griechischen Urtext her, z.B. um das Umhergehen in dieser Welt. Oder es geht um das Einhergehen, z.B. in Bezug darauf, wie wir uns kleiden. Es geht auch um die Gestaltung des eigenen Lebenswandels, oder den Zustand, in dem man sich mit seinem Leben befinden sollte.

Paulus möchte also mit diesem Begriff unser ganzes Leben ansprechen, mit allem, was drinstecken könnte. Von der ersten Sekunde an, in der wir morgens die Augen aufmachen, bis zu dem Punkt, an dem wir sie zum Schlafen wieder schließen, inklusive der Nacht dazwischen. Alles, was unser Leben beinhaltet, rund um die Uhr. Und es passiert einiges in den ca. 86400 Sekunden eines Tages. Unser Herz schlägt in dieser Zeit z.B. zwischen Achtzig- und Neunzig-Tausend mal.

Von der griechischen Grammatik her könnte man diesen Satz auf zwei Weisen übersetzen. Nämlich: *„Seht genau zu, wie ihr euer Leben führt"*. Oder: *„Seht zu, wie genau ihr euer Leben führt"*. Dabei bezieht sich das *„Seht genau zu, wie ihr euer Leben führt"* sehr stark auf die Motive und die innere Haltung unseres Lebens. An dieser Stelle steht im griechischen Urtext ein Wörtchen, das wir alle kennen, und das deutlich macht, um was es hier geht: „akribos" steht hier. Wir kennen dieses Wort aus dem deutschen Akribie oder akribisch = peinliche Genauigkeit oder höchsten Sorgfalt. Also viel mehr als „Fünfe gerade sein lassen" oder dieser Haltung „Das machen doch alle so, warum nicht auch ich?".

Und die zweite Übersetzungsmöglichkeit bezieht sich auf die Praxis des Lebens: *„Seht zu, wie genau ihr euer Leben führt"*. Wenn man nämlich „Fünfe nicht gerade sein lässt", und nicht nach dem Motto leben möchte: „das machen doch alle". Dann achtet man auch darauf, in welchem Rahmen sich das eigene Leben abspielt. Nicht nur bezüglich staatlicher Gesetze und Vorschriften. Sondern vor allem in Bezug auf das, was in der Bibel über menschliches Leben und Handeln steht. Was sich Gott, der Schöpfer und Vater im Himmel dazu gedacht hat, wie menschliches Leben im Alltag gelebt werden könnte. Dazu kommen wir gleich noch, im nächsten Punkt dieser Predigt.

Auf den steuern wir hier allerdings schon zu, wenn Paulus schreibt: *„und kauft die Zeit aus"*. Für Zeit steht hier im Urtext „kairos". Mit diesem Wort werden genaue Zeitpunkte festgelegt, z.B. 14:30 Uhr. Im Gegensatz zu „chronos", was größere Zeiträume meint, z.B. 3. Februar bis 22. September.

Paulus sagt damit also: „Nutze jeden Zeitpunkt deines Lebens ganz genau aus. Mit akribischer Auswahl deiner Motive und Haltungen. Und natürlich auch damit, dass du in der Praxis des eigenen Lebens immer im Blick hast, in welchem gesellschaftlichen, aber vor allem biblischen Rahmen du dich bewegst". Aber auch in dem, was ganz eng mit dem nächsten Punkt zusammenhängt:

(2) Weise lebt, wer den Willen Gottes erkennt

> *„Darum werdet nicht unverständig, sondern versteht, was der Wille des Herrn ist."* (Epheser 5,17)

Damit sind wir im Großen und Ganzen immer noch bei diesem *„und kauft die Zeit aus"*, denn es geht hier ja um unser Leben. Und auch die Praxis unseres geistlichen Lebens.

Wenn mir persönlich eines wichtig geworden ist, vor allem in den letzten 10 bis 15 Jahren meines Lebens. Dann ist es dieses: Gottes

Timing ist entscheidend wichtig! Gottes Zeitplan. Gottes Orte und Zeiten, an denen Dinge geschehen sollen. Gottes Plan in Raum und Zeit, der darüber entscheidet, ob mein Leben gelingt, oder eben schwierig ist, wenn ich nicht auf das achte, was sich Gott für mein Leben gedacht hat.

Der Apostel Jakobus hat dazu einmal gesagt: *„Wer ist weise und klug unter euch? Der zeige mit seinem guten Wandel seine Werke in Sanftmut und Weisheit"* (Jakobus 3,13). Damit hat er für mich in andere Worte gefasst, was Jesus eines Tages seinen Nachfolgern mit auf den Weg gegeben hat: *„So lasst euer Licht leuchten vor den Leuten, damit sie eure guten Werke sehen und euren Vater im Himmel preisen"* (Matthäus 5,16). Wie diese Worte ins Leben kommen können, schreibt Paulus wiederum in Epheser 2,10: *„Denn wir sind sein Werk, geschaffen in Christus Jesus zu guten Werken, die Gott zuvor bereitet hat, dass wir darin wandeln sollen"*.

Damit schließt sich der Kreis, und wir befinden uns wieder an der Stelle, wo wir nur noch vor Gott stehen und um seinen Willen / sein Timing bitten können. Vielleicht auf die Weise, wie es der israelitische Psalm Schreiber und König David gebetet hat: *„Weise mir, HERR, deinen Weg, dass ich wandle in deiner Wahrheit; erhalte mein Herz bei dem einen, dass ich deinen Namen fürchte"* (Psalm 86,11).

Mein tägliches Gebet, am Morgen und am Abend ist, dass mir Gott bitte die Pläne und Strategien offenbaren möge, die ihm nicht nur für mein Leben wichtig sind, sondern auch für meine Familie, mein Umfeld und das Leben der Gemeinde Jesu. Und Gott antwortet darauf. Ein banales Beispiel: Ich hatte von Februar bis April 2021 extrem starke Nervenschmerzen im rechten Unterarm. Ich konnte kaum Klavier spielen oder etwas anheben. Schon das Schreiben auf der Computer-Tastatur war eine Plage. Parallel dazu immer wieder mein Gebet, Gottes Willen zu erkennen.

Eines Morgens wache ich auf, mit leichtem Schmerz in der linken Wade, unterhalb des Knies. Dieser Schmerz begleitete mich schon etwas länger. Als ich diese Stelle jedoch an diesem Morgen mit meiner Hand etwas massiere, merke ich, dass ich dabei eine nervliche Reaktion in der rechten Schulter habe. Gleichzeitig kommt mir der Gedanke in den Kopf: „Bearbeite diesen Schmerzpunkt in der linken Wade und es wird sich auf deinen rechten Unterarm auswirken".

Okay?! Hmmm?! Ich hatte natürlich einige Fragen zu diesem Gedanken, habe es aber dennoch umgesetzt: Wade massieren - mit Schmerzgel einreiben - etc. Und siehe da: Schon drei Tage später konnte ich wieder Klavier spielen und wieder schmerzfrei auf der Tastatur des Computers tippen. Die Schmerzen machten sich Tag für Tag langsam davon und sind gänzlich verschwunden.

Was hat dies nun mit dem Erkennen von Gottes Willen zu tun? Nun, Gott will, dass wir heil und gesund sind (vgl. 3. Johannes 2; Johannes 10,19; u.a.). Wenn wir nicht gesund sind, möchte uns deshalb der Heilige Geist zeigen, wie wir es auf die eine oder anderen Weise werden könnten bzw. wie uns geholfen werden könnte: Durch Gebet, durch Hausmittel, durch einen Arzt, eine Operation, Medikamente, usw. Wobei ich davon überzeugt bin, dass diese Interaktion zwischen dem menschlichen und dem Heiligen Geist nur stattfinden wird, wenn der Mensch auch bereit ist, auf den Heiligen Geist zu hören und ihm zu gehorchen.

Ich habe hier bewusst ein banales Beispiel genommen, aus dem Leben eines ganz normalen Erdenbürgers. Wohl wissend, dass es in Bezug auf Heilung zwischen Himmel und Erde manche Fragen gibt, die bisher noch kein Mensch beantworten konnte. Manche werden gesund, wenn gebetet wird oder sonstige Möglichkeiten angewandt werden. Und manche bleiben krank oder sterben sogar an den Folgen einer Krankheit. Diese Frage wird auch hier nicht beantwortet. Dennoch werden alle unbeantworteten Fragen das nicht aufheben, was uns in der Bibel zu Heilung und heil sein gesagt wird. Und das möchte ich hier in den Vordergrund rücken.

Dieses banale Beispiel habe ich deshalb verwendet, dass jeder zu sich selbst sagen kann: „Das mache ich auch so. Ich öffne mein Herz und Leben für das Reden des Heiligen Geistes, damit ich Gott auch so erleben kann. Das könnte mein Leben verändern!" Und dabei kann auch die nächste Möglichkeit für ein weises Leben behilflich sein:

(3) Weise lebt, wer sich mit dem Heiligen Geist erfüllen lässt

„Und sauft euch nicht voll Wein, woraus ein unordentliches Wesen folgt, sondern lasst euch vom Geist erfüllen".

(Epheser 5,18)

Es ist interessant, dass hier ausgerechnet vom Weinrausch die Rede ist, im Gegensatz zur Erfüllung mit dem Heiligen Geist. Paulus hätte ja auch ein anderes Beispiel anführen können. Auf der anderen Seite finde ich interessant, dass gerade im heidnischen „Dionysos-Kult", einem Götterkult, der auch in Ephesus praktiziert wurde, bei den Götzenfesten der Wein in Strömen floss. Die Menschen von damals berauschten sich mit Wein. Und wenn sie dann in eine Art betrunkene Ekstase gerieten, meinten sie, dass sie jetzt ganz besonders von der Gottheit eingenommen wären. Sie fühlten so eine besondere Nähe zu ihrer Gottheit. Zusätzlich sollten diese rauschenden Feste auch der Fruchtbarkeit dienen. Es wurde deshalb auch die Sexualkraft gefeiert und auf verschiedenste Weise praktiziert. So konnten diese Trinkgelage durchaus den Charakter von Orgien haben.

Von daher ist zu verstehen, dass Paulus darauf hinweist, dass der Weinrausch ein *„liederliches, zügelloses, sittenloses und heilloses"* Leben mit sich bringen kann. Ein Rausch ist sicher kein Weg, um Erfahrungen mit dem Gott der Bibel zu machen. Und steht damit im krassen Gegensatz zu einer Erfüllung mit dem Heiligen Geist.

Was natürlich nicht bedeutet, dass der Genuss von Wein in der Bibel grundsätzlich abgelehnt würde. Wenn wir z.B. Jeremia 31,12 lesen, wird dort der Wein als eine Gabe Gottes gesehen. Und von Gott kommen nur gute Gaben (vgl. Jakobus 1,17). Wein kann auch der Gesundheit dienen, weshalb Paulus seinem Mitarbeiter Timotheus dazu geraten hat, diesen als Medizin anzuwenden (vgl. 1. Timotheus 5,23). Und nach der Aussage Jesu in Lukas 7,34, hat er selbst auch Wein getrunken.

Ich selbst trinke keinen Alkohol, weshalb meine Worte an dieser Stelle auch keine Aufforderung zum Alkoholgenuss sind. Aber sie sind eine Bestandsaufnahme dessen, was die Bibel dazu sagt. Wer also behauptet, ein Christ dürfte keinen Wein trinken, liegt völlig daneben.

Nur der Missbrauch von Wein wird in der Bibel ganz strikt abgelehnt. Es wird immer wieder davon gesprochen, welche schlimmen Konsequenzen solcher Missbrauch haben kann. In Galater 5,21 wird deshalb die Trunkenheit eindeutig zur Sünde erklärt. Paulus geht sogar noch einen Schritt weiter und schreibt an Timotheus, dass es für einen Säufer ausgeschlossen ist, verantwortlicher Leiter in der Gemeinde zu sein (vgl. 1. Timotheus 3,1-7).

Wer also weise leben will, der wird sein Leben nicht davon bestimmen lassen, sondern wird bestrebt sein, sich vom Geist Gottes erfüllen zu lassen. Der Theologe Helge Stadelmann hat dazu einmal geschrieben: „Das Heidentum sucht das Göttliche im Rausch und findet die Heillosigkeit. Der Christ flieht den Rausch und erfährt die heilvolle Gegenwart seines Herrn, der ihn mit seinem Geist erfüllt!"

Und genau das geschieht, wenn sich ein Mensch für ein verbindliches Leben in der Nachfolge Jesu entscheidet. Paulus beschreibt diesen Zustand in Epheser 1,13 als *„mit dem Heiligen Geist versiegelt"*. Dabei geht es noch nicht um die Taufe im Heiligen Geist. Das ist noch einmal etwas anderes. Wer mit dem Heiligen Geist versiegelt ist, in dem hat der Heilige Geist Wohnung genommen. In der Folge geht es dann darum, dem Heiligen Geist die Möglichkeit zu geben, sich entfalten zu können.

Das Verb *„erfüllen"* steht in unserem Text in der Gegenwartsform, was in der griechischen Ursprache immer etwas Andauerndes, immer wiederkehrendes ausdrücken will. Es geht also hier um eine grundsätzliche Bereitschaft, ja eigentlich um eine ständig bittende Haltung gegenüber Jesus, verbunden mit dem Wunsch: „Erfülle mich mit deinem Geist!" Und das mit dem Ziel, dass dadurch der Heilige im Leben des Menschen zur Auswirkung kommen soll. Es geht ja darum, weise zu leben.

Und wie wird man mit dem Heiligen Geist erfüllt? Wie bekommt der Heilige Geist immer mehr Raum in einem menschlichen Herzen? Aus dem Zusammenhang des Bibeltextes wird deutlich, dass eine Erfüllung mit dem Heiligen Geist nur erfolgen kann, indem ein Mensch seinen Lebenswandel ganz konkret nach dem Wort und Willen Gottes ausrichtet (vgl. Römer 12,1-2; 1. Petrus 5,6; Jakobus 4,7-8; u.a.).

Und genau darum geht es auch in den letzten beiden Versen unseres Textes: In den Versen 19 und 20. Darin stehen insgesamt fünf Tätigkeitswörter, die man vom grammatikalischen Zusammenhang des Testes mit „indem" oder „dadurch, dass" übersetzen müsste. Paulus schreibt hier also: „Lasst euch vom Geist erfüllen, indem ihr euch ermuntert!" „Lasst euch vom Heiligen Geist erfüllen, indem ihr singt, indem ihr musiziert, indem ihr Dank sagt und indem ihr euch einander unterordnet!" Das mit der Unterordnung kommt zwar erst in der nächsten

Predigt, wenn es in Epheser 5,21-6,9 um eine „Leitlinie für ein gutes Miteinander" gehen wird. Aber der Grundtenor bleibt der gleiche:

Wir ordnen uns einander nicht deshalb unter, weil wir Macht über andere ausüben wollen. Sondern weil wir mit dem Heiligen Geist erfüllt werden möchten. Wir ermuntern einander nicht, singen nicht und danken nicht als Selbstzweck, sondern weil wir immer mehr mit dem Heiligen Geist erfüllt werden möchten.

Und darum kann man es durchaus so sagen: Geisterfüllung geht nur so, wie Paulus es hier beschreibt, und nicht anders. Also so, dass wir auf Gottes Timing achten, darauf aus sind, Gottes Willen zu verstehen, einander ermuntern mit Lobpreis und Danken, und im Gehorsam gegenüber den Ordnungen Gottes.

Was in den folgenden Versen, bis Kapitel 6,9 vertieft und erklärt wird. Aber bevor wir uns darum in einer weiteren Predigt kümmern, schauen wir uns noch die letzten beiden Verse aus unserem Text an.

(4) Weise lebt, wer andere ermuntert

„Ermuntert einander mit Psalmen und Lobgesängen und geistlichen Liedern, singt und spielt dem Herrn in eurem Herzen..." (Epheser 5,19)

Als hätte es Paulus schon in der damaligen Zeit geahnt, geht es hier um Corona-konformen Lobpreis: *„...singt und spielt dem Herrn in eurem Herzen..."* Aber Spaß beiseite: Was sagt Paulus hier wirklich? Meines Erachtens möchte er uns mitteilen: „Singt nicht nur, sondern seid auch mit dem Herzen bei dem, was ihr tut!"

Ist es euch schon einmal so gegangen, dass ihr im Lobpreis ein Lied gesungen habt, und nach dem Lied nur noch gewusst habt, dass es schön war? Also mir ist das schon manches Mal so gegangen. Das ist ein untrügliches Zeichen dafür, dass ich nicht mit dem Herzen bei der Sache war. Da hätte ich auch „Hänschen klein" singen können. Und das hätte die gleichen Auswirkungen gehabt, wie wenn ich singe, ohne mit dem Herzen dabei zu sein, nur weil es schön geklungen hat.

Wenn sich ein Lobpreis gut anhört, weil die Musiker gut miteinander harmonieren und ihre Instrumente beherrschen. Wenn er sich gut anhört, weil er von guten Gesangsstimmen getragen wird. Dann ist das dennoch keine Garantie dafür, dass in diesem Lobpreis auch die Herzen mit dabei sind. Und das Resultat wäre, dass wir nach dem Lobpreis kein bisschen mehr mit dem Heiligen Geist erfüllt wären als vorher. Wir müssen also mit dem Herzen dabei sein. Und dafür ist jeder einzelne von uns selbst verantwortlich! Weder die Atmosphäre im Gottesdienstraum noch die Performance des Moderators, des Lobpreisteams o.ä.

Es heißt hier nämlich: *„Ermuntert einander!"*, also jeder jeden. Wir sind als Nachfolger Jesu demnach auch dafür verantwortlich, dass die oder der Nachfolger Jesu neben uns auch mit dem Heiligen Geist erfüllt wird, indem wir mit dem Herzen dabei sind, wenn wir Gott loben und anbeten.

Das tut mir jetzt leid für alle Christen, die es gerne einfacher gehabt hätten. Wenn also nächstes Mal der Gedanke aufkommt: „Na der oder die könnte auch noch ein bisschen Erfüllung mit dem Heiligen Geist vertragen." Dann kannst du selbst dazu beitragen, indem du bei Lobpreis und Anbetung einfach mit dem Herzen dabei bist.

Ich finde, das ist eine super Sache! Und damit kommen wir noch zu einer weiteren Möglichkeit, mit dem Heiligen Geist erfüllt, oder auch aufgefüllt zu werden:

(5) Weise lebt, wer dankbar sein kann

Dazu lese ich noch die Worte aus Epheser 5,20:

> *„...und sagt Dank Gott, dem Vater, allezeit für alles, im Namen unseres Herrn Jesus Christus."* (Epheser 5,20)

Wir haben bei diesen Worten immer im Hinterkopf, dass Paulus uns mitteilen möchte: *„Lasst euch vom Heiligen Geist erfüllen ... indem ihr Gott Dank sagt"*. Und das macht auch Sinn. Ich finde, Dankbarkeit ist etwas wirklich Schönes. Und wer dies zu seiner Lebensweise gemacht hat, wird auch andere dadurch beeinflussen.

Man mag über Schwiegermütter sagen, was man möchte. Ich bin jedenfalls von meiner Schwieger-Mama extrem beeindruckt. Vor allem davon, wie sie die letzte Zeit ihres Lebens gelebt hat. Ich weiß, dass sie nicht dort leben wollte, wo sie die letzten Monate ihres Lebens zugebracht hat: Fern von zu Hause. Im Altersheim. Ich habe durch Besuche mitbekommen, wie trist und öde ihr Alltagsleben war: Sie konnte nur noch im Rollstuhl unterwegs sein, und der Ausblick aus ihrem Zimmer war sehr begrenzt. Dazu kamen noch eine zunehmende Demenz, und schließlich zu allem Übel die Auswirkungen der Corona-Pandemie.

Was mich jedoch extrem beeindruckt hat, war die Zufriedenheit und die enorme Dankbarkeit, die sie ausgestrahlt hat. Man kann ja Worte machen, die Dankbarkeit und Zufriedenheit zum Ausdruck bringen. Das hat sie auch gemacht. Aber ich habe bei ihr auch gespürt, dass sie nicht nur redet, sondern auch wirklich dankbar ist. Sie war eine treue, zufriedene und dankbare Nachfolgerin Jesu, die am 14. Januar 2021 friedlich im Altersheim verstorben ist.

Doch auch noch nach ihrem Tod habe ich den Eindruck, dass ihre gelebte Dankbarkeit dazu beigetragen hat, dass bei mir der Heilige Geist einen größeren Raum bekommen hat als zuvor. Sie war von Herzen dankbar und hat es auch für mich gelebt, ohne dass sie es vermutlich bewusst so gesteuert hätte. Sie war es einfach. Und ich wurde dadurch mehr mit dem Heiligen Geist erfüllt.

Ihr seht also, was wir füreinander tun können, wenn wir von Herzen leben, was uns in der Heiligen Schrift aufgetragen ist. Und das ist ja gar nicht so einfach zu leben! Denn Paulus schreibt hier: *„...sagt Dank, Gott dem Vater, **allezeit für alles**...“* Ich kann es noch so oft drehen und wenden, ich komme aus der Nummer einfach nicht heraus: *„...allezeit für alles...“.* Das lasse ich einfach mal so stehen, und überlasse es dir, was du damit machst.

Denn diese Art der Dankbarkeit gegenüber Gott, ist nicht nur für die Zeiten, in denen es uns gut geht. Wenn wir als Kinder eine Süßigkeit geschenkt bekamen, sagten wir gerne „Danke“, denn danach gab es etwas Süßes. Das fühlte sich allerding ganz anders an, wenn wir uns in einer negativen Situation befanden, oder gar nichts „Süßes“ in Aussicht gestellt war.

Ich habe gelernt, dass solch eine Art der Dankbarkeit nicht einfach zu leben ist. Aber ich habe auch gelernt, was ich zu Beginn der Predigt schon gesagt habe: Wir haben es bei unserem Vater im Himmel mit dem Gott zu tun, der nichts von uns erwartet, zu dem er nicht auch die

Voraussetzungen geschaffen hätte, dass wir es meistern können. Und darum: Wenn Gott in seinem Wort zu mir sagt, dass ich dann mit dem Heiligen Geist erfüllt werde, wenn ich „...*allezeit für alles...*" dankbar sein kann, was mir im Leben begegnet, dann kann ich das auch.

Dann ist das nicht die unüberwindbare Hürde, wegen der viele Nachfolger Jesu auf die Erfüllung mit dem Heiligen Geist verzichten müssten. Sondern dann ist es die zu jeder Zeit mögliche Hilfe, mehr und mehr mit dem Heiligen Geist erfüllt werden zu können. Um dies leben zu können, braucht es jedoch Weisheit, die wir nach Aussage des Apostels Jakobus in Jakobus 1,5 jederzeit erhalten können:

> *„Wenn es aber jemandem unter euch an Weisheit mangelt,*
> *so bitte er Gott, der jedermann gern gibt und niemanden*
> *schilt; so wird sie ihm gegeben werden."*

Ich glaube, mit dieser Weisheit ist alles möglich. Auch und vor allem ein weises Leben zu führen, das Gott Ehre macht, und uns selbst zum Segen wird. Deshalb meine Empfehlung: Bitte Gott um diese Weisheit, damit du weise leben kannst. Ich selbst mache das folgendermaßen, wenn ich z.B. vor einer Entscheidung stehe, für die ich Weisheit brauche: Ich bitte Gott um Weisheit für diese Entscheidung. Dabei nehme ich ihn bei seinem Wort aus Jakobus 1,5 und gehe danach davon aus, dass ich nun die nötige Weisheit habe, um eine gute Entscheidung zu treffen. Vor diesem Hintergrund treffe ich dann meine Entscheidung.

Für ein weises Leben gilt aus meiner Sicht genau das gleiche: Bitte Gott um diese Weisheit, damit du weise leben kannst und nimm ihn dann beim Wort. Wer weiß, vielleicht hinterlässt du ja solch ein Erbe wie meine Schwieger-Mama bei mir. Das wär's doch, oder?! Amen.

Leitlinie für ein gutes Miteinander
(Epheser 5,21-6,9)

Das Thema, über das ich heute sprechen möchte, knüpft inhaltlich direkt an das an, von dem im vorhergehenden Abschnitt in Epheser 5 die Rede ist. Es geht darin um die Aufforderung des Apostels Paulus, ein Leben zu führen, das von Weisheit geleitet ist. Ein Leben, das schon von König Salomo, z.B. im Buch der Sprüche, sehr empfohlen wird.

Und wie führt man ein Leben, das von Weisheit geleitet ist? Nach dem, was wir bisher von Paulus wissen, ist ein Leben in Weisheit vor allem darauf aus, immer mehr mit dem Heiligen Geist erfüllt zu werden. Das heißt, wer in Weisheit leben möchte lebt so, dass er alles dafür tut, um immer mehr mit dem Heiligen Geist erfüllt werden zu können.

Und was können wir dafür tun, das dieses Leben in Weisheit gelingen kann? Nach den Worten des Paulus in Epheser 5,19-21 wird dieses Leben dadurch gefördert, dass wir danach streben zu verstehen, was Gottes Wille für unser eigenes Leben ist, dass wir einander ermuntern, miteinander singen und spielen und in Dankbarkeit gegenüber allem leben, mit dem wir in unserem Leben konfrontiert werden. Doch damit ist noch lange nicht alles dazu gesagt, auch wenn in den meisten Bibeln der heutigen Zeit diese beiden Abschnitte voneinander getrennt sind.

Heute geht es um einen weiteren Punkt in dem Reigen dessen, was wir tun können, um immer mehr mit dem Heiligen Geist erfüllt zu werden. Paulus formuliert es so: *„Ordnet euch einander unter in der Furcht Christi"*. Oha. Sehr dünnes Eis! Denn wir haben es hier mit einem Thema zu tun, welches manche schon deshalb nicht mögen, weil es dabei um „Unterordnung" geht. Und dies ist in unserer Gesellschaft alles andere als beliebt. Wer möchte sich schon gerne unterordnen? Menschen möchten doch viel lieber selbst über ihr Leben bestimmen und sich selbst verwirklichen.

Vielleicht ist dieses Thema auch deshalb heutzutage in Gottesdiensträumen so selten zu hören. Verkündiger haben vor diesem Thema fast schon Angst. Denn wer anderen Menschen sagt, dass sie sich „unterordnen" sollen, macht sich ganz bestimmt nicht beliebt. Und so dachte ich zu Beginn meiner Vorbereitungen auch: „Warum muss dieses Thema ausgerechnet im Epheser-Brief stehen? Warum habe ich diese Predigt-Reihe nur angefangen? Das habe ich jetzt davon."

Ich habe mich deshalb in Gedanken und Studium lange mit diesem Thema auseinandergesetzt, bevor ich es schriftlich vorbereitet habe. In dieser Zeit innerlicher Vorbereitung hat mich der Heilige Geist auf eine Stelle in der Bibel aufmerksam gemacht, die ich vorher immer wieder überlesen habe: Normalerweise lese ich jeden Tag ein Kapitel in den Sprüchen und einen Psalm. Und wer die Psalmen liest, der weiß, dass man irgendwann einmal zu Psalm 119 kommt. Psalm 117 ist nur zwei Verse lang. Aber Psalm 119 hat sage und schreibe 176 Verse. Da kann man den einen oder anderen Vers schon mal überlesen.

So ging es mir lange Zeit mit dem Vers 131, aus Psalm 119. Dort ist zu lesen: *„Ich tue meinen Mund weit auf und lechze, denn mich verlangt nach deinen Geboten".* Ich weiß nicht, wie es euch geht, aber wenn ich an „lechzen" denke, sehe ich z.B. einen Hund vor mir, mit heraushängender Zunge, der nach Luft oder Wasser hechelt. Er braucht dringend etwas, was ihn am Leben hält.

Oder den Psalm-Lesern unter uns kommen dabei vielleicht auch die Worte aus Psalm 42,2 in den Sinn, mit denen die Priester-Söhne des Korach ihr Verlangen nach Gott zum Ausdruck bringen: *„Wie der Hirsch lechzt nach frischem Wasser, so schreit meine Seele, Gott, zu dir".*

„Lechzen" bedeutet, dass man heftig nach etwas verlangt, was man für seine Existenz dringend braucht oder herbeisehnt. Dieses extreme, existentiell dringend benötigte Verlangen steht hinter den Worten, die David in Psalm 119,131 ausspricht: *„Ich tue meinen Mund weit auf und lechze, denn mich verlangt nach deinen Geboten".* Es ist ein Hunger nach dem, was Gott für sein Leben möchte. Ein Hunger, der mit Worten nicht zu beschreiben ist. Diesen Hunger wünsche ich jedem von uns, wenn es jetzt um die Worte geht, die Paulus als „Leitlinie für ein gutes Miteinander" an die weltweite Christenheit geschrieben hat. Dazu lesen wir den Abschnitt aus Epheser 5,21-6,9:

> *„Ordnet euch einander unter in der Furcht Christi. Ihr Frauen, ordnet euch euren Männern unter wie dem Herrn. Denn der Mann ist das Haupt der Frau, wie auch Christus das*

Haupt der Gemeinde ist, die er als seinen Leib erlöst hat. Aber wie nun die Gemeinde sich Christus unterordnet, so sollen sich auch die Frauen ihren Männern unterordnen in allen Dingen. Ihr Männer, liebt eure Frauen, wie auch Christus die Gemeinde geliebt hat und hat sich selbst für sie dahin-gegeben, um sie zu heiligen. Er hat sie gereinigt durch das Wasserbad im Wort, damit er sie vor sich stelle als eine Gemeinde, die herrlich sei und keinen Flecken oder Runzel oder etwas dergleichen habe, sondern die heilig und untadelig sei. So sollen auch die Männer ihre Frauen lieben wie ihren eigenen Leib. Wer seine Frau liebt, der liebt sich selbst. Denn niemand hat je sein eigenes Fleisch gehasst; sondern er nährt und pflegt es wie auch Christus die Gemeinde. Denn wir sind Glieder seines Leibes. »Darum wird ein Mann Vater und Mutter verlassen und an seiner Frau hängen, und die zwei werden ein Fleisch sein« (1. Mose 2,24). *Dies Geheimnis ist groß; ich deute es aber auf Christus und die Gemeinde. Darum auch ihr: ein jeder habe lieb seine Frau wie sich selbst; die Frau aber ehre den Mann. Ihr Kinder, seid gehorsam euren Eltern in dem Herrn; denn das ist recht. »Ehre Vater und Mutter«, das ist das erste Gebot, das eine Verheißung hat: »auf dass dir's wohlgehe und du lange lebest auf Erden«* (5. Mose 5,16). *Und ihr Väter, reizt eure Kinder nicht zum Zorn, sondern erzieht sie in der Zucht und Ermahnung des Herrn. Ihr Sklaven, seid gehorsam euren irdischen Herren mit Furcht und Zittern, in Einfalt eures Herzens als dem Herrn Christus; nicht mit Dienst allein vor Augen, um den Menschen zu gefallen, sondern als Knechte Christi, die den Willen Gottes tun von Herzen. Tut euren Dienst mit gutem Willen als dem Herrn und nicht den Menschen; denn ihr wisst: Was ein jeder Gutes tut, das wird er vom Herrn empfangen, er sei Sklave oder Freier. Und ihr Herren, tut ihnen gegenüber das Gleiche und lasst das Drohen; denn ihr wisst, dass euer und ihr Herr im Himmel ist, und bei ihm gilt kein Ansehen der Person.«*

195

Ich habe diesem Bibeltext sehr bewusst eine etwas allgemein klingende Überschrift gegeben: „Leitlinie für ein gutes Miteinander". Manche stürzen sich bei diesem Bibeltext sofort auf das Verhältnis von Mann und Frau. Aber hier geht es nicht nur um Mann und Frau, sondern auch um das Verhältnis von Kindern zu ihren Eltern. Und aus heutiger Sicht auch um das Verhältnis von Arbeitgebern zu ihren Arbeitnehmern. Und über diesem allem steht in großen Lettern: *„Ordnet euch einander unter ... damit ihr mit dem Heiligen Geist erfüllt werdet!"*

(1) Ordnet euch einander unter!

Lasst mich dazu noch ein paar Worte verlieren, damit wir die Dinge richtig einordnen können. Ich bin davon überzeugt, dass wir die Bedeutung dieser Worte für unser Leben nicht verstehen können, wenn wir nicht geklärt haben, was es bedeutet, sich einander unterzuordnen.

Und das begann alles in einem wunderschönen Garten. Damals im Garten Eden war die Welt noch in Ordnung. Damals wurde der Mensch von Gott geschaffen, als Mann und Frau. Wir sehen es am späteren Umgang mit Frauen, den Jesus an den Tag legte, dass Frau und Mann völlig gleichwertig geschaffen wurden. Wenn auch nicht gleichartig. Frau und Mann bleiben zwei verschiedene Geschlechter, auch wenn man in der heutigen Zeit eine Art Einheitsbrei daraus machen möchte. Sie sind nicht gleichartig, aber sie sind in jedem Fall gleichwertig.

Alles hätte so schön sein können, wäre da nicht diese eine unachtsame, menschliche Handlung der beiden ersten Menschen gewesen. Und bis sich die Menschen richtig umblickten, befanden sie sich in einer von da an gefallenen Schöpfung. All dies geschah innerhalb des sogenannten „Alten Bundes". Eine Folge davon war, dass sich Gott nach diesem Fehlverhalten der beiden ersten Menschen an die Eva wandte und zu ihr sagte:

> *„...dein Verlangen soll nach deinem Mann sein, aber er soll dein Herr sein."* (1. Mose 3,16)

Gott gebrauchte von der Bedeutung her die gleichen Worte noch einmal, als er mit Kain sprach, bevor dieser seinen Bruder Abel umbrachte:

„Ist's nicht also? Wenn du fromm bist, so kannst du frei den Blick erheben. Bist du aber nicht fromm, so lauert die Sünde vor der Tür, und nach dir hat sie Verlangen; du aber herrsche über sie." (1. Mose 4,7)

Es geht in beiden Fällen um ein Verlangen, über einen anderen zu herrschen. Der allerdings kann nur dann beherrscht werden, wenn er es auch zulässt. Im einen Fall ist es die Sünde, die über den Menschen herrschen möchte. Sie kann es allerdings nur, wenn der Mensch es zulässt. Im anderen Fall ist es die Frau, die fortan über den Mann herrschen möchte.

Im einen Fall hat Kain diesen Kampf verloren und seinen Bruder auf dem Acker umgebracht. Die Sünde hatte die Überhand gewonnen, was Kain zum Mord an seinem Bruder getrieben hat. Im anderen Fall ist der Kampf auch unter den Nachfolgern Jesu noch nicht zu Ende gefochten, wenn ich das richtig beurteile. Das sind also aus Sicht des Alten Bundes die Vorzeichen, unter denen unser heutiger Text aus Epheser 5-6 steht.

Nun wissen wir aus heutiger Sicht, dass mit Jesus Christus ein „Neuer Bund" angefangen hat. Eines Tages kamen zwei seiner Jünger zu Jesus und baten ihn darum, ob sie nicht rechts und links neben ihm auf seinem Thron sitzen dürften. Damit haben Jakobus und Johannes eindeutig beansprucht, zukünftig über die anderen herrschen zu dürfen, worüber die anderen zehn Jünger „not amused" waren. Mitten in diese Szenerie hinein sagte Jesus Folgendes:

„Ihr wisst, die als Herrscher gelten, halten ihre Völker nieder, und ihre Mächtigen tun ihnen Gewalt an. Aber so ist es unter euch nicht; sondern wer groß sein will unter euch, der soll euer Diener sein; und wer unter euch der Erste sein will, der soll aller Knecht sein. Denn auch der Menschensohn ist nicht gekommen, dass er sich dienen lasse, sondern dass er diene und sein Leben gebe als Lösegeld für viele." (Markus 10,42-45)

Damit sagte Jesus zwei Dinge: Zunächst sagte er, dass wir immer noch in einer „gefallenen Schöpfung" leben: Herrschen und beherrscht werden. Fressen und gefressen werden. Karriere, Kommerz und Kohle. Usw. Usw. Und das wird laut Neuem Testament der Bibel nicht aufhören, bis Jesus eines Tages wiederkommen wird. Diese Tatsache(n) sollten wir bei einem Text, wie dem heutigen, nicht vergessen.

Und Jesus sagte zweitens: WIR machen es aber anders, denn mit mir - Jesus - beginnt ein „Neuer Bund" des Lebens und des Miteinanders. Und auch dies sollten wir bei einem Bibeltext, wie dem heutigen, nicht vergessen. Lasst mich dazu kurz ein paar Bibelstellen zitieren, die diese Worte Jesu bestätigen sollen:

„Dient einander, ein jeder mit der Gabe, die er empfangen hat, als die guten Haushalter der mancherlei Gnade Gottes." (1. Petrus 4,10)

„Tut nichts aus Eigennutz oder um eitler Ehre willen, sondern in Demut achte einer den andern höher als sich selbst, und ein jeder sehe nicht auf das Seine, sondern auch auf das, was dem andern dient." (Philipper 2,3-4)

Und dies alles unter der alles entscheidenden Vorgabe:

„Ein neues Gebot gebe ich euch, dass ihr euch untereinander liebt, wie ich euch geliebt habe, damit auch ihr einander lieb habt. Daran wird jedermann erkennen, dass ihr meine Jünger seid, wenn ihr Liebe untereinander habt."

(Johannes 13,34-35)

Ohne ein Leben auf der Basis dieser von Jesus geschenkten Liebe wird es allerdings nicht umzusetzen sein, wie folgende Geschichte zeigt:

Mitte des 20. Jahrhunderts kam es eines Tages im englischen Parlament zu folgender Szene zwischen Lady Aster und dem britischen Premier Winston Churchill. Dabei nahm sie den Premier in einer Parlamentsdebatte aufs Korn und fauchte ihn an: „Wenn Sie mein Mann wären, dann würde ich Gift in Ihren Tee schütten!" Churchill, nicht auf den Mund gefallen, antwortete darauf: „Und wenn Sie meine Frau wären, würde ich den Tee trinken!"

Das wäre z.B. eine Leitlinie für ein Miteinander im Rahmen der gefallenen Schöpfung. Doch Jesus hat eindeutig gesagt: WIR machen es völlig anders: Wir leben in der Liebe! Und das schauen wir uns jetzt ein wenig genauer an.

Dabei möchte ich auch um einen guten und fairen Umgang mit dem Thema bitten. Wir werden uns das Thema aus Sicht der Frauen, der Männer, der Kinder und der Arbeitnehmer anschauen. Ein guter und fairer Umgang bedeutet für mich: Wenn ich z.B. keine Frau bin, kümmere ich mich auch nicht um die Worte, die an Frauen gerichtet sind. Ich denke, jeder von uns hat genug mit sich selbst zu tun, und mit der Frage, wie diese Worte des Paulus dazu dienen können, um selbst mit dem Heiligen Geist erfüllt zu werden. Deshalb braucht sich niemand mit den Dingen ablenken lassen, die für andere Menschen gedacht sind. Mein Tipp: Jeder schaue darauf, wie er dies alles in Liebe leben kann.

(2) An die Frauen

> *„Ihr Ehefrauen, ordnet euch euren Ehemännern unter wie dem Herrn."*

„Naja, das hat ja schließlich Paulus gesagt. Der war ja sein Leben lang Single. Der hatte überhaupt keine Ahnung von dem, wie eine Ehe im Alltag aussieht. Der kann das leicht sagen, wo er doch ein Mann ist!" Das wäre eine mögliche Antwort auf diese Bibelworte des Paulus. Doch, auch wenn ich als Mann hier vorne stehe, bin ich davon überzeugt, dass Paulus genau wusste, wovon er redet. Schwierig wird es manchmal vermutlich deshalb, weil jeder von uns seine eigene Geschichte hat. Seine eigene Erfahrung, z.B. mit der Ehe der eigenen Eltern. Oder seine eigene Vorstellung von einem guten Miteinander.

Und der Apostel Paulus hilft uns an dieser Stelle ja nicht wirklich aus unserem Dilemma. Im Judentum gab es neben der Thora z.B. noch den sog. Talmud. Der Talmud war kurz zusammengefasst, eine Auslegung der biblischen Schriften zum praktischen Leben, wie die Rabbiner es verstanden hatten. Wer also nicht wusste, wie er die biblischen Vorgaben leben sollte, studierte den Talmud.

Das haben wir im Christentum nicht, auch wenn es unzählige Bücher zur biblischen Glaubenslehre und Ethik gibt. Und doch lässt Paulus die Ehefrauen an dieser Stelle nicht völlig hängen, was sich in dem kleinen Nebensatz zeigt: *„...wie dem Herrn".*

Hier ist eindeutig von Jesus die Rede. Von der Beziehung und der Liebe zu Jesus. Ich werde deshalb auch nicht anfangen, und allen Ehefrauen vorschreiben wollen, wie sie diese Worte des Paulus in ihren Alltag umzusetzen haben. Aber vielleicht hilft es ja, wenn jede einzelne in diesem Zusammenhang darüber nachdenkt, wie sich denn ihr Verhältnis zu ihrem Heiland - Jesus Christus - im Alltag so gestaltet.

Oder vielleicht auch noch grundsätzlicher, wie z.B. die Frage: Wer ist Jesus Christus für mich? Welche Stellung hat Jesus in meinem Leben? Was hat Jesus zu sagen, wenn es um meine alltäglichen Entscheidungen geht? Welche Beziehung pflege ich eigentlich zu Jesus? Und: Was bedeutet mir diese Beziehung zu Jesus?

Und dann können wir natürlich auch gemeinsam auf das Verhältnis der Gemeinde Jesu am Ort zu ihrem Heiland Jesus Christus schauen. Auch hier kann man die gleichen Fragen zu einer Beziehung zu Jesus stellen. Vielleicht sind manche christlichen Ehen einfach nur ein Spiegelbild der Beziehung der örtlichen Gemeinde zu ihrem Heiland?

(3) An die Männer

Wenn wir auf das schauen, was den Ehemännern gesagt ist, fällt auf, dass Paulus hier viel mehr Worte machen musste, als es bei der Frau der Fall ist. Warum? Weil in einer gefallenen Schöpfung jede Art von Macht die Möglichkeit in sich trägt, missbraucht zu werden. Machtmissbrauch ist leider auch unter Christen gängige Praxis. So sagt Paulus zu den Männern:

> *„Ihr Männer, liebt eure Frauen, wie auch Christus die Gemeinde geliebt hat und hat sich selbst für sie dahingegeben, um sie zu heiligen".*

Je länger ich mich mit diesem Text befasst habe, desto mehr ist für mich die Schönheit dieser Worte zu Tage getreten. Und die Liebe Jesu, die er zu seinen Kindern hat.

Wenn wir Menschen an eine Beziehung denken, geht es sehr oft darum, was uns selbst diese Beziehung bringen könnte. Ich glaube, Paulus denkt hier genau andersherum. Allerdings habe ich den Eindruck, dass das Ergebnis dennoch so ist, wie wir es uns wünschen. Der Ansatz des Paulus bei Mann und Frau ist: „Denke in allen deinen Handlungen immer an die/den anderen!"

Das Ergebnis ist: Du wirst dabei deine wahre Freude haben und glücklich leben können. Ich habe in nun schon fast sechs Jahrzehnten Leben so manche Erfahrung gemacht mit Menschen, denen ich mich unterstellt habe. Wisst ihr was? Am liebsten habe ich mich Menschen unterstellt, die mich geschätzt haben. Die dankbar waren, für das, was ich getan habe. Und die es auch gezeigt haben, auch wenn sie Geld dafür bezahlt haben. Und Menschen, die mich geachtet und respektiert haben als den, der ich bin. Da habe ich dann auch gerne mal Überstunden gemacht. Oder bin die eine oder andere Meile mehr gegangen als ich musste.

> *„Ihr Männer, liebt eure Frauen, wie auch Christus die Gemeinde geliebt hat und hat sich selbst für sie dahingegeben, um sie zu heiligen."*

Jesus hat uns so geliebt, dass er den qualvollsten Tod gestorben ist, um uns *„zu heiligen"*. Und „heiligen" bedeutet ja: „besonders machen - absondern - weihen - Gott hingeben - für Gott zum Ersten und Besten zu machen - usw.". Wow, wow, wow! Das hört sich für mich nicht nach einem Aufruf zu Machtmissbrauch, Unterdrückung oder Demütigung an.

(4) An die Kinder

Und in solch einem Umfeld werden sich dann auch Kinder wohlfühlen, zu denen Paulus sagt:

> *„Ihr Kinder, seid gehorsam euren Eltern in dem Herrn; denn das ist recht. 'Ehre Vater und Mutter', das ist das erste Gebot, das eine Verheißung hat: 'auf dass dir's wohlgehe und du lange lebest auf Erden'."*

Interessant ist an dieser Stelle, dass sich Paulus nicht zuerst an die Eltern wendet, die Kinder zu erziehen haben. Er tut dies weiter hinten auch noch, indem er vor allem die Väter dazu aufruft, sich den Kindern gegenüber so zu verhalten, dass auch sie die Liebe Jesu zu spüren bekommen, die ihnen helfen soll, starke Erwachsene werden zu können. Dazu ist sicher auch mal eine sog. „Züchtigung" notwendig, auch wenn diese nicht unbedingt gleich in einem „Schlag hinter die Löffel" enden muss. Dass allerdings heutzutage die Eltern schon Angst haben müssen, für einen Klaps auf den Hintern angezeigt zu werden, lässt die Vermutung zu, dass wir in unseren gesellschaftlichen Bestrebungen sehr gerne auf der anderen Seite von Pferden herunterfallen.

Aber diese Worte hier sind an die Kinder gerichtet. Und ich glaube, dies geschieht auch in kindgerechter Weise. Paulus wendet hier das pädagogische Mittel der Belohnung an, wenn Kinder es sich zur Lebensweise machen sollen, ihre Eltern zu ehren. Und diese Belohnung ist ja gar nicht so ohne: Wohlergehen und langes Leben! Na wenn das keine grandiosen Versprechen sind, weiß ich auch nicht mehr.

Und das Gute daran ist ja, dass diese Versprechen nicht von Menschen kommen, sondern von Gott. Deshalb habe ich auch hin und wieder Eltern den Rat gegeben, vor allem wenn sie es mit heranreifenden Kindern zu tun hatten (Teenagern und jungen Erwachsenen). Und natürlich auch nur, wenn es möglich war zu reden, weil bei den Kindern Gesprächsbereitschaft vorhanden war. Wenn in diesem Zusammenhang keine Bereitschaft zu Reden und Hören vorhanden ist, hat es absolut keinen Zweck.

Aber wenn diese Offenheit da ist, dass sie dann ihren Kindern den leisen Tipp geben könnten, dass diese sich selbst etwas Gutes tun können, wenn sie ihre Eltern achten und ehren. Wobei ich noch dazusagen möchte, dass ich denke, dass Eltern nicht nur dann geachtet und geehrt werden, wenn die Kinder immer alles tun, was die Eltern von ihnen erwarten. Sicher nicht!

Aber wenn Kinder, wie auch Erwachsene, diese Worte des Paulus unter der Leitung des Heiligen Geistes umsetzen, bin ich davon überzeugt, dass am Ende nur etwas ganz Großartiges dabei herauskommen kann. Und das wäre nicht nur für das Miteinander von Eltern und Kindern ein Gewinn, sondern ganz sicher auch für unsere Gesellschaft.

(5) An die Arbeitnehmer

Und damit biegen wir auf die Zielgerade ein, indem wir uns noch anschauen, was Paulus in Bezug auf ein gutes Miteinander zwischen Arbeitgebern und Arbeitnehmern gesagt hat:

„Ihr Sklaven, seid gehorsam euren irdischen Herren mit Furcht und Zittern in Einfalt eures Herzens, als dem Herrn Christus! [...] Und ihr Herren, tut ihnen gegenüber das Glei-

che und lasst das Drohen; denn ihr wisst, dass euer und ihr Herr im Himmel ist, und bei ihm gilt kein Ansehen der Person."

Natürlich sind diese Sätze nicht für unsere heutige Situation im Arbeitsleben in Deutschland geschrieben worden - klar! Und deshalb sollten wir sie auch nicht dafür missbrauchen. Es gibt viel zu viel geistlichen Missbrauch, was aber nicht heißt, dass wir aus diesen Sätzen nicht manches für unser Arbeitsleben lernen könnten.

Manche mögen diesen Satz nicht: „Lehrjahre sind keine Herrenjahre!" Das klingt für sie nach Unterwerfung und absoluter Herrschaft der Meister-Klasse. Aber so ist er sicher nicht gemeint. Ich denke, es bedeutet lediglich, dass sich ein Auszubildender während seiner Ausbildungszeit nicht wie ein Lehrmeister aufführen soll. Warum? Weil er noch keiner ist!

Nach meiner Erfahrung sind die schlechtesten Führungskräfte unter denen zu finden, die nicht gelernt haben, sich unterzuordnen. Und das ist eigentlich auch klar: Weißt du, wie es sich anfühlt, gedemütigt zu werden? Wenn du dies erlebt und daraus gelernt hast, wirst du selbst niemals bewusst jemand demütigen. Oder weißt du, wie es sich anfühlt, wenn du dauernd kritisiert wirst, und dein Vorgesetzter dich nicht achtet und respektiert? Wenn du dies erlebt und daraus gelernt hast, wirst du darauf bedacht sein, als Führungskraft Menschen zu achten, zu respektieren und ihnen so oft wie möglich ein hilfreiches und konstruktives Feedback zu geben.

Was Paulus hier schreibt bedeutet nicht, dass man sich von seinem Arbeitgeber ausnutzen, missbrauchen und alles tun muss, was einem befohlen wird. Wir sind ja nicht beim Militär, und selbst dort gilt das heute nicht mehr ohne Ausnahme. Es bedeutet, seine Arbeit willig zu tun, weil wir es vor Gott tun und nicht nur vor Menschen. Ganz im Sinne der Worte des Paulus in Kolosser 3,17:

„Und alles, was ihr tut mit Worten oder mit Werken, das tut alles im Namen des Herrn Jesus und dankt Gott, dem Vater, durch ihn."

In diesem Sinne schließt sich der Kreis wieder an der Stelle, von der wir ausgegangen sind: *„Ordnet euch einander unter ... damit ihr mit dem*

Heiligen Geist erfüllt werden könnt!" Wenn wir uns jetzt am Ende dieser Predigt fragen: Was ist denn nun diese „Leitlinie für ein gutes Miteinander"? Dann wäre die richtige Antwort: *„Ordnet euch einander unter in der Furcht Christi!"*

Wobei ihr bei meinen Ausführungen vermutlich gemerkt habt, dass ich dabei nicht so richtig konkret geworden bin. Das war tatsächlich meine Absicht. Nicht, weil ich keine Tipps dafür auf Lager gehabt hätte, wie diese Unterordnung im einen oder anderen Fall aussehen könnte. Sondern weil es bei einem Raum voller Menschen etwas schwierig ist, jedem einzelnen in ca. 30 Minuten einen guten Rat für ein gutes Miteinander zu geben. Darum bitte ich dich, es zu deiner persönlichen Aufgabe zu machen, folgende Frage für dein Leben zu beantworten:

„Wie kann ich mich, in meiner individuellen Situation, so unterordnen, dass es in der Liebe Jesu geschieht?"

Und das ist keine Prüfungsaufgabe, die man einmal richtig beantworten muss, und dann ist es für alle Zeiten erledigt. Es ist eine Frage, die immer wieder aufs Neue beantwortet werden muss, weil dein Leben immer wieder neue Fragen an dich stellen wird, gerade in Bezug auf deine Beziehungen und dein gesellschaftliches Umfeld.

Und vergessen wir dabei nicht, um was es hier geht: Wir befinden uns in einer gefallenen Schöpfung, mit ihren unsäglichen Mechanismen von Machtmissbrauch, Demütigung, Kommerz, Lieblosigkeit und Egoismus. Oder glaubt ihr wirklich, dass euch ein Discounter deshalb Lebensmittel verkauft, weil er möchte, dass ihr nicht hungern müsst? Glaubt ihr wirklich, dass euch das Bekleidungsgeschäft von nebenan deshalb Kleidung verkauft, damit ihr etwas zum Anziehen habt?

Jesus sagt dazu: „Ja, so lebt man nach den Maßstäben der gefallenen Schöpfung. Aber WIR verhalten uns völlig anders!"

Und das mit dem Ziel, unsere Mitmenschen zu lieben, unseren Heiland, Jesus Christus, zu ehren, und mit dem Heiligen Geist erfüllt zu werden, damit wir in der Kraft der Gnade Jesu das tun können, was uns von Jesus aufgetragen ist. Das hört sich doch mal echt gut an! Amen.

Einer für alle! Alle für einen!
(Epheser 6,10-24)

„Einer für alle! Alle für einen!" Das war nicht nur der Wahlspruch der „Drei Musketiere". Später dann der vier Musketiere Athos, Porthos, Aramis und d'Artagnan, aus dem Roman von Alexandre Dumas´, der schon im Jahr 1843 veröffentlicht wurde. Und der seither als Grundlage mancher Kino- und Fernsehfilme gedient hat.

„Einer für alle! Alle für einen!" Oder wie die Schweizer sagen: „Unus pro omnibus, omnes pro uno". Das ist nicht nur ein Spruch, der im Bundeshaus der Schweizer Regierung in Bern an die Wand gemalt ist, und sich vor allem im 19. Jahrhundert zum Wahlspruch der Schweizerischen Eidgenossenschaft gemausert hat.

„Einer für alle! Alle für einen!" Das ist vor allem, ganz kurz zusammengefasst, der Inhalt des letzten Abschnitts aus dem Brief des Paulus an die weltweite Christenheit. Wenn man den Epheser-Brief in seinem Aufbau betrachtet fällt auf, dass Paulus diesen letzten Abschnitt ganz konsequent vorbereitet hat.

Zu Beginn des Briefes machte er uns deutlich, welche Identität wir haben. Nicht nur, warum es uns als Menschen gibt, sondern welche Stellung wir ab dem Moment innehaben, ab dem wir von Menschen, die ohne Jesus leben, zu Nachfolgern Jesu Christi werden. Er schrieb dazu bereits in Epheser 2,4-7:

> *„Aber Gott, der reich ist an Barmherzigkeit, hat in seiner großen Liebe, mit der er uns geliebt hat, auch uns, die wir tot waren in den Sünden, mit Christus lebendig gemacht - aus Gnade seid ihr selig geworden -; und er hat uns mit auferweckt und mit eingesetzt im Himmel in Christus Jesus, damit er in den kommenden Zeiten erzeige den überschwänglichen Reichtum seiner Gnade durch seine Güte gegen uns in Christus Jesus."*

Jesus Christus sitzt an der rechten Seite des Vaters. Als Nachfolger und Jünger Jesu sitzen wir bei Jesus Christus, im Himmel. Auch wenn ihr jetzt physisch hier auf diesen Stühlen sitzt, befindet ihr euch dennoch gleichzeitig im Thronsaal Gottes und sitzt direkt neben Jesus, der direkt neben dem Vater im Himmel sitzt. Das ist deine Realität! Das ist die Identität, von der wir ausgehen, wenn wir als Nachfolger Jesu in dieser Welt unterwegs sind. Wir sitzen an der rechten Seite Gottes. Wir sind Töchter und Söhne Gottes, und damit Königinnen und Könige des Hochkönigs, der über allem steht. Wir sind Mitglieder des Königshauses Gottes!

Und mit diesem Bewusstsein gehen wir an unser Tagwerk, zu dem Paulus in Epheser 2,10 geschrieben hat:

„Denn wir sind sein Werk, geschaffen in Christus Jesus zu guten Werken, die Gott zuvor bereitet hat, dass wir darin wandeln sollen."

In diesem Zusammenhang verwende ich immer wieder gerne das Bild von einem „roten Teppich", der bereits ausgerollt ist. Es ist dabei nicht die Frage, ob du zur Königsfamilie gehörst, denn du gehörst dazu. Sondern es ist die Frage, was deine Aufgabe ist, wenn du im Rahmen der Königsfamilie unterwegs bist. Deine Aufgabe ist es, nachzuforschen, was Gott bereits vorbereitet hat, damit du darin gehen und leben kannst. In Epheser 4,1-2 drückt Paulus es so aus:

„So ermahne ich euch nun, ich, der Gefangene in dem Herrn, dass ihr der Berufung würdig lebt, mit der ihr berufen seid, in aller Demut und Sanftmut, in Geduld."

Und auch hier geht es nicht darum, deine Identität zu klären, denn die ist klar. Du weißt ganz genau, wo du gerade sitzt, wer dein Vater ist, und zu welcher Familie du gehörst. Sondern es geht darum, dich als Nachfolger Jesu und Mitglied der Königsfamilie daran zu erinnern, dass du dieser Stellung und Berufung würdig lebst: Du bist eine Königin? Dann lebe auch wie eine! Du bist ein König? Dann lebe auch wie einer!

Und damit sind wir dann am Ende des Briefes angekommen. Wenn wir nämlich leben sollen wie Mitglieder der Königsfamilie Gottes. Und wenn wir die Vollmacht und Autorität eines Mitglieds des Königshauses Gottes haben. Dann stellt sich die Frage, wie das in der Praxis aussehen kann. Dann nämlich, wenn wir unsere Frau oder unseren Mann stehen müssen, im ganz normalen Wahnsinn des irdischen Lebens.

Und genau hier setzt der heutige Bibeltext an. Dazu lesen wir zunächst die Verse 10-20, denn die Verse 21-24 sind Grüße und Segenswünsche des Paulus. Zu denen sage ich dann am Schluss noch etwas. Jetzt lesen wir zunächst die Verse 10-20, aus dem sechsten Kapitel des Epheser-Briefes:

> *„Zuletzt: Seid stark in dem Herrn und in der Macht seiner Stärke. Zieht an die Waffenrüstung Gottes, damit ihr bestehen könnt gegen die listigen Anschläge des Teufels. Denn wir haben nicht mit Fleisch und Blut zu kämpfen, sondern mit Mächtigen und Gewaltigen, nämlich mit den Herren der Welt, die in dieser Finsternis herrschen, mit den bösen Geistern unter dem Himmel. Deshalb ergreift die Waffenrüstung Gottes, damit ihr an dem bösen Tag Widerstand leisten und alles überwinden und das Feld behalten könnt. So steht nun fest, umgürtet an euren Lenden mit Wahrheit und angetan mit dem Panzer der Gerechtigkeit und an den Beinen gestiefelt, bereit einzutreten für das Evangelium des Friedens. Vor allen Dingen aber ergreift den Schild des Glaubens, mit dem ihr auslöschen könnt alle feurigen Pfeile des Bösen, und nehmt den Helm des Heils und das Schwert des Geistes, welches ist das Wort Gottes. Betet allezeit mit Bitten und Flehen im Geist und wacht dazu mit aller Beharrlichkeit im Gebet für alle Heiligen und für mich, dass mir das Wort gegeben werde, wenn ich meinen Mund auftue, freimütig das Geheimnis des Evangeliums zu verkündigen, dessen Bote ich bin in Ketten, dass ich mit Freimut davon rede, wie ich es muss.“*

„Zuletzt: Seid stark in dem Herrn und in der Macht seiner Stärke.“ Wenn uns Paulus, gegen Ende seines Briefes, für die Praxis unseres Lebens noch etwas mitgeben möchte, dann dieses: Wir werden feststehen und kämpfen müssen, wenn wir dieses Leben als Mitglieder der Königsfamilie angemessen leben möchten. Und warum ist das so?

> *„Denn wir haben nicht mit Fleisch und Blut zu kämpfen, sondern mit Mächtigen und Gewaltigen, nämlich mit den Herren der Welt, die in dieser Finsternis herrschen, mit den bösen Geistern unter dem Himmel.“ (Epheser 6,12)*

Das ist eine Tatsache, die auch ich mir immer wieder bewusst machen muss. Wenn du zum Beispiel einen netten Nachbarn hast, der seinen jungen Apfelbaum eben nicht im gesetzlich vorgeschriebenen Abstand vom Gartenzaun einpflanzt. Und wenn du ihn darauf ansprichst nur damit antwortet, dass er davon ausgeht, dass der Baum schnurgerade in die Höhe wächst und seine Äste nicht in deinen Garten ragen werden. Und dies, obwohl die ersten Äste bereits jetzt schon 1,5 m in deinen Garten ragen, und du sicher keinen einzigen Apfel einfach abnehmen darfst, wenn mal welche rüberwachsen.

Dann hast du es zwar zunächst mit einem Menschen aus Fleisch und Blut zu tun. Aber der Kampf, der in diesem Moment in deinem Inneren kämpft, ob du ihm gleich die Meinung geigen, oder lieber den Baum bei Nacht und Nebel so manipulieren sollst, dass er einfach eingeht. Natürlich, ohne dass du anschließend etwas dafürkonntest.

Dieser Kampf ist nicht von *„Fleisch und Blut"* inszeniert worden, sondern von dem Feind Gottes, der nur eines möchte: *„...stehlen, schlachten und umbringen..."*, wie Jesus bereits in Johannes 10,10 festgestellt hat. Das heißt, hier möchte nicht dein Nachbar, sondern der Feind Gottes dein nachbarschaftliches Verhältnis zerstören.

Das heißt nicht, dass du dir von deinem Nachbarn immer alles gefallen lassen musst. Es heißt nicht, dass wir als Nachfolger Jesu immer in die Defensive gehen und uns missbrauchen und ausnutzen lassen müssen. Ganz sicher nicht. Aber es heißt, dass wir uns bewusst machen müssen, gegen wen wir wirklich kämpfen.

Wenn dir Menschen bösartig, gemein, hinterlistig, lieblos, oder wie auch immer begegnen, dann nicht, weil Menschen in erster Linie etwas gegen dich haben, sondern weil der Feind Gottes möchte, dass du annimmst, dass Menschen etwas gegen dich haben. Es ist dem Teufel und seinen Dämonen ein Gräuel, wenn wir uns unserer Identität bewusst sind. Er mag es viel lieber, wenn du annimmst, dass du nichts wert bist. Er mag es, wenn du dir immer wieder einredest, dass du zu nichts taugst oder zu blöd bist, etwas wirklich zu Ende zu bringen. Er mag es, wenn du auch in der Gemeinde Jesu annimmst, dass dich keiner liebt, und sowieso keiner mit dir zusammen sein möchte. Der Teufel liebt es, wenn nachbarschaftliche Beziehungen in die Brüche gehen. Er mag es, wenn Ehen zerstört werden und Kinder dieser psychischen

Belastung nicht standhalten können. Dazu benutzt er z.B. Psychologen, die sagen, dass Scheidung für Kinder überhaupt kein Problem sei. Solchen Lügen habe ich selbst schon zu hören bekommen.

Ich könnte hier noch unzählig viele Beispiele anführen, aber ich möchte dem Teufel und seinen Dämonen hier keine Ehre zuteilwerden lassen, die ihnen nicht gebührt. Was ich aber damit sagen möchte ist dieses: Wenn du einen Gedanken in deinem Kopf wahrnimmst, der dich selbst beschämen, demütigen, erniedrigen oder verdammen möchte - nach dem Motto: „Du kannst es nicht. Dich liebt eh keiner. Du wirst niemals erfolgreich sein. Dein Ehepartner mag dich nicht. Du bist nicht zu einer Beziehung zu anderen Menschen fähig. Das wird nie was. Gib einfach auf!" Usw. Usw. Wenn du solche und ähnliche Gedanken hast, dann gehören diese nicht zu dir. Dies sind Lügen des Feindes Gottes, mit denen er dich zerstören möchte. Höre bitte nicht auf sie. Gib ihnen nicht nach, damit der Feind nicht siegen kann, sondern eine herbe Niederlage einstecken muss, weil er mit seinen Lügen nicht durchkommt.

Warum kann ich so sicher sagen, dass es Lügen sind? Weil jeder Nachfolger Jesu zur Königsfamilie gehört. Und den Mitgliedern des Königshauses Gottes wird z.B. durch folgende Worte Mut gemacht: *„Ich vermag alles durch den, der mich mächtig macht"* (Philipper 4,13). Oder an anderer Stelle: *„Lass dir an meiner Gnade genügen; denn meine Kraft ist in den Schwachen mächtig"* (2. Korinther 12,9). Da ist nicht die Rede von: „Ich kann nichts!" Ganz im Gegenteil! Du kannst alles tun, durch Jesus Christus. Und wenn du dich schwach fühlst, dann sagt Abba, Vater dir zu, dass er sich in deiner Schwachheit als mächtig erweisen wird.

Die geistliche Waffenrüstung

„Deshalb ergreift die Waffenrüstung Gottes, damit ihr an dem bösen Tag Widerstand leisten und alles überwinden und das Feld behalten könnt. So steht nun fest, umgürtet an euren Lenden mit Wahrheit und angetan mit dem Panzer der Gerechtigkeit und an den Beinen gestiefelt, bereit einzutreten für das Evangelium des Friedens. Vor allen Dingen aber ergreift den Schild des Glaubens, mit dem ihr auslöschen könnt alle feurigen Pfeile des Bösen, und

nehmt den Helm des Heils und das Schwert des Geistes, welches ist das Wort Gottes."

Wenn man sich diese Beschreibung so anhört, dann haben wir als Nachfolger Jesu und Mitglieder der Königsfamilie schon eine imposante Ausrüstung mit auf den Weg bekommen. Dennoch wage ich zu sagen, dass diese Waffenrüstung einen nicht zu übersehenden Makel hat.

Ist es euch auch aufgefallen? Wenn man sich diese Rüstung etwas näher betrachtet, dann fällt auf, dass sie vor allem nach vorne, auf den Feind ausgerichtet ist. Und das ist zunächst einmal vollkommen richtig. Aber was ist, wenn der Feind von hinten kommt? Was geschieht, wenn ein feuriger Pfeil nicht von vorne kommt, wo er vom Langschild des Soldaten abgefangen werden kann? Sondern wenn er aus einem Hinterhalt abgefeuert wird, und damit von hinten kommt? Für Angriffe von hinten ist diese Waffenrüstung nicht ausgelegt.

Ich selbst war sieben Jahre aktiv bei der Bundeswehr, und wurde auch an der Waffe bzw. an verschiedenen Waffen ausgebildet. Innerhalb der Bundeswehr gibt es verschiedene Eliteeinheiten, wie z.B. Einzelkämpfer oder Fallschirmjäger. Oder sog. Spezialeinheiten wie z.B. die GSG 9, von der ihr sicher schon gehört habt. Im internationalen Vergleich sind es z.B. die amerikanischen Navy Seals, oder ähnliche.

In diesen Einheiten gibt es einen Codex, der für alle Beteiligten eine Ehrensache ist: Der Letzte, an den ein Elitesoldat denkt, ist an sich selbst. Jeder schätzt seinen Kameraden neben sich mehr wert als sich selbst. Für die eigene Rückendeckung zu sorgen ist nicht nötig, weil jeder weiß, dass er sie von seinem Kameraden bekommen wird. Jeder tut alles seinem Kameraden neben sich zugute. Daran glauben alle bis ins tiefste Innere. Von Anfang an teilt man diesen Elitesoldaten mit, sich nicht als Individuen zu sehen, sondern als Einheit. Und das, obwohl sie als Experten für unterschiedliche Bereiche ausgebildet sind: Sprengstoffe, Kommunikation, Scharfschützen, Medizin, Minenräumen usw. Sie funktionieren als Einheit.

Sie gehen nie mit der Einstellung in einen Einsatz: „Naja, vermutlich kommen manche von uns nicht mehr zurück. Der Einsatz wird hart sein!" Oder: „Vermutlich werden es nur 40 Prozent von uns schaffen". Nein! Ihre Einstellung ist: „100 Prozent gehen rein in den Einsatz, und

100 Prozent kommen wieder raus". Allerdings wird man beim näheren Hinsehen feststellen, dass diese innere Einstellung keinem dieser Soldaten antrainiert werden kann. Normalerweise ist die Grundausbildung bei diesen Eliteeinheiten so anstrengend und schwierig, dass es nur wenige schaffen. Ca. 80 - 90 Prozent aller Bewerber geben entweder auf oder schaffen es nicht. Was bleibt, ist eine Einheit von hochtrainierten, vollausgerüsteten Elitesoldaten. Von Menschen, die den Mann neben sich höher achten als sich selbst. Und die bereit sind, für eine größere Sache zu sterben.

Kommt euch das irgendwie bekannt vor? Ich zitiere dazu den Apostel Paulus, aus seinem Brief an die Christen in Philippi:

> *„Tut nichts aus Eigennutz oder um eitler Ehre willen, sondern in Demut achte einer den andern höher als sich selbst, und ein jeder sehe nicht auf das Seine, sondern auch auf das, was dem andern dient."* (Philipper 2,3-4)

Wir können versuchen, unser Leben im irdischen und geistlichen Bereich als Einzelkämpfer zu bestreiten. Wenn wir uns dabei allerdings selbst den Rücken freihalten wollen, stehen wir dem Feind immer mit dem Rücken zur Wand gegenüber. Nur eine Wand hinter dir gibt dir den nötigen Schutz. Das ist auf Dauer jedoch weder spaßig noch ist es wirklich hilfreich und erfolgreich.

Wir können es allerdings auch anders versuchen: „Unus pro omnibus, omnes pro uno". Mir gefällt diese lateinische Form von „Einer für alle! Alle für einen!", weil darin das Wort „Omnibus" vorkommt. Und da habe ich gleich ein Bild vor Augen, auch wenn es als direkte Übersetzung des lateinischen Wortes nicht wirklich taugt.

Aber in einem Omnibus sitzen alle hintereinander. Leider kann man da nicht im Kreis sitzen, sonst wäre jeder Rücken durch den dahinter sitzenden Passagier geschützt. Wenn wir „Einer für alle!" und „Alle für einen!" sind, gibt es keinen unter uns, dessen Rücken ungeschützt ist. So stelle ich mir Epheser 6 in der Praxis vor. Und das wird auch deutlich in den Worten in Epheser 6,18:

> *„Betet allezeit mit Bitten und Flehen im Geist und wacht dazu mit aller Beharrlichkeit im Gebet für alle Heiligen."*

In diesen Worten finden sich ein paar Aufforderungen, die diesen Omnibus-Gedanken sehr stark unterstreichen: Betet - Bittet - Fleht - Wacht - mit Beharrlichkeit.

„Als hätte ich sonst nichts zu tun, als mich auch noch um alle anderen in der Gemeinde zu kümmern. Ich habe mit mir selbst viel zu viel zu tun. Mein Beruf fordert mich. Meine Familie fordert mich. Meine Ehebeziehung fordert mich. Und jetzt soll ich auch noch auf die Rückendeckung für andere achten, die gar nicht zu meiner Familie gehören?"

Doch, sie gehören zu deiner Familie. Und genauso wenig, wie du dir weder deine Eltern noch deine Geschwister aussuchen konntest, kannst du dir auch die Menschen aussuchen, die gemeinsam mit dir an der rechten Seite des allmächtigen Gottes sitzen. Das ist doch unsere gemeinsame Identität, nicht?!

Ich selbst habe viele Jahre auch so gedacht, dass die Gemeinde nicht zu meiner Familie gehört. Anstelle von Gemeinde, wäre ich viel lieber zu Hause geblieben, als mit Angelika in die Bibelstunde, die Jugendarbeit oder den Gottesdienst zu gehen. Das war vor über 36 Jahren - am Anfang unserer damals noch jungen Ehe.

In meinem Leben stand ich damals oft mit dem Rücken zur Wand, ohne wirklich zu wissen, warum das so war. Umso schöner finde ich es, dass mir Gott die Kraft seiner Gnade geschenkt hat, damit ich mich damals auf den Weg machen wollte, damit dies anders werden konnte. Damals war jede Gemeindeveranstaltung, jeder Jugendkreis, jede Bibelstunde, jede Veranstaltung der Gemeinde einfach ein lästiger Termin mehr in meinem gefüllten Wochenplan. Ich konnte damals einfach noch nicht erkennen, was Gemeinde nicht nur für mich sein könnte, sondern was auch ich für die Gemeinde sein könnte, wenn ich anfangen würde, die Gemeinde als meine Familie zu sehen. Als Familie, in der wir uns gegenseitig stärken, miteinander wachsen und uns gegenseitig den Rücken freihalten können.

In den 47 Jahren meines Lebens als Nachfolger Jesu habe ich es unzählige Male erlebt, wie ich schwach war, vom Leben gebeutelt, oder einfach zu müde, um noch in den Gottesdienst zu gehen oder in den Hauskreis. Wenn ich mich aber entschieden habe, dennoch zu gehen, habe ich es nie bereut, egal zu welcher Gemeinde ich gehörte.

Und warum habe ich es nicht bereut? Weil wir in der Gemeinde, bildlich gesprochen, in einem kreisrunden Omnibus sitzen, in dem sich lauter Menschen befinden, die den anderen den Rücken freihalten, indem sie in unermüdlicher Beharrlichkeit füreinander beten, bitten, flehen und übereinander wachen.

Doch diese geistliche Waffenrüstung für den frontalen Kampf, die muss jeder für sich selbst anlegen. Das kann kein anderer für dich übernehmen. Ich für meinen Teil tue dies - bis auf wenige Ausnahmen - jeden Morgen. Ich lege sie an, indem ich meinem Vater, ganz bewusst dafür danke, dass er mir diese Rüstung zur Verfügung stellt. Und ich tue es, indem ich ihn bitte, dass er diese Waffenrüstung täglich verstärkt und sie wieder regenerieren lässt, wenn z.B. der *„Helm des Heils"* ein paar Beulen bekommen hat. Mein Verstand und mein Herz sollen nicht ungeschützt bleiben. Oder wenn der *„Brustpanzer der Gerechtigkeit"* durch ungerechtes Verhalten eingedrückt wurde. Hier bitte ich auch immer wieder, dass mir mein Gott Recht verschafft, nach seiner Gerechtigkeit, gegen alle meine Widersacher. Ein Gebet, das König David auch gebetet hat. Man kann es in Psalm 35 nachlesen.

Dabei bitte ich auch, dass Gott den *„Gürtel der Wahrheit"* für mich verstärkt, damit er nicht abreißt, und die Lüge in meinem Leben und in meinen Gedanken keinen Platz bekommen kann. Wenn dieser *„Gürtel der Wahrheit"* stark ist, kannst du mit deinen Gedanken genau das tun, was Paulus in 2. Korinther 10,5 erklärt hat:

> *„Wir zerstören damit* (mit den Waffen des geistlichen Kampfes alle) *Gedanken und alles Hohe, das sich erhebt gegen die Erkenntnis Gottes, und nehmen gefangen alles Denken in den Gehorsam gegen Christus. "*

Damit sollten sich keine verdammende, beschämende oder demütigende Gedanken in deinem Kopf und Herz breit machen können. Aber das ist noch nicht alles! Es geht mir bei meinem Gebet auch darum, dass die *„Stiefel des Evangeliums des Friedens"* nicht ausgelatscht sind. Wer Frieden stiften möchte, braucht gutes Schuhwerk. Und er braucht auch ein scharfes *„Schwert des Geistes"*. Das Wort Gottes wird hier nicht umsonst mit einem Schwert verglichen. Wobei es dabei nicht nur um Angriff geht. Das Kurzschwert eines römischen Legionärs wurde auch dazu verwendet, Pfeile aus der Rüstung und dem Schild zu entfernen. Um in dem Bild zu bleiben, sollten wir also immer das Wort Gottes parat haben, damit keiner der feindlichen Pfeile in unseren Gedanken oder in unserem Herzen stecken bleiben kann. Ähnlich der Situation, in der Jesus selbst in der Wüste dem Satan gegenüberstand, der ihn sogar mit Worten aus der Heiligen Schrift verführen wollte. Jesus verwendete das *„Schwert des Geistes"* gezielt und geschickt, um die feurigen Pfeile des Feindes abzuwehren.

Genau dazu dient übrigens auch der *„Schild des Glaubens".* Auch diesen lege ich in meinem morgendlichen Gebet an, damit die Pfeile erst gar nicht zu meinen Gedanken oder meinem Herzen durchdringen können. Wenn ich den Zusagen, den Verheißungen, den Trostworten und den Ermutigungen meines Vaters im Himmel mehr Glauben schenken kann als den schmierigen und üblen Worten des Feindes, werden diese keinen Schaden in meinem Herzen anrichten können. So bin ich umfassend geschützt.

Aber eben nicht von allen Seiten. Meinen Rücken kann ich mir alleine nicht freihalten. Das müssen andere für mich übernehmen. Und deshalb bitte ich euch heute darum, mir den Rücken freizuhalten. Und ich verspreche, dass ich euch dadurch den Rücken freihalten werde, dass ich für euch bete, bitte, flehe und - wo es mir möglich ist - auch über euch wache. Und ich tue dies tatsächlich, indem ich regelmäßig namentlich für euch bete, und durch meine Mitarbeit in der Gemeinde versuche zu helfen, dass ihr im Glauben wachsen könnt.

Grüße und Segenswünsche des Paulus

Wenn ich mir den Brief des Paulus an die weltweite Christenheit so anschaue, dann hat der Apostel Paulus damals auch nicht weniger vorgehabt als dies: Er wollte nicht nur die Nachfolger Jesu in Ephesus, sondern alle Nachfolger Jesu zu einer Gemeinschaft machen, die sich durch Liebe auszeichnet, und dadurch, sich gegenseitig den Rücken zu stärken. Und diesen Brief schließt er ab, mit folgenden Worten:

„Damit aber auch ihr wisst, wie es um mich steht und was ich mache, wird euch Tychikus alles berichten, mein lieber Bruder und treuer Diener in dem Herrn, den ich eben dazu gesandt habe zu euch, dass ihr erfahrt, wie es um uns steht, und dass er eure Herzen tröste. Friede sei mit den

Brüdern und Liebe mit Glauben von Gott, dem Vater, und dem Herrn Jesus Christus! Die Gnade sei mit allen, die lieb haben unsern Herrn Jesus Christus, in Unvergänglichkeit."

Mir ist vor allem der letzte Satz wichtig, denn auch hier geht es um die „Kraft der Gnade Jesu", über die ich bereits in der Predigt zum „Trainingscamp Gemeinde" gesprochen habe. In Epheser 4,7 heißt es dazu:

„Einem jeden von uns ist von Jesus die notwendige Kraft der Gnade gegeben worden, damit wir das tun können, was uns aufgetragen ist."

Ich denke, in diesem Brief haben wir ein breites Spektrum von dem gelesen und gehört, was uns als Nachfolger Jesu aufgetragen ist. Wer es für sein eigenes Leben wirklich genau wissen wollte, konnte erfahren, welches die *„guten Werke"* für ihn sein können, *„die Gott zuvor bereitet hat, dass wir darin wandeln sollen"* (vgl. Epheser 2,10).

Sorgen brauchen wir uns jedenfalls darum nicht zu machen, ob wir bewältigen können, was uns von Gott aufgetragen ist. Denn durch *„die Kraft seiner Gnade"* können wir alles tun, was uns vor die Füße gelegt wird (vgl. Philipper 4,13). Und wir können es ohne Angst tun, dass uns dabei irgendetwas in den Rücken fällt oder ungesehen von hinten trifft.

Denn wir sind in der Königsfamilie Gottes immer „Einer für alle!" und „Alle für einen!" da, sodass wir für alles, was uns das Leben in den Schoß legen mag, immer den Rücken frei haben können. Gott möge uns dazu Einsicht, Weisheit und Liebe schenken. Amen!

Biblische Meditation

„Und lass das Buch dieses Gesetzes nicht von deinem Munde kommen, sondern betrachte es Tag und Nacht, dass du hältst und tust in allen Dingen nach dem, was darin geschrieben steht. Dann wird es dir auf deinen Wegen gelingen und du wirst es recht ausrichten." (Josua 1,8)

Um aus den Inhalten dieses Büchleins einen möglichst großen Nutzen für sich selbst ziehen zu können, ermutige ich Sie, mit einem Stift in der Hand zu lesen, Schlüsselstellen zu unterstreichen und Notizen darüber zu machen, was Ihnen der Geist Gottes durch sein Wort sagt. Nehmen Sie sich die Zeit, jede Bibelstelle auch im Gespräch mit Gott zu reflektieren. Man nennt dies auch Gebet.

Wenn Sie die Bibel lesen und Ihnen ein Vers „entgegen springt", Ihnen also förmlich „ins Auge sticht", dann könnte es sein, dass Gott Ihnen mitteilen möchte: „Das ist ein Wort für deine derzeitige Situation". In solchen Fällen spricht man von persönlicher Offenbarung oder Erkenntnis. Für einen Menschen, der an Jesus glaubt, sind dies sehr kostbare Erlebnisse. Damit auch Sie dies erleben können, habe ich im Folgenden sieben Schritte für Sie aufgelistet, die es Ihnen ermöglichen können, solche Erkenntnis(se) zu erlangen, wann immer Sie die Bibel lesen, bzw. darüber meditieren.

Wenn Sie diesen Schritten folgen, können Ihnen Wahrheiten und Einsichten aufgehen, und ein Verständnis davon, wie sich Ihr Leben nach Gottes Vorstellungen verändern könnte. All dies durchdringt Ihren Geist und Ihre Seele. Mit der Zeit werden Sie sich nach diesem Erlebnis sehnen, jedes Mal wenn Sie die Bibel lesen.

Bereiten Sie sich deshalb vor, indem Sie die folgenden sieben Schritte umsetzen. Reflektieren Sie diese Schritte im Gebet und finden Sie heraus, welche Sie derzeit schon verwenden und welche nicht. Danach stellen Sie bitte sicher, dass Sie mit der Zeit alle Schritte anwenden können, auch während Ihrer ganz normalen Zeit mit Gott.

Erläuterung der sieben Schritte biblischer Meditation[4]

1. *Herr, mache mir bewusst, dass ich durch dein Blut gereinigt bin.* Da der Empfang göttlicher Offenbarung im Zentrum der biblischen Meditation liegt, müssen Sie sich darauf vorbereiten, vom Heiligen Geist zu empfangen, indem Sie sich der Vergebung Ihrer Sünden durch das Blut des Lammes bewusst sind (1. Johannes 1,7). Der Heilige Geist wird Sie in der Meditation leiten und Ihnen sein Wort offenbaren (Johannes 14,26).

2. *Herr, mache mich belehrbar:* Offenbarungen werden den Demütigen gegeben, und den Stolzen und Hochmütigen vorenthalten. Daher seien Sie vor Gott ehrlich und demütig - geben Sie ihm die Freiheit, Ihnen für Ihre aktuelle Situation mehr Licht zu geben und Sie nach seinem Ermessen zu verändern (Jakobus 4,6; 2. Petrus 1,19).

3. *Herr, ich werde meine Kräfte nicht selbst nutzen:* Sie vermögen nichts aus eigener Initiative zu tun, sondern nur das, was Sie durch den Geist hören und sehen (Johannes 5,19-20+30). Sie haben Ihren Verstand nicht, um ihn selbst zu nutzen, sondern um ihn Gott darzubieten, damit er ihn nutzen, und mit gesalbter Logik und göttlicher Vision füllen kann (Sprüche 3,5-7; Römer 12,1-2). Wenn Sie Ihren Verstand selbst nutzen, ist das ein totes Werk (Hebräer 6,1-2).

4. *Herr, ich bete, dass die Augen meines Herzens geöffnet werden mögen:* Lesen Sie Bibeltexte langsam, denken Sie immer wieder mit Herz und Verstand über den Text nach und bleiben Sie dabei in der Erwartung, dass Gott Ihnen seinen Geist der Weisheit und Offenbarung, in der Erkenntnis seiner selbst, geben wird (Epheser 1,17-18; Psalm 119,18).

5. *Herr, ich bringe dir meine logische Denkfähigkeit und Vorstellungskraft dar, damit du sie erfüllst und mit deinem Geist durchströmst:* Meditation beinhaltet, dass Sie Gott Ihre Fähigkeiten darbringen, damit er sie erfüllt und nutzt. Das schließt das logische Denkvermögen der linken wie auch die visuellen Fähigkeiten der rechten Gehirnhälfte ein. Halten Sie nach dem Fluss Gottes („dem Fluss des Geistes") Ausschau, beide Seiten des Gehirns zu leiten und zu erfül-

---

[4] Vgl. Virkler, Mark: Gebete, die das Herz heilen, Gemeinschaft mit Gott Dienste 2013, S. 145-147.

len, und Ihnen gesalbtes logisches Denken, Träume und Visionen zu geben. Beim Entdeckungsprozess kann Musik und auch Murmeln, Sprechen und Schreiben helfen (Johannes 7,37-39).

6. *Herr, zeige mir die Lösung für mein Problem:* Wenn man sich aufmerksam auf ein Problem konzentriert, werden in Herz und Verstand zusätzliche, konzentrierte Energien freigesetzt, was die Offenbarung beschleunigt. Denken Sie z.B. an den Unterschied zwischen einem Sonnenstrahl, der auf ein Stück Papier scheint, und einem Strahl, der durch ein Vergrößerungsglas auf das Papier fällt. Die gebündelte Energie schafft einen so konzentrierten Strahl, dass auf dem Papier ein Feuer ausbricht. Wenn Sie bildungshungrig sind und eine neue Disziplin verstehen und beherrschen möchten, wird Sie Ihr suchendes, hungriges Herz veranlassen, Dinge zu sehen, die Sie normalerweise nicht sehen würden (Matthäus 5,6).

7. *Danke, Herr, für das, was du mir gezeigt hast:* In der Erkenntnis, dass die Offenbarung vom innewohnenden Heiligen Geist kam, geben Sie Gott die Ehre für das, was offenbart wurde (Epheser 3,21).

Vermeiden Sie:	Tun Sie Folgendes:
Nur Linke Gehirnhälfte nutzen Studieren Rationaler Humanismus	Ganzes Gehirn/Herz nutzen Meditation Göttliche Offenbarung
1. Verborgene Sünden	1. Seien Sie sich der Vergebung Ihrer Sünden, durch das Blut Jesu, bewusst
2. Eine voreingenommene Einstellung	2. Seien Sie belehrbar
3. Unabhängigkeit: „Ich kann…"	3. Beten Sie: „Herr, zeige mir…"
4. Schnell zu lesen	4. Lesen Sie langsam, nachdenklich, erwartungsvoll…
5. Sich nur auf Verstand und Analyse zu verlassen	5. Kombinieren Sie gesalbte Vernunft, fließende Bilder, Musik und Sprache

Vermeiden Sie:	Tun Sie Folgendes:
6. Absichtslos zu lesen	6. Lesen Sie bewusst
7. Sich Einsichten selbst anzu-rechnen	7. Verherrlichen Sie Gott für die Ihnen geschenkten Einsichten

Die hebräische und griechische Definition von „Meditation"

Nach Strongs ausführlicher Konkordanz liegen den Wörtern „meditieren" und „Meditation" mehrere hebräische und griechische Wörter im Alten und Neuen Testament zugrunde[5].

Die wörtliche Bedeutung von „meditieren" und „Meditation" ist laut Strong: „Murmeln, mit sich selbst (laut) reden, sprechen, reden, plappern, Kommunikation, sich aufregen, laut schreien, trauern, ein murmelndes Geräusch, eine musikalische Bezeichnung, studieren, nachdenken, hin und her überlegen, sich vorstellen, beten, Gebet, Besinnung, Andacht".

Davon sind die folgenden Funktionen der linken Gehirnhälfte zuzuordnen: „Studieren, hin und her überlegen, murmeln, sich unterhalten, sprechen, reden, Kommunikation" (Man beachte: Logik und Sprache gehören der linken Hälfte an).

Der rechten Gehirnhälfte sind zuzuordnen: „Sich etwas vorstellen, eine musikalische Bezeichnung, trauern, plappern" (Anmerkung: Experimente des Fuller Theologischen Seminars haben ergeben, dass das Zungenreden in der rechten Gehirnhälfte stattfindet. Bilder, Musik und Gefühle sind ebenfalls Funktionen der rechten Hälfte).

Dem Herzen sind zuzuordnen: „Beten, Gebet, Andacht, Besinnung, Nachdenken" (erleuchtete Logik fügt dem logischen Prozess den Fluss des Heiligen Geistes hinzu - Epheser 1,17-18).

---

[5] Strong gibt ihnen im AT die Nummern 1897, 1900, 1901, 1902, 7878, 7879, 7881 und im NT die Nummern 3191 und 4304.

Die Meditation ist ein Prozess beider Gehirnhälften und des Herzens, während das Studieren oft nur links geschieht

Wenn Sie Menschen fragen, die beim Nachdenken vorzugsweise die linke Gehirnhälfte nutzen, ob sie die Bibel studieren, indem sie häufig ihre Vorstellungskraft verwenden, werden Sie in der Regel ein etwas verwundertes „Nein" als Antwort erhalten.

Fragen Sie jedoch Menschen, die überwiegend die rechte Gehirnhälfte einsetzen, ob sie die Bibel studieren, indem sie häufig Ihre Vorstellungskraft verwenden, werden Sie in der Regel ein fröhliches „Ja" als Antwort erhalten.

Auch daraus wird deutlich, dass eine Person, die von der linken Gehirnhälfte dominiert ist, die Bibel anders studieren wird als jemand, der überwiegend seine rechte Gehirnhälfte einsetzt. Wir übersehen das leicht, weil wir annehmen, dass alle anderen Leute so wie wir studieren. Das stimmt aber nicht. Menschen, bei denen die linke Gehirnhälfte dominiert, verwenden hauptsächlich Logik, Vernunft und Analyse. Menschen, bei denen die rechte Gehirnhälfte dominiert, studieren (oder wir könnten sagen, meditieren) hauptsächlich unter Zuhilfenahme von Bildern und Vorstellungskraft, zusammen mit Vernunft, Analyse, Sprache und Gesang.

Bei der Meditation wird demnach das gesamte Gehirn vom innewohnenden Heiligen Geist geleitet, während beim Studieren hauptsächlich der linke Teil des Gehirns genutzt und vom Menschen gesteuert wird. Was für eine überraschende Einsicht, besonders wenn einem aufgeht, dass die Bibel im Griechischen niemals zum Studieren, dafür aber 21 Mal zum Meditieren ermutigt. Als ein von der linken Gehirnhälfte dominierter Mensch tat ich daher Buße fürs Studieren und nahm mir von Herzen vor, von nun an nur noch zu meditieren, wenn ich mich ans Wort Gottes setze oder irgendein anderes Thema erforsche, das Gott mir nahelegt.

Abschreiben von Bibelversen

Ein weiteres gutes Hilfsmittel, um biblische Inhalte besser zu verstehen, ist das Abschreiben sowie das Auswendiglernen von Bibelversen. Allein schon wenn Sie einen Vers aufschreiben oder tippen, entdecken Sie Worte, die Sie normalerweise übersehen hätten. Gott gab deshalb auch das folgende Gesetz für neue Könige, die gerade gekrönt worden waren und zum ersten Mal auf dem Thron sitzen sollten:

„Und wenn er nun sitzen wird auf dem Thron seines König-reichs, soll er eine Abschrift dieses Gesetzes, wie es den levitischen Priestern vorliegt, in ein Buch schreiben lassen."

(5. Mose 17,18)

Wenn dies schon für die Könige des Volkes Israel gegolten hat, wie-viel mehr sollten wir es als Könige und Priester (1. Petrus 2,9) des neu-en Bundes, in Jesus Christus tun. Deshalb meine Empfehlung: Machen Sie das Aufschreiben von Schriftstellen zu einem wichtigen Teil Ihres Lebens. Und wenn Sie es noch eindrucksvoller gestalten wollen, dann lernen Sie möglichst viele Bibelstellen auswendig. Das wird Ihr Leben, Ihr Denken und Handeln grundlegend verändern, glauben Sie mir!

Und jetzt wünsche ich Ihnen viel Freude beim Studium Ihrer Themen und der Meditation mit und über dem Wort Gottes, der Bibel.

Hier ein Gebet, mit dem Sie die studierende Meditation von Bibelstel-len beginnen können:

Jesus, mein Herr, ich danke dir für die Möglichkeit, über deinem Wort meditieren zu können. Bitte öffne meine geistlichen und natürli-chen Sinne und beschenke mich mit deiner Offenbarung und der Er-kenntnis deines Wortes und deiner selbst, während ich über deinem Wort meditiere und studiere. Vielen Dank für diesen Segen. Amen.

Weitere Bücher von Hans-Werner Zöllner

Die Bücher (und E-Books) können Sie in jeder Buchhandlung, über Amazon.de oder den Verlag (bod.de/buchshop) kaufen oder bestellen.

Die Vision als Fixstern der Veränderung
(Veränderungsprozesse in christlichen Gemeinden)

Paperback - 314 Seiten

Mit vielen Schaubildern und Praxisbeispielen

Preise:

Buch: 14,95 Euro

E-Book: 9,99 Euro

ISBN: 978-3-7526-2180-8

Gemeinde-Coaching Band 1

Leiterschaft ist ... wenn der Leiter schaf(f)t
(Ein Führungskräfte-Coaching)

Paperback - 310 Seiten

Mit vielen Checklisten, Formularen und Schaubildern

Preise:

Buch: 14,95 Euro

E-Book: 9,99 Euro

ISBN: 978-3-7431-8195-3

Gemeinde-Coaching Band 2

Agenda 222
(Ein Strategiepapier für die Gemeinde)

Paperback - 156 Seiten

Mit vielen Schaubildern und Praxisbeispielen

Preise:

Buch: 9,95 Euro

E-Book: 6,49 Euro

ISBN: 978-3-7526-2089-4

Gemeinde-Coaching Band 3

Plane dein Leben ... denn die Uhr tickt!
(Lebensplanung mit Vision)

Paperback - 160 Seiten
Mit vielen Schaubildern und Formularen

Preise:
Buch: 9,95 Euro
E-Book: 6,49 Euro
ISBN: 978-3-7448-8232-3

Verheißungen der Bibel
(Motivierende Impulse für jeden Tag)

Paperback - 64 Seiten

Preise:
Buch: 6,95 Euro
E-Book: 4,49 Euro
ISBN: 978-3-7448-4879-4

Lasst uns lieben, denn Er hat uns zuerst geliebt
(Impulse aus dem ersten Johannes-Brief)

Paperback - 172 Seiten

Preise:
Buch: 9,95 Euro
E-Book: 6,49 Euro
ISBN: 978-3-7392-1534-1

Wer kann das glauben?
(Wissenswertes zum christlichen Glauben)

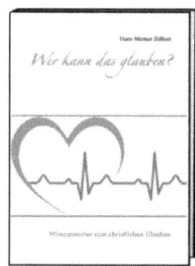

Paperback - 196 Seiten

Preise:
Buch: 9,95 Euro
E-Book: 6,49 Euro
ISBN: 978-3-7528-3943-2

Gott gibt alles!
(Erlösung - Befreiung - Heilung - Abendmahl)

Ein Sammelband
Paperback - 278 Seiten

Preise:
Buch: 14,95 Euro
E-Book: 9,99 Euro
ISBN: 978-3-7526-5974-0

Über den Autor

Hans-Werner Zöllner

ist Autor, Coach, Speaker.

Er hat es sich zur Aufgabe gemacht, christlichen Gemeinden und deren Führungskräften zu helfen, den Plan Gottes für ihren Dienst und ihr Leben zu erkennen und im Sinne Jesu umzusetzen.

Chronologischer Werdegang

* Zurzeit ehrenamtlich tätig als Vorstand (Ältester) in der evangelischen Freikirche Christliches Zentrum Günzburg e.V.
* HWZ Ministries
* Technischer Betriebsleiter Tex&More GmbH
* Lehrbeauftragter an der Internationalen Hochschule Liebenzell (IHL) und Leiter der Hochschulbibliothek der IHL
* Geschäftsführer bei der CTL gemeinnützige GmbH
  CTL ist ein Bildungsunternehmen dreier theologischer Ausbildungsstätten in Kooperation mit der Middlesex University in London.
  In dieser Zeit ehrenamtlich tätig als Gemeindeleiter (Ältester) der Stadtmission Wetter und Mitglied des Vorstandes des Chrischona Gemeinschaftswerks Deutschland.
* Geschäftsführender Pastor eines Gemeinschaftsbezirks im Liebenzeller Gemeinschaftsverband
* Ausbildung zum Gemeinschaftspastor
  am Theologischen Seminar der Liebenzeller Mission (heute: Internationale Hochschule Liebenzell)
* Bundeswehr (Zeitsoldat - 8 Jahre - Ausbilder im Fernmeldebereich)
* Besuch der Grund- und Hauptschule und anschließende Ausbildung zum Sägewerker
* Geboren 1963 in Künzelsau/Hohenlohe

Qualifikationen

* Coach (DGfC 2009)
* Master of Arts in Praktischer Theologie